本书受西安外国语大学学术著作出版专项资助

走向认知口头诗学

"花儿"语篇构式的认知研究

马俊杰 著

中国社会科学出版社

图书在版编目（CIP）数据

走向认知口头诗学："花儿"语篇构式的认知研究／马俊杰著． -- 北京：中国社会科学出版社，2024.8.
ISBN 978-7-5227-3719-5

Ⅰ．H1

中国国家版本馆 CIP 数据核字第 2024YQ3574 号

出 版 人	赵剑英
责任编辑	慈明亮
责任校对	冯英爽
责任印制	戴　宽

出　　　版	中国社会科学出版社
社　　　址	北京鼓楼西大街甲 158 号
邮　　　编	100720
网　　　址	http：//www.csspw.cn
发 行 部	010-84083685
门 市 部	010-84029450
经　　　销	新华书店及其他书店
印　　　刷	北京明恒达印务有限公司
装　　　订	廊坊市广阳区广增装订厂
版　　　次	2024 年 8 月第 1 版
印　　　次	2024 年 8 月第 1 次印刷
开　　　本	710×1000　1/16
印　　　张	18
插　　　页	2
字　　　数	305 千字
定　　　价	99.00 元

凡购买中国社会科学出版社图书，如有质量问题请与本社营销中心联系调换
电话：010-84083683
版权所有　侵权必究

前　言

　　"花儿"是一种流传于中国西北地区的民间歌谣，入选联合国非物质文化遗产口头传统名录。"花儿"语篇一般呈上下两段的四句或六句式构造，具有以歌为体、诗为用的显著特征，其所使用的诗性手段主要包括韵律群、语词重复和句法的平行式等程式性语法结构。本书从认知语言学视角出发，基于 Östman（2005）对语篇构式的理论界定，将"花儿"语篇界定为一种语篇类型和语篇样式相匹配的语篇构式。"形式极"为语篇类型，即通过韵律群和句法的平行式等信息前景化方式组织语篇的一种记叙文体；"语义极"为语篇样式，即歌谣主题框架的相关信息。

　　百年"花儿"学术史显示，学界已从多学科角度对其开展了较为丰富的研究。从语言学视角所开展的"花儿"研究主要关涉结构语言学、历史语言学、认知语言学和计量语言学等。总体来看，语言学视角下"花儿"研究以静态分析为主，存在"重形式、轻语义"的特点，尤其缺乏语义的动态分析，认知语言学范式下"花儿"语篇的语义动态构建研究更是鲜见。鉴于此，本书以体验式哲学为基础，从语言的认知体验观入手，探讨"花儿"语言的认知体验性，力求在更深层次上研究"花儿"语言文化，并在探究的基础上，以翻译的构式观为指导，尝试探索"花儿"英译的指导性原则和基本策略，旨在为"花儿"的传播与发展贡献绵薄之力。

　　本书研究的问题主要有三：（1）"花儿"语篇构式义的特征、结构和认知动因是什么？（2）"花儿"语篇构式语义结构背后的认知识解机制有哪些？这些机制如何互动促成其语义结构的认知构建？为解决上述两个研究问题，本书从认知语法视角出发，采取理论建模与语料实证分析相互验证的研究方法，在系统研究"花儿"语篇构式形义匹配性、语义特征和语义结构等理论与实践问题的基础上，提出"花儿"语篇构式的认知阐释模型，以揭示其语义结构的动态构建过程。（3）"花儿"语篇构式英译的基本策略有哪些？为回答这一问题，基于问题（1）和问题（2）关于"花儿"语篇构式的认知体验性研究，选取翻译的构式观为理论指导，在分析"花儿"语篇构式英译的基本单位及其指导性原则的基础上，提出"花儿"语篇构式英译的基本策略。

本书分析发现：（1）"花儿"语篇构式的语义特征具有片段性和类推性；"花儿"语篇构式义为一种隐喻性语义结构，其生成和构建受到基于原生态经验基础上形成的概念隐喻的允准和制约。（2）"花儿"语篇构式语义结构背后的认知机制主要有聚焦突显、认知参照点和概念整合。在韵律群和信息结构等调配下，"花儿"语篇构式四小句依次构建四个注意力视窗；在认知参照点的引导下，四小句语义内容经序列式心理扫描依次得到聚焦突显，激活了"花儿"语篇构式隐喻性语义结构的始源域和目标域，两个域经整合形成浮现性语义。（3）鉴于意义构建是认知语言学研究的核心，它把意义看作是概念化。因此，认知视角下"花儿"语篇构式的英译必然坚持以意义为中心。另外，认知语言学认为，语言的形式和语义是一个匹配体，即构式。鉴于此，"花儿"语篇构式的英译必须着眼于其形式和意义的整体性，同时，还必须重视语篇构式和句法之间的互动性，因为"花儿"的程式性句法结构对其语篇构式义的形成也具有重要作用。因此，本书认为，意义中心原则、整体性原则和互动性原则是"花儿"语篇构式英译需坚持的三个指导性原则。基于此，在对"花儿"语篇构式语义动态构建过程研究的基础上，本书发现，在这三个原则的指导下，通过对比原语和译入语资源，"花儿"译者可采取构式对等法和构式变异法这两种基本策略进行"花儿"英译实践，以最大化实现原文与译文的功能对等。

本书研究的意义和价值在于：（1）通过"花儿"语篇构式的认知研究，探索口头传统认知研究的新方法，走向认知口头诗学；（2）基于认知语法视角研究口头语篇构式的语义构建问题，进一步拓展了认知语法应用研究范围；（3）实践和验证了认知语法语篇观在口头语篇研究中的可行性、可操作性和解释力。（4）基于翻译的构式观探索"花儿"语篇构式的英译策略，有助于拓展翻译构式观在语篇层面的实践，也可为"花儿"的传播与发展研究提供一种新的视角和路径。

目　　录

第1章　绪论 (1)
  1.1　研究缘起：走向认知口头诗学 (1)
  1.2　研究定位：作为口传"花儿"的认知研究取向 (11)
  1.3　研究对象："花儿"语篇构式 (14)
  1.4　理论视角和术语界定 (18)
  1.5　研究目标与问题 (22)
  1.6　研究思路、方法及语料选取说明 (24)
  1.7　研究意义与价值 (28)
  1.8　结构安排 (29)

第2章　"花儿"及其相关研究述评 (32)
  2.1　"花儿"研究总体现状 (32)
  2.2　"花儿"语篇研究现状 (36)
  2.3　语篇构式研究现状 (39)
  2.4　"花儿"翻译研究状况述略 (47)
  2.5　本章小结 (48)

第3章　"花儿"语篇构式的语义特征、结构及其认知动因 (50)
  3.1　基于体验的认知语言学核心思想 (50)
  3.2　"花儿"语篇构式形义匹配及其表征方式 (56)
  3.3　"花儿"语篇构式的语义特征 (65)
  3.4　"花儿"语篇构式的语义结构 (69)
  3.5　"花儿"语篇构式隐喻义的多维度性 (75)
  3.6　"花儿"语篇构式隐喻义生成和构建的独特性 (85)
  3.7　本章小结 (88)

第4章　"花儿"语篇构式的理论阐释模型及英译路径 (90)
  4.1　认知语言学的语义构建观 (90)

4.2　认知语法理论概述……………………………………（93）
　4.3　本书所关涉的理论分析工具…………………………（101）
　4.4　"花儿"语篇构式语义构建的理论阐释模型…………（116）
　4.5　认知视角下英译"花儿"语篇构式的基本理论进路……（129）
　4.6　本章小结…………………………………………………（131）
第5章　"花儿"语篇构式语义构建的聚焦突显认知模式及英译
　　　启示………………………………………………………（132）
　5.1　语义构建的认知加工思想………………………………（132）
　5.2　"花儿"语篇构式的认知加工过程………………………（139）
　5.3　"花儿"语篇构式的语义聚焦突显模式…………………（145）
　5.4　"花儿"语篇构式语义聚焦突显模式的分类阐释………（148）
　5.5　聚焦突显认知模式对"花儿"语篇构式的英译启示……（161）
　5.6　本章小结…………………………………………………（163）
第6章　"花儿"语篇构式语义构建的认知参照点路径及英译
　　　启示………………………………………………………（165）
　6.1　语义构建中认知参照点的理论作用……………………（165）
　6.2　"花儿"语篇构式语义构建的认知参照点路径…………（169）
　6.3　"花儿"语篇构式语义构建的心理提取路径……………（173）
　6.4　认知参照点路径对"比兴说"的认知阐释………………（189）
　6.5　认知参照点路径对"花儿"语篇构式的英译启示………（190）
　6.6　本章小结…………………………………………………（195）
第7章　"花儿"语篇构式语义构建的概念整合机制及英译
　　　启示………………………………………………………（196）
　7.1　几个相关术语的理论关系分析…………………………（196）
　7.2　"花儿"语篇构式中心理空间关系分析…………………（202）
　7.3　"花儿"语篇构式的语义前景化过程……………………（210）
　7.4　"花儿"语篇构式语义前景化的概念整合分析…………（213）
　7.5　概念整合机制对"花儿"语篇构式的英译启示…………（222）
　7.6　本章小结…………………………………………………（224）
第8章　"花儿"语篇构式的英译观和英译策略分析………………（226）
　8.1　认知模式、路径和机制对英译"花儿"语篇构式的理论
　　　指导………………………………………………………（226）

   8.2 英译"花儿"语篇构式的翻译观……………………………(228)
   8.3 英译"花儿"语篇构式的基本单位……………………………(231)
   8.4 "花儿"语篇构式英译的指导性原则…………………………(233)
   8.5 "花儿"语篇构式英译的基本策略……………………………(239)
   8.6 翻译构式观下英译"花儿"语篇构式的理论优势……………(244)
   8.7 本章小结……………………………………………………(246)
第9章 结论………………………………………………………(247)
   9.1 研究结论……………………………………………………(247)
   9.2 创新之处……………………………………………………(250)
   9.3 研究不足及未来研究展望…………………………………(253)
参考文献……………………………………………………………(255)
附录一 缩略语表…………………………………………………(278)
附录二 文中所引"花儿"方言词汇释义索引…………………(279)

第1章 绪论

1.1 研究缘起：走向认知口头诗学[①]

1.1.1 国外口头诗学研究

在国外，口头传统得到了学者们的广泛关注，其研究起步较早。朱姆沃尔特（2000）从科学和艺术的角度出发，对西方的口头传统研究方法做了一个简洁和精当的介绍，得到了国际著名口头传统研究专家约翰·迈尔斯·弗里（John Miles Foley）教授的高度赞扬。但这一介绍将着重点放在西方20世纪对口头传统研究的"文本模式化"上，忽视了语言学视角下的口头传统研究[②]。综合国外文献来看，西方口头传统研究总体上呈现出三个显著特征：一是围绕口头传统的"文本起源"和"文本文化观"所进行的研究逐渐转向以"表演"为中心的"文本模式化"研究；二是多元理论背景下口头传统的定位与阐释；三是语言学视角下口头传统的语言现象及其内在话语的运作机制研究。鉴于本书为语言学研究。因此，本部分只详细综述各类语言学视角下的口头诗学研究。

（1）结构主义背景下的口头诗学研究

结构主义背景下的口头诗学研究以帕里和洛德师徒二人共同创立的"口头程式理论"为典范（尹虎彬，2002）。这一理论的创立起源于帕里对"荷马问题"的浓厚兴趣。他以语文学分析为基础，从荷马史诗中"特性形容词"的程式入手，发现荷马史诗是高度程式化的。基于这一学

[①] 本小节为马俊杰于2021年3月9日发表在《中国社会科学报》（语言学版）《从语言学视角探索口头传统》一文的扩写版。

[②] 这也许是研究目的不同所导致的结果。因为不同的文献综述都是基于特定的研究目的。鉴于本书为语言学视角下的"花儿"研究，因此，本书重点综述语言学视角下的口头诗学研究。

术分析，在其学生洛德的协助下，帕里对南斯拉夫存活的口传史诗进行田野调查，为他关于荷马史诗的学术分析进行印证。通过将南斯拉夫地区的田野调查资料与荷马史诗进行对照和类别研究，印证了他们关于荷马史诗的推断，并印证了他们总结的口头史诗创作规律（弗里，2000：15），进而创立了"帕里—洛德理论"或叫"口头程式理论"，这一理论在他们的著作《故事的歌手》（*The Singer of Tales*，1960）中得到了全面的阐释，《故事的歌手》一书影响广泛，被誉为口头诗学研究领域的"圣经"。

"口头程式理论"由三个核心概念组成，即程式（formula）、主题（theme）和故事类型（story-type）。他们将"程式"界定为："在相同的格律条件下为表达一种特定的基本观念而经常使用的一组词"（洛德，2004：40）。他们认为，程式就是特殊的诗的句法结构中的短语、从句、句子。操这种程式化语言的人，一旦掌握了它，便不会在这个范围内越雷池一步（洛德，2004：49）。从语言习得的角度出发，他们认为口头诗歌中程式不是记忆的，而是习得的："学习一种口头诗歌的语言，其规律正如儿童对母语的习得，并非凭着有意识的有计划的基本语法，而是利用自然的口头的方法。"（洛德，2004：49）主题的概念与程式紧密相关，他们将主题界定为："在以传统的、歌的程式化文体来讲述故事时，有一些经常使用的意义群。"（洛德，2004：96）也就是歌中重复出现的叙事模式，如宴会和集会等。由此可见，主题是用词语来表达的，但是，它并非一套固定的词，而是一组意义。主题的形式并不是一成不变的，而是动态变动的，变化多端的，即具有"变异性"，"在歌手的脑海中，一个主题有多种形态，这些形态包括他们演唱过的所有的形态"（洛德，2004：136）。正因为主题的动态变化性，口头诗歌才具有了艺术创造的魅力。故事类型的概念与程式和主题密切关联。故事类型隐含在歌中，每一次歌就是一个故事。"口头程式理论"在口头传统研究的"文本模式化"阶段产生了极其广泛的影响，以至于后期的一些研究基本都以该理论为基础。

继"口头程式理论"之后，出现了弗里、Walter J. Ong 和 Jan Vansina 等一批知名学者。其中，弗里是"口头程式理论"的主要追随者和拓展者。他在《口头诗学：帕里—洛德理论》（2000）一书中高度评价了帕里—洛德所创立的"口头诗学理论"："……口头理论已经为我们激活了去重新发现那最纵深的也是最持久的人类表达之根。这一理论为开启口头传承中长期隐藏的秘密，提供了至为关键的一把钥匙"（2000：5）。这足以看出，弗里教授对这一理论的"迷恋"。带着这份热情，他不断地对该理论进行了广泛而深刻的推介和应用研究，著作颇丰。在他的引领下，该理论先后被运用到了100多个国家或地区的研究中。他还领衔在美国密苏里大学创立了"口头传统研究中心"（1986），编辑出版《口头传统》期刊，编纂了《口头传统》教材，为口头传统研究者提供了很好的学术平台，为口头诗学理论的发展和传播做出了重要贡献。

（2）语用学视角下的口头诗学研究

语用学（Pragmatics）理论框架下的口头诗学研究以 John Searle 与 John Austin 的言语行为理论研究为主。言语行为理论先后被应用到了古英语、古挪威语和美国南部的故事讲述等口头传统文本中［如 Harris（1979）、Nolan & Bloomfield（1980）、Heath（1982）和 Martin（1989）等研究］。其中，Richard Martin（1989）的《荷马的语言：伊利亚特中的言语和表演》一书最受关注。该书纳入了 Gregory Nagy 主编的"神话与诗歌"系列图书出版。Martin（1989）将言语行为理论应用到荷马史诗《伊利亚特》的口头表演中。他认为，神话不仅仅是一般意义上现实认同的叙事，它是任何现实认同的言语行为；神话不仅是口头诗歌传播的言语行为，神话本身也是一种言语行为。因此，神话意味着神话每一次表演中的仪式，这种表演才是口头诗歌的本质。可见，Martin 强调了表演对于口头诗歌创作的重要性，他的分析结论很好地支持了帕里和洛德关于荷马史诗口头遗产的发现。

另外，语用学视角下的口头诗学研究还有一个最新研究趋势，即会话分析（conversational analysis）视角下的口头诗学研究，它是学界最近几年的最新研究成果。2016 年，Raymond Person 主编的《从会话到口头传统：一项口头传统的最简分类》出版，该书的出版实现了会话分析视角下口头传统研究零的突破，具有重要的学术价值。在简要回顾语言学视角下口头传统研究的基础上，Person（2016a）认为，口头传统的语言学研究预示着会话分析方法的出现，因为这些研究都从不同的语言学理论角度出发分析了传统史诗中会话是如何运作的，如 Richard Martin（1989）运用言语行为理论对荷马史诗《伊利亚特》的分析。但 Person（2016a）认为，这些研究并未真正洞察口头传统中的会话是如何运作的。基于此，他主张从 Harvey Sacks、Emanuel Schegloff、Gail Jefferson、Anita Pomerantz 和 Paul Drew 等会话分析专家提倡的会话分析路径来系统分析和研究口头传统。从会话分析中的故事讲述（Storytelling）、话轮构建（Turn Construction）、序列组织（Sequence Organization）、相邻对（Adjacency Pair）、开头（Openings）和结尾（Closings）、话轮重启（Restarts）和修正（Repair）等基本概念出发，将日常会话和口头传统中的会话运作机制进行了对比分析，Person 研究发现，口头传统和日常会话的运作基本机制具有相似性。

（3）社会语言学视角下的口头诗学研究

社会语言学理论视角下的口头诗学研究以 Paul Brown（2006）将 Steven Levinson 和 Penelope Brown 的礼貌原则运用到荷马史诗研究为代表。Brown 根据帕里—洛德的口头程式理论及其主张，考察了影响口头诗人选择《伊利亚特》中人物称呼（呼唤）形式的一些语用和社会语言学因素。他重点关注了两种类型的称呼：给定的名称和源于父名的姓或名字。他认为，从社会语言学的角度来看，这些称呼形式的分布和选择受到了说话人和受话人社会地位的制约。社会语言学因素（如社会距离程度和社会等级中的相对位置）与特定的情景语用因素相结合，限制了称呼形式选择的适当性，即称谓形式的选择会受到社会等级制度和实际情境的影响。直到近两年，社会语言学视角下的口头诗学研究又被提上学术讨论日程，Watts 和 Morrissey（2019）所著《语言、歌手和歌》一书出版，他们从社会语言学视角讨论了口传中的民俗表演，并建构了理论分析模型，又将该方面研究向前推进了一步。

（4）形式语言学理论下的口头诗学研究

形式语言学理论下的口头诗学研究重点从乔姆斯基的语言观出发来分析具体口头传统文本中的语言特征。如 Koenraad Kuiper（2000）基于乔姆斯基内化的、社会的和运用中的语言观点，从 I—语言、E—语言和语言运用角度界定了口头传统中"程式"的语言特征，并从这三个方面出发，借用形式语言学的操作化手段，形式化地分析了"程式"在口头诗歌中的具体运作机制。

（5）话语分析视角下的口头诗学研究

从话语分析角度对口头诗学进行分析的研究也相对较少。Bonifazi 和 Elmer（2016）着重分析了帕里于 1934 年收录的南斯拉夫史诗中的表演，旨在揭示歌手演唱歌曲和标记叙事进展的方式。他发现，在南斯拉夫史诗的表演体裁中，诗行（line）是驱动歌曲运动的基本"引擎"，诗行的韵律形状和旋律轮廓既有间断性又有连续性。基于此，他指出，这种诗行的连续性和不连续性效应，至少在语言层面上，对于荷马史诗的研究具有潜在的意义。

（6）认知语言学视角下的口头诗学研究

从认知角度出发的口头诗学研究起步较早，如 Wallace Chafe（1994）和 Egbert Bakker（2018/1997）。Chafe（1994）和 Bakker（2018/1997）从人类广义认知的角度出发，分析了书面文本和口头文本的不同，并指出了口头文学的独特性。后来关于此方面的研究中断了，直到近两三年，认知语言学视角下的口头诗学研究再一次成为最新研究课题。2016 年，Antović 和 Cánovas 合编的论文集《口头诗学与认知科学》出版，口头传统的认知研究首次得到了关注。Antović 和 Cánovas 把理解隐藏在口头艺术中的认知机制称为"认知口头诗学"，即在口头传统表演中，人类思维是怎样进行口头创作的。他们呼吁，口头传统对研究人类认知具有很高的"生态效度"（ecological validity），口头传统的认知科学研究被忽略的这一状况应得以重新思考，并提出了"走向认知口头诗学"的构想，拓展了认知诗学研究的一个新领域。该论文集共收入了 8 篇相关研究论文，代表了"走向认知口头诗学"的不同探索路径，按照主题的相关性分为以下三大类。

第一，口头传统与日常语言的对比研究。Elizabeth Minchin（2016）通过对荷马史诗的形式、概念化和叙事重复进行研究，认为这些内容在即兴会话的产出、理解、连接和互动中起着主要重复策略作用，展现了诗人在巨大认知压力表演中的创造性思维。基于此，他认为口头传统诗歌中的典型场景（type-scenes）是一种认知现象。每一个典型场景作为一个脚本表达储存在记忆中，这些脚本在口头表演中被反复使用。典型场景中的重复为口头诗人的即兴表演提供便利。Raymond Person（2016b）基于洛德的描述：口头传统中的特殊语法"程式"和"主题"系统是我们日常会话语法的一个扩展，通过从塞尔维亚—克罗地亚史诗、荷马史诗和贝奥武甫等口头传统中选取会话案例，并对会话中的环形创作（ring composition）模式进行对比分析，发现这些史诗中的环形创作都是我们日常表达的扩展。他进一步认为，隐藏在口头传统特殊语法背后的认知过程同我们日常会话语法背后的认知过程具有类似性，它是对我们日常互动中认知操作的扩展。Duffy 和 Short（2016）研究了隐藏在古希腊史诗语言中的常规隐喻。他们发现，隐喻系统如同民俗模式（folk model）的功能一样，引导人们的思想、语言和行为，并对一些抽象概念做出推理。他认为，古希腊人通过概念隐喻将创作从表演中分离，创造了口头传统的固定和稳定（fixity and stability）形式，并具有人工可识别性，这一固定和稳定正是古希腊人文化知识的主要载体。

第二，口头程式与认知语言学研究。基于帕里—洛德口头诗学理论中的两个核心概念：程式和主题，Cánovas 和 Antović（2016a）对构式语法和口头诗学的理论框架进行了对比分析，他们认为，帕里—洛德的口头诗学理论与构式语法在研究方法上和语言习得观上有相通之处，即形式—意义观和基于使用（usage-based）的语言习得观。关于这一点，他们于 2016 年又在《语言与交际》期刊撰文《程式创造：口头诗学与认知语法》做了进一步详细阐释，基本观点与本书一致，即"语言知识是基于示例（instance-based）综合的结果"（Cánovas & Antović, 2016b：66-74）。他们主张，虽然构式语法中的"构式"和口头诗学中的"程式"的理论来源不同，但他们在各自领域都被界定为"形式—意义—功能"模式，代表着各自领域的中心理论建构。基于此，他们将二者连接起来，即把程式和主题分别看作为构式和框架。他们还认为，构式主义方法可为口头诗学家研究口头程式作为认识人类意义构建和认知过程提供一个理论框架，将二者结合为跨学科的"认知口头诗学"奠定了基础。同样，基于帕里和洛德研究发现：所有口头诗人都或多或少拥有相同或相似的主题和故事模式且主题在大多的故事模式中被反复使用的事实，Hans Boas（2016）从框架和构式角度对口头诗学进行研究。具体来讲，他描述了如何将框架语义学和构式语法理论运用于分析口头诗学。他认为，框架语义学为分析口头诗人即兴表演时激活不同种类知识提供了一个重要路径，一个特定框架会被一个特定主题所激活。构式可帮助人们理解口头传统中的程式风格和故事模式，口头诗人即兴表演的过程就是一个构式重构的过程，因为语法构式是一个形义结合体，它不仅可以整合不同形式，而且还包括口头诗人创造过程中音调和韵律等信息的整合。因此，研究者通过调查和分析在口头表演中起调节和产出作用的语法构式清单，方可达到对口头诗歌构式的系统化研究。

第三，口头诗学话语的多模态在线建构。Steen 和 Turner（2012）提出了多模态构式语法（Multimodal Construction Grammar）。本书最后一大部分涉及口头诗学中的多模态构式语法研究，其主要贡献者为 Anna Bonifazi、Mark de Kreij 和 Sonjia Zeman。Anna Bonifazi（2016）提出声音不连续、话语标记和小品词的语用阅读。她分析了小品词在古希腊和塞尔维亚—克罗地亚口头传统中的多模态和元叙事功能，并鉴别了小品词作为建构（structuring）的线索。她发现，歌手运用小品词标注叙事发音，使之具有元交际（meta-communication）功能：告知人们他们所告诉的内容，演唱他们所演唱的内容。除了小品词，还有话语标记和非语言手段（如不同的韵律模式）也是建构的线索。语言和非语言策略的运用让创作者和听者能够顺应表演中所发生的一切。因此她认为，建构是多模态的。Mark de Kreij（2016）探索了荷马史诗叙事中固定语言表达构式的运用对从角色到角色，场景到场景认知过程的促使作用。他从话语分析的视角研究了荷马史诗中的左偏置构式（left-dislocation），尤其关注了其中短小话语单位的组成，即一个代词或者名字加上冠词，他称其为"起动行为"（priming act）。通过分析这一复杂构式中的"起动行为"，他发现这一行为具有重构语境框架的特殊功能。据此，他进一步指出，"起动行为"在导航故事世界方面具有实用性，它可以促使人们有认知欲望继续听下去。基于现在时作为形象化（visualization）和口头叙事的主要特征，Sonjia Zeman（2016）通过分析中古高地德语口头史诗中的现在时，认为现在时的功能不能简单地归于它的形象性和具体性，而具有元叙事性功能，即从共有基础（common ground）的意义上说，它可促成共享经历的建立，调节叙事者、观众和故事世界之间复杂的瞬时关系。从方法论角度出发，基于认知语言学对人类普遍认知的探索，Sonjia Zeman 指出，跨语言比较法对"认知口头诗学"研究必不可少。

综上所述，国外对口头传统的研究资料已相当丰富，展现了多重视野下的口头诗学研究：从口头传统的起源探究到以表演为中心的文本创作研究；从文本的多元化阐释到文本的认知科学研究。在引领国际口头传统研究趋势的同时，国外研究一步步走向探索口头传统的奥秘。国外研究展现了诸多值得学界肯定和借鉴的地方，这为后期研究奠定了坚实的基础，但仍然存在一些不足，如口头传统的会话分析研究和认知语言学研究在学界才"崭露头角"。从现有的文献来看，口头传统的会话分析研究只有 Person（2016b）这一本专著；口头传统的认知语言学研究只有 Antović 和 Cánovas（2016）合编的论文集《口头诗学与认知科学》和少量期刊论文。这些研究都是一些尝试性的探索，尚未形成体系，还有待进一步深入探索和研究。

1.1.2 国内口头诗学研究

中国的口头诗学学术关注起步较晚，肇始于"五四"新文化运动时期。以北京大学出版的《歌谣》周刊为标志，在全国范围掀起了歌谣的征集活动。纵观整个中国的口头诗学研究史，其研究总体上呈现出三大特征：（1）口头传统的收集整理与研究工作齐头并进；（2）口头传统的研究热与当时社会政治形势和学术热点紧密相连；（3）语言学视角下的口头传统研究几乎处于空白。

20 世纪 30—50 年代为中国口头传统研究的起步阶段，这一时期仍然以口头传统的搜集、整理和出版为主。除此之外，少量研究关注了口头文学的概念、特征、价值和类型等。这些研究当时以马克思主义理论为指导，以苏联古典口头文学理论传统为基础，开展对中国口头文学的研究，凸显了口头文学与劳动人民之间的关联性。这一时期发展较为曲折。1966年起，这一时期的研究热潮被接下来的十年"文化大革命"所中断，直到 1976 年以后才逐渐恢复。虽然发展曲折，但也涌现出了钟敬文、刘守华、段宝林、陈建宪、万建中等一批知名学者，为中国口头传统的起步研究作出重要贡献。

20 世纪 80 年代以来，在"拨乱反正"和追求学术的浪潮中，中国口头传统研究步入了新的发展阶段，在民众的禁锢思想得到解禁的背景下，口头传统的搜集整理和研究工作又全面展开。同时，这一时期口头文学的整体研究被中国民族学界纳入民间文艺学学科体系的建设研究之中（段静，2011）。虽然中国的口头传统研究在这一时期得到较好的发展，但与同一时期西方以"表演"为中心的"文本模式化"研究相比，还处在对口头传统静态的描述上。

步入 21 世纪，口头传统研究进入新的转型期，中国学者在引进、借鉴和创新西方口头传统理论的基础上，积极开展中国口头传统研究。在以朝戈金教授为首，尹虎彬、巴莫曲布嫫等一批史诗学者在介绍和转化（翻译）西方口头传统研究理论及其方法论成果的基础上，将其创新应用到了本土化的研究中。他们对帕里、洛德、弗里等学者具有代表性的口头传统研究理论著作进行翻译、阐释和借鉴。对我国口头诗歌的研究产生了深刻影响。如朝戈金的译著《口头诗学：帕里—洛德理论》（2000）、博士学位论文《口传史诗诗学：冉皮勒〈江格尔〉程式句法研究》（2000）；尹虎彬的专著《古代经典与口头传统》（2002）、译著《故事的歌手》（2004）和巴莫曲布嫫的译著《荷马诸问题》（2008）等。在这些研究的影响下，中国学者积极探究口头诗学的本土化研究，如鲜益的博士学位论文《彝族口传史诗的语言学诗学研究》（2004）、郑土有的博士学位论文《吴语叙事山歌演唱传统研究》（2004）和周爱明的博士学位论文《〈格萨尔〉口头诗学》（2003）等。这些借鉴性和本土化研究从民俗学视野出发，将口头诗歌纳入口头传统的研究范畴来加以重申，从文本的诗学分析入手，探究和梳理文本背后的口头传统，使民间口传文学现象的研究进入更为深入的总结和探讨阶段（苏茜，2017：163）。

纵观整个中国口头诗学的学术史，语言学视角下的口头传统研究在国内一直基本处于空白。最近几年，随着国外口头研究的会话分析和认知科学视角介入的新动向，国内学者才顺应这一国际研究趋势，对国外的相关研究引介和思考，尝试拓展中国口头诗学的研究。如基于国外 Antović 和 Cánovas《口头诗学与认知科学》（2016）一书，马俊杰（2018a，2018b）在介绍本书内容的基础上，指出了中国语境下从事"认知口头诗学"的得天独厚优势以及面临的任务、困难和挑战。

综上所述，可以将国外口头诗学的研究过程概括为"两次飞跃"。从文本的起源追溯、文本的文化观探究到以"表演"为中心的文本的模式化研究，这是"第一次飞跃"。这一次飞跃以帕里和洛德提出的"口头程式理论"为标志性创新研究，具有里程碑式意义。他们师徒二人以丰富的田野调查经验和富有创见性的理论视野，独辟蹊径地对古老的"荷马问题"做出了回答，更是启发了学界同仁对口头传统研究的新认识，为学界研究口头传统带来了新视野、新方法和新理论。"第二次飞跃"为口头诗学语言现象和内在运作机制研究。这一次飞跃将口头诗学研究进一步推向深入，主要体现在口头诗学的会话分析研究和认知语言学研究。会话分析视角下的口头诗学研究将其和日常会话的内在会话运作机制进行对比分析，明确了会话在口头诗学中的具体运作机制；认知语言学视角下的口头诗学研究则基于帕里—洛德的口头诗学理论，对口头诗学所表现出的一些认知现象做出了理论思考和实证分析。这"两次飞跃"体现了口头诗学研究从文本模式化到文本内在运作机制的发展历程，反映了其研究不断走向深入化的趋势。

国外口头诗学的研究趋势体现出了跨学科的融合性和多元性。自从帕里—洛德将口头传统建立为一个学科（口头诗学）以来，除了口头传统的确认工作，口头诗学研究所呈现出的一个最新趋势是研究视角的跨学科融合性。这一研究趋势集中体现在口头诗学的语言学研究上。学者们从不同的语言学理论视角出发来阐释口头传统的语言现象及其内在运作机制。例如，会话分析视角下口头传统中的会话运作机制研究和认知语言学视角下口头诗学语言的认知研究，这一研究趋势在学界才"崭露头角"，是最近两三年新的探索性研究，尚存诸多不足，还有待于进一步的思考和深入研究。从认知语言学视角出发的研究，大都是一些实证性分析和阐释性研究，尚不成理论体系。如 Antović 和 Cánovas 合编的论文集《口头诗学与认知科学》（2016）一书，在简要谈论口头诗学与认知语言学研究融合性基础上，从程式和主题等不同方面来探究口头诗学背后的认知机制。综合来看，口头诗学研究的最新趋势为：认知视角下的口头诗学研究，即认知口头诗学研究。

1.1.3 认知口头诗学思想的萌芽

"认知口头诗学"这一思想最早见于 Antović 和 Cánovas 的联合研究项目"走向认知口头诗学——传统史诗与认知语言学"（2012—2013 年）。基于这一项目，他们于 2013 年在德国弗莱堡（Freiburg）组织召开了"口头诗学与认知科学"会议[①]，进一步拓展了项目研究，2016 年，"认知口头诗学"这一构想在他们合编的论文集《口头诗学与认知科学》中首次正式提出。认知口头诗学建立在对认知诗学批评的基础上，它注重对口头传统的研究，反对文学批评传统；主张实证研究，反对文人创作，它是认知诗学一个新拓展的研究领域。上文已经对"认知口头诗学"思想的提出及其相关研究进行了述评。本部分，我们主要介绍"认知口头诗学"的主要理论来源，为本书理论基础的选择奠定基础。

"认知口头诗学"的理论来源主要为认知语言学理论。从早期萌芽的一些研究来看，所涉及的认知语言学理论和概念主要有：概念化、隐喻、认知构式语法、框架语义学和多模态构式语法等。如 Elizabeth Minchin

---

① 会议网址为：http://sites.google.com/site/oralpoetcogsci/。

（2016）对荷马史诗的形式、概念化和叙事重复进行了研究；Duffy 和 Short（2016）研究了隐藏在古希腊史诗语言中的常规隐喻；Antović 和 Cánovas（2016）以及 Cánovas 和 Antović（2016）对认知构式语法和口头诗学的理论框架进行了对比分析；Hans Boas（2016）探索了如何将框架语义学和构式语法理论运用于分析口头诗学；Anna Bonifazi（2016）、Mark de Kreij（2016）和 Sonjia Zeman（2016）基于 Steen 和 Turner（2013）提出的多模态构式语法分析了口头诗学。另外，近期的一些研究文献也采取的是认知语言学相关理论，如 Baranyiné Kóczy（2016）对匈牙利歌谣语义构建的认知参照点分析和 Baranyiné Kóczy（2018）对匈牙利歌谣的文化概念化研究等。

有鉴于此，从"认知口头诗学"的提出到现有的研究来看，认知语言学是其理论主要来源，它主要探究口头艺术背后的认知机制（cognitive mechanisms）。正如 Antović 和 Cánovas（2016：1）所言："理解口头艺术背后的认知机制需要一个'认知口头诗学'，它解释了在原始（original）形式和语境中人类心智（human mind）如何产出诗。"因此，"认知口头诗学"是认知科学和口头诗学的跨学科（interdisciplinary）研究结果。本研究以"花儿"这一口头传统为研究对象，探究口头诗学与认知语言学的跨学科研究，旨在为走向认知口头诗学提供一种研究路径，为推进该领域研究贡献绵薄之力。

1.2 研究定位：作为口传"花儿"的认知研究取向

"花儿"是流传于中国西北地区的一种民间歌谣，于 2009 年入选联合国非物质文化遗产口头传统（oral tradition）目录。"花儿"语篇一般呈上、下两段的四句或六句式构造，上半段描述事物或者历史史话，主要事物包括植物、动物和景物等；下半段主要描述情感景象，如例（1）。"花儿"语篇最显著的特征为：以歌为体，以诗为用（马俊杰、王馥芳，2017）。诗性手段主要包括韵律群、语词重复和句法的平行式（syntactic parallelism）等以程式（formula）为基础的语法结构。

（1）薛仁贵征东不征西，

不知道杨满堂反的；
我心里没有丢你的意，
不知道你丢下我的。
（《西北花儿精选》，第256页）

近百年"花儿"学术史显示，学界从民俗学、音乐学、人类学、社会学、传播学、翻译学和语言学等理论视角出发对"花儿"进行了大量研究，取得了较为丰硕的成果。语言学视角下的"花儿"研究主要围绕三种研究路径展开：（1）"花儿"语篇语言修辞和语言表达问题的考察和分析；（2）"花儿"语篇语法结构特征的口头诗学分析；（3）"花儿"语篇的认知构建研究。

第一种研究路径主要考察和分析"花儿"语篇语言修辞和语言表达问题。因"花儿"语篇中方言土语存在同音词替代等用字混乱现象，一些学者基于文献资料分析和方言佐证等方法，考释"花儿"语篇中的本字（曹强，2015）。鉴于在语篇形式构造上，"花儿"语篇与《诗经》具有一定的相似之处，以及"花儿"语篇具有丰富的语言修辞特征，学界将其称作"中国西北的《诗经》"（如武宇林，2008；冯岩，2012；亢霖，2017；等）。众所周知，"花儿"本是一种民间歌谣，缘何又被称为诗？"花儿"到底是"歌"还是"诗"？先前研究一直没有给"花儿"作出一个相对确定的界定。马俊杰和王馥芳（2017）首次分析论证指出："花儿"是一种以"歌"为体、"诗"为用的歌谣。"花儿"在本质上是"歌"，"诗"只是其辅助性特征，以便于吟唱。若进一步深究："花儿"歌手是如何依靠诗化手段进行歌唱的？很显然，第一种研究路径对回答这一问题面临着挑战。从文体范畴来看，"花儿"语篇属于叙事范畴。那么，"花儿"语篇是如何叙事的？是否遵循了一定的叙事规则？这些问题再次牵动了"花儿"歌谣本质与诗性特征之间的理论关系。

在口头传统研究背景下，第二种研究路径（如柯杨，2002；那贞婷、曹义杰，2007；韦仁忠，2010；王军林，2019b；等）开始考察"花儿"语篇程式性语法结构特征。第一种研究路径所面临的问题初步得到了解决。美国著名文化学家和口头诗学家米尔曼·帕里（Milman Parry）和弟子阿尔伯特·贝茨·洛德（Albert B. Lord）提出了口头程式理论，也叫

"帕里—洛德理论"（弗里，2000）。以解决古老的"荷马问题"为出发点，通过田野调查以荷马为代表的"故事的歌手"（The Singer of Tales），帕里和洛德认为：程式是歌手创造故事的唯一"语法"，即"口头史诗的诗的'语法'是，而且必须是以程式为基础。这种语法是关于排比的、经常使用的、很实用的词语的语法"（洛德，2004：91）。在这一学术背景的影响下，大量"花儿"研究文献表明："花儿"语篇叙事的"语法"是程式，在固定词组、传统修辞手法、句法的平行式、韵律群、常备母题与主题构型等方面具有很高的程式性（柯杨，2002；那贞婷、曹义杰，2007；韦仁忠，2010；王军林，2015，2016，2019a，2019b；等），这使其在"花儿"歌手的头脑中形成了固定的程式框架（段静，2011）。第二种研究路径得出的一个基本结论为："花儿"语篇叙事的"语法"遵循了帕里和洛德所发现的口头程式理论[①]。"花儿"是一种口头传统，这种"传统"体现为长期流传下来的一种以程式为基础的传唱方式，即"花儿"歌手利用程式性语法结构进行歌唱，这种"语法"具有诗性特征，是一种诗化的语法。若将口头程式理论放在语言学发展的历史长河中来审视的话，它是结构主义的杰出学术典范（尹虎彬，2002），其长处在于对"花儿"语篇的语法结构特征进行系统化的静态描写和分析，但尚不能阐释"花儿"语篇语法结构形式与其语义内容之间的关联性。这是第二种研究路径所面临的挑战。

第三种研究路径主张从认知视角出发研究"花儿"语篇。随着认知语言学的兴起，语言的动态认知描写和分析得以实现。语法的认知研究（Evans & Green，2006；Evans，2019；Langacker，1987，2016a；Goldberg，2006，2019；Hilpert，2014，2019；等）得到了充分重视和系统描写。在这一学术背景下，最近几年，口头传统研究出现了"认知转向"，即口头传统的认知科学研究[②]，它是认知诗学（Cognitive Poetics，简称 CP）的一个新拓展的研究领域（Antović & Cánovas，2016；Cánovas & Antović，2016a；马俊杰，2018a，2018b，2019）。口头传统的认知科学研究是继帕里和洛德"口头程式理论"之后，口头传统研究领域的又一次新跨越

[①] 帕里和洛德曾坦言：口头程式理论是所有口头诗歌的理论，并不只是荷马史诗的理论，具体参见洛德（2004）。

[②] 有学者称为"认知口头诗学"（cognitive oral poetics，简称 COP），具体参见 Antović 和 Cánovas（2016）主编的《口头传统与认知科学》。

(朝戈金，2018)。在此研究背景下，认知视角下的"花儿"语篇研究相对较少，只有少量研究（如马俊杰，2014a，2014b，2014c；曹强、荆兵沙，2016；荆兵沙，2018；等）分析了"花儿"语篇中语言隐喻的使用以及意象对语篇的构建性。值得肯定的是，这些研究将"花儿"语篇研究由静态描写转向动态分析，但其研究内容相对比较单薄、研究不够深入。作为一种口头传统，程式是"花儿"歌手创作所遵循的基本"语法"，以往研究并未考虑"花儿"语篇程式性语法结构与其语义内容之间的关联性。因此，"花儿"语篇认知研究尚缺乏系统性和应有的研究深度，尚有一定的探索空间。

综上所述，前人研究注重"花儿"语篇的静态性描写和分析，存在重形式、轻语义，形式和语义相分离的特点；从认知视角出发的研究相对较少，尚缺乏系统性和应有的深度。前人研究并未考察和分析"花儿"语篇程式性语法结构形式与其语义之间的内在关联性，尚未考虑到人类通用认知能力（general cognitive ability）对语言结构及其意义的作用。从认知角度来看，语言结构形式和其语义具有象征性匹配关系，即二者为语言构式（construction）的两极。因此，若要从认知视角继续研究"花儿"语篇，面临的一个首要任务便是考察和分析"花儿"语篇程式性语法结构形式与其语义内容之间的关联性。认知语言学研究范式下的构式观不偏重形式或者语义研究，注重形式和语义的整体性研究，能较好地考察和分析语言结构形式与其语义之间的匹配性关系（Goldberg，2006；Langacker，2012b，2016a），具有较强的理论阐释优势。基于此，在认知语言学研究范式下，本书将"花儿"语篇新界定为一种语篇构式（discourse construction），拟从认知语法（Cognitive Grammar，简称CG）视角出发研究"花儿"语篇构式的语义构建问题，并以翻译的构式观为指导，探索"花儿"语篇构式的英译策略。

1.3 研究对象："花儿"语篇构式

本书的研究对象为"花儿"语篇构式。从认知视角出发，基于Östman（2005）对语篇构式的基本界定（详见本章1.3.2小节）：语篇构式是语篇类型（type）和语篇样式（genre）的匹配体，本书将"花儿"语篇构式界定（详见第3章3.2小节）为："花儿"语篇构式是其语篇类型和语篇样式的匹配体。形式极为其语篇类型，即通过句法的平行式、韵律群和故事（叙事）模式等信息前景化方式组织语篇的一种记叙文体。语义极为语篇样式，即歌谣主题框架的相关信息。"花儿"语篇构式是"花儿"歌手经频繁使用而提炼的一种抽象图式性结构。"花儿"语篇构式具有以下显著特征。

（1）"花儿"语篇构式呈上下两半段式排列。上半段两行含两或三小句，下半段两行含两或三小句，上下两半段的句式结构具有一致性，即句法的平行式。

（2）语词重复和韵式是构成平行式句法的主要语言手段。常见的韵式主要有五种：一押到底，交叉押韵，奇数句押韵，偶数句押韵，以及一二句押或三四句押。

（3）"花儿"语篇构式以上半段景物场景描述来喻说下半段情感场景，上下两半段具有不可逆性（irreversibility）。

本书之所以选取"花儿"语篇构式作为研究对象，理由主要有二：（1）语言的习语性（idiomaticity）是口头传统和日常会话共有的基本运作方式。Antović & Cánovas（2016：96）指出"从日常会话的闲暇到传统史诗表演的巨大需求，习语性是语言的运作方式"。通过对比分析口头传统和日常会话，Person（2016a，2016b）发现二者在语言结构运作模式上具有高度一致性。因此，研究口头传统可以打开人类认知的另一扇窗口。（2）笔者曾长时生活工作在"花儿"流传地，熟悉和了解"花儿"，具有得天独厚的研究优势。

"花儿"语篇构式有短歌和长歌两种形式，95%以上为短歌①，以四句式占主导，少量六句式。"花儿"语篇构式在形式构造上采取韵律群、语词重复和句法的平行式等程式性语法结构，上下两半段在形式结构上相一致。因此，依照"花儿"语篇构式以上半段景物描写或历史史话描述来喻说下半段人物或时政事象②的基本语义特征，本书中"花儿"语篇构式主要包括以下五类。

---

① 根据笔者对《西北花儿精选》和《六盘山花儿两千首》的统计分析。《西北花儿精选》中共计收入河州型"花儿"334首，其中短歌325首，占97.3%。《六盘山花儿两千首》中共计收入1814首"花儿"，其中短歌1805首，占99.5%。

② 这里的事象指"花儿"语篇构式中各种情感关系，如男女之间的爱情关系，人民对祖国的热爱之情等。

（一）以历史史话喻说情感事象类

（2）清朝的江山乱如麻，
　　　囊皇帝治不了天下；
　　　尕妹子乘早把主意拿，
　　　没主意乘早儿缓下。
　　　（《六盘山花儿两千首》，第 77 页）

（3）花亭相会的高文举，
　　　十盼九哭的梅英。
　　　千辛万苦我为你，
　　　你想上一片好心。
　　　（《花儿集》，第 173 页）

（二）以植物喻说情感事象类

（4）白杨树栽子谁栽来？
　　　叶叶儿咋这么嫩来？
　　　娘老子把你咋生来？
　　　模样儿咋这么俊来？
　　　（《西北花儿精选》，第 205 页）

（5）大燕麦越长越嫩了，
　　　筒筒里灌上水了；
　　　尕妹子越长越俊了，
　　　脸蛋上搽上粉了。
　　　（《六盘山花儿两千首》，第 21 页）

（三）以动物喻说情感事象类

（6）上山的梅鹿下山来，
　　　下山喝一回水来；

出门的阿哥回家来，
回家看一回我来。
（《中国歌谣集成·宁夏卷》，第 132 页）

（7）黄河沿上的牛吃水，
鼻尖儿拉不者水里；
端起饭碗就想起你，
面条儿捞不者嘴里。
（《花儿集》，第 207 页）

（四）以景物喻说情感事象类

（8）大山背后的红云彩，
一风儿刮着个雨来；
娘老子给下的我不爱，
一心儿跟着个你来。
（《六盘山花儿两千首》，第 82 页）

（9）固原城有个奎星楼，
楼门儿朝南着呢；
远路上撒下个护心油，
吃不上犯难着呢。
（《中国歌谣集成·宁夏卷》，第 135 页）

（五）以植物/动物/景物喻说时政类

除了描写人物事象为主题的"花儿"之外，还有一些少量歌唱时政的"花儿"，如例（10）：

（10）白豌豆开花虎张口，
结豆角还在个后头；
青年人跟着共产党走，
享幸福还在后头。

（《六盘山花儿两千首》，第 195 页）

另外，除了主流的四句式"花儿"之外，还有少量的六句式"花儿"。此类"花儿"是四句式的一种变体，是在四句式"花儿"基础上派生出来的一种样式（武宇林，2008：106）。如例（11）：

（11）六盘山下的清水泉，
雨涟涟，
挖耳的勺勺儿舀干；
若要我二人婚姻断，
三九天，
青冰上开一朵牡丹。

（《中国歌谣集成·宁夏卷》，第 112 页）

1.4 理论视角和术语界定

1.4.1 理论视角：认知语法视角下的构式研究

在认知语言学范式下，本书选取认知语法（详见第 4 章 4.2 小节介绍）作为理论视角，主要基于以下三点考虑。

(1) 认知语法的象征结构思想可对"花儿"语篇构式的语法结构形式和语义作出整体性阐释。以往"花儿"语篇研究一个最大的不足就是重形式、轻语义，并未考察其形式和语义之间的关联性。认知语法以使用事件（usage event）为单位来研究语篇，主张结构、加工（processing）和语篇的统一性阐释（Langacker，2012b，2016a，2017c）。基于使用事件的象征结构思想可以较好地阐释"花儿"语篇形式和其语义的象征性匹配关系，实现形式和语义的整体性研究，不偏倚任何一极。

(2) 认知语法对人类概念化（conceptualization）过程的理论见解独特。认知语言学的基本假设之一为"语义构建是概念化"（Evans & Green，2006；Evans，2019）。在认知语法看来，概念化既具有具身性（embodiment），也具有离身性（disengagement），在体验性经验

（embodied experience）的基础上，人类通过抽象（abstraction）、模拟（simulation）和概念整合（conceptual integration）等心理建构体来构建心理世界（Langacker，2008，2016a，2017c）。因此，语义构建过程不仅涉及"人类身体—环境"体验互动基础上所获得的体验性经验，还关涉人类的认知识解问题。语义构建界定详见本章 1.3.2 小节。认知语法对人类概念化的独特理论阐释可为"花儿"语篇构式语义构建问题提供理论指导。

（3）认知语法可对语篇构式研究尚存不足作出补充性阐释。构式语法一直将研究焦点放在句子及以下层面，没有将句子以上的复句和篇章包括进来（石毓智，2007）。Östman（2005）首次将构式语法研究转向了语篇研究，提出了语篇构式思想。从此以后，学界对语篇构式开展了一系列探索性研究（Östman，2005；Fired & Östman，2005；Antonopulou & Nikiforidou，2011；Nikiforidou et al.，2014；许宁云，2010；袁野，2011，2012a，2012b，2013，2017；李天贤，2012；徐永，2019；等）。语篇构式思想能对语篇的整体架构做出较好的分析，但对语篇构式的运作机制尚未作出充分阐释，对语篇和句法之间的互动关系语焉不详（Peng，2018：211）。基于使用（usage-based）思想的认知语法可弥补语篇构式研究之不足。认知语法主张结构、加工和语篇的统一性阐释（Langacker，2012b，2016b），将语篇看作是使用事件的推进，强调语言结构之间的组构性（compositionality）（Langacker，1987，2008，2012b，2016a，2017c）。认知语法对语篇研究的理论优势在于：根据使用事件的推进关系能对语篇与句法、句式与句式之间的互动关系做出充分阐释，并可有效洞悉语篇动态认知加工过程中所涉及人类的基本认知能力和认知操作机制。虽然基于认知语法的语篇构式研究思想在语篇层面尚未有研究成果问世，但认知语法对语篇不设置专门的研究框架，在其他语言结构研究方面这一思想已得到一些研究文献的支持。如张韧（2006，2007）认为，认知语法提出的一系列概念术语可为构式在阐释上的不足提供补充。Harder（2010：259）指出，语言结构分析要注意自上而下和自下而上路径相结合[①]。Hummel（2018：419）主张把具有自下

[①] 笔者于 2019 年 11 月 2—3 日向前来参加第 11 届中国认知语言学大会（北京外国语大学承办）的 Peter Harder 教授当面请教了认知语法和构式语法两种理论研究路径之间的理论关系。他认为，二者分别可看作是自上而下和自下而上的研究路径，它们之间具有互补性，二者最终都实现了对"构式"的研究，只是研究的出发点和路径不同而已。对于语篇而言，二者同样具有理论阐释上的互补性。

而上的认知语法思想与给定构式的自上而下实现（realization）过程联系起来。在 Hummel 看来，构式语法和认知语法思想是两种不同的语义实现过程，二者可以实现语义阐释上的互补性。

基于以上理论考虑，从认知语法视角出发，本书尝试研究"花儿"语篇构式的语义构建问题，并在此基础上，以翻译构式观为指导，探索"花儿"语篇构式的英译策略，希冀为"花儿"语篇构式以及其他语篇构式研究提供一种新的研究路径。

1.4.2 术语界定

鉴于本书研究"花儿"语篇构式的语义构建问题，而"花儿"又是一种口头传统，程式是"花儿"语篇构式最基本的语法特征。因此，与本书密切相关的四个核心术语为"程式""语篇构式""语篇构式义"和"语义构建"。在介绍本书研究目标和研究问题之前，本书在此先对其作出基本界定。

程式：程式是口头传统研究领域一个核心术语，它源于帕里和洛德的"口头程式理论"，是结构主义语言学背景下的学术典范（尹虎彬，2002）。基于口头程式理论，程式由三个核心概念组成，即程式、主题和故事类型，后两个都以程式为基础（洛德，2004）。"程式"被界定为"在相同的格律条件下为表达一种特定的基本观念而经常使用的一组词"（洛德，2004：40）。程式就是"特殊的诗的句法结构中的短语、从句、句子"（洛德，2004：49）。主题与程式紧密相关，主题被界定为"在以传统的、歌的程式化文体来讲述故事时，有一些经常使用的意义群"（洛德，2004：96）。故事类型与程式和主题密切关联，它是一个比程式句法结构更大的形式结构，即叙事模式（尹虎彬，2002）。根据以上论述，在口头程式理论中，程式（句法结构、韵律）和故事类型是一种语法结构形式，主题为意义群，它通过程式性语法结构得以实现。从认知视角出发，结合以往研究（Cánovas & Antović, 2016a; Boas, 2016），本书将程式界定为一种程式性语法结构与主题框架相匹配的语法构式，句法结构、韵律群和故事模式为其形式极，主题框架为其语义极（详见第 3 章 3.2.1 小节分析）。

语篇构式：语篇构式这一术语最早由赫尔辛基大学的 Jan-Ola Östman 于 2005 年提出。Östman（2005）认为，语篇具有一定的规约化特征，尽管语篇结构超出句子范畴，其规约度有可能会有所降低，但其形式和意义（功能）的匹配具有一定的稳定性。他认为，构式语法研究应当将语篇包括在内，没有排除的理由（许宁云，2010；袁野，2017）。语篇构式的界定关涉语篇类型和语篇样式。语篇类型是一些规约化的语言单位（conventional linguistic unit），即特定语句组成语篇的方式，如议论文通常将句子、话语等信息成分按照论点、论据和论证的逻辑顺序进行安排和组织（许宁云，2010）。语篇样式，即语词所引发框架（frame）和框架的相关信息（Boas，2016），它包括丰富的语义信息、语用信息以及特定社会和语境中使用的限制信息等（Hoffmann & Bergs，2018）。因此，语篇样式体现的是人类各种活动的语境场景，如神话故事、歌谣和餐桌交谈等（袁野，2017）。语篇构式是语篇类型和语篇样式的形义匹配（Östman，2005：131；Hoffmann & Bergs，2018：1），形式极为语篇类型，语义极为语篇样式，它是一个抽象的心理构体，是对语篇的完形感知（Östman，2005）。当语篇类型以特定的组织方式实现其相应的语篇功能，即语篇样式时，这个语篇就代表着一种常规的语篇构式（袁野，2013：37）。例如，诗歌会对押韵、韵律和每节的行数施加限制，而菜单一般不会押韵。

语篇构式义：依照构式语法思想，构式是一个形义匹配体（Goldberg，2006）。语篇构式被界定为语篇类型和语篇样式的形义匹配（Östman，2005：131；Hoffmann & Bergs，2018：1），形式极为语篇类型，语义极为语篇样式。因此，语篇构式义指的是语篇构式的语义极。语篇构式的语义构建涉及人类的认知加工，最终以语篇样式的形式得以表征（参见下文语义构建的概念界定）。

语义构建：意义研究具有悠久的历史，先后经历了意义客观论、意义对应论、意义替代论、意义语言系统内指论、意义语言系统外指论和意义观念论等。这些意义研究观是典型的意义"平面化"研究。意义"平面化"研究指"所有简单地在意义和某种具有相对确定性的终端（意义结果）之间划上等号的研究"（王馥芳，2014：21）。意义"平面化"研究忽视了意义的复杂性和不确定性；意义的即时性、过程性、构建性和动态流变性（王馥芳，2014：21）。与意义的"平面化"研究不同，本书所关注的语义构建为认知语言学所倡导的意义体验观。

认知语言学开创性地将意义看作是人类经验基础上的概念化（如Langacker，1987；Croft & Cruse，2004；Evans & Green，2006；王馥芳，

2014；等），主张对语义学和语用学不做原则性区分，它们同属于语义域（参见 Langacker，1987；王馥芳，2014；等）。认知语言学的基本理论假设为：语义结构反映（reflect）概念结构，语义构建就是概念化（Evans，2019：204）。语义构建是"一个动态过程，语言单位在此过程中充当提示器（prompts），它可使语言使用者调用一系列背景知识，并激活一系列概念操作"（Evans & Green，2006：162）。语义构建基于认知模式化（cognitive modeling）原则，是一个表征和构建我们经验的动态过程（Ruiz de Mendoza，2017，2021；Chafe，2018），它涉及一系列的认知操作（cognitive operation），即大脑对人类与世界互动的反应所产生的具有识别效应的任何心智活动（Ruiz de Mendoza，2017：140）。一般有三种认知操作：（1）人类身体与世界互动的感知—肌肉动觉操作（sensory-motor operations）；（2）基于身体经验的概念构建操作（concept-building operation），如心理意象操纵（mental imagery manipulation）等；（3）表征性操作（representational operation）：在概念内容的限制下，通过突显或视角化概念内容中一些成分实现语义表征，如聚焦突显（focal prominence）（Ruiz de Mendoza，2017：140-141）。感知—肌肉动觉操作和概念构建操作对表征性操作具有限制性（Ruiz de Mendoza，2021）。换言之，语言结构是概念内容和人类概念识解方式互动的结果（王立永，2019）。因此，在认知语言学看来，语义构建具有动态性（dynamicity）。在语义构建过程中，语言表达式只是一个激活概念层面各种认知识解操作的"提示器"。

基于认知语言学所倡导的语义构建观，本书对语义构建的理论界定为：语义构建是一个动态提取与激活（access and activation）的认知加工过程，在语言表达式的触发下，激活概念系统中相关的语义（概念）结构，并在概念化内容的限制下，通过聚焦突显等认知识解操作机制实现语义构建。

1.5 研究目标与问题

1.5.1 研究目标

本书在认知语言学研究范式下，从认知语法视角研究"花儿"语篇构式的语义构建及其英译策略。鉴于语义构建过程关涉的认知操作机制繁多，如何对"花儿"语篇构式语义构建过程作出整体性阐释是本书的主要研究目标之一。另外，在分析"花儿"语篇构式语义构建问题的基础上，基于翻译的构式观，探索"花儿"语篇构式的基本英译策略是本书另一个主要研究目标。具体来讲，本书的研究目标可分解为以下三个方面。

（1）探索"花儿"语篇构式的语义结构及其背后的认知机制。概念（语义）结构具有体验性（Evans，2019：201）是认知语言学的基本理论假设。据此，"花儿"语篇构式是对"花儿"歌手身体与其所处原生态环境之间互动所获得的体验性经验的语码化。在对"花儿"语篇构式的形义匹配性和语义特征等理论与实践问题分析的基础上，探索"花儿"语篇构式的语义结构及其背后的认知机制。

（2）致力于构建理论阐释模型，对"花儿"语篇构式的语义动态构建过程作出整体性阐释。从认知语法视角出发，通过考察韵律群和信息结构等对"花儿"语篇构式的语义构建过程的动态调配性（modulation），揭示"花儿"语篇构式的语义动态构建过程所关涉的认知识解机制及其他们之间的互动关系。

（3）致力于探索"花儿"语篇构式的英译策略。在分析"花儿"语篇构式语义构建问题的基础上，基于翻译构式观，探索"花儿"语篇构式英译应坚持的基本原则和基本策略。

1.5.2 研究问题

基于本书的研究目标，研究问题主要有三：

（1）"花儿"语篇构式义的特征、结构和认知动因是什么？

（2）"花儿"语篇构式语义结构背后的认知识解机制有哪些？这些机制如何互动促成其语义结构的认知构建？

（3）"花儿"语篇构式英译的基本策略有哪些？

以上三个研究问题为层层递进关系。第一个研究问题的回答可明确"花儿"语篇构式义。在明确"花儿"语篇构式义的基础上，第二个研究问题进一步考察"花儿"语篇构式义的动态构建过程，探究其语义构建过程所关涉的认知识解机制以及它们之间的互动关系。对（1）和（2）两个研究问题的回答，即关于"花儿"语篇构式的认知体验性研究为其英译策略的探析奠定了基础。以翻译构式观为指导，在分析"花儿"

语篇构式英译的基本单位及其指导原则的基础上，探析"花儿"语篇构式英译的基本策略。

1.6 研究思路、方法及语料选取说明

1.6.1 研究思路

本书的具体研究思路为：首先，对"花儿"语篇构式的形义匹配及其表征方式进行分析。在明确"花儿"语篇构式基本语义特征的基础上，深入分析"花儿"语篇构式的语义结构。其次，基于"花儿"语篇构式的语义结构，构建"花儿"语篇构式语义构建的认知阐释模型（见图 3.12）。最后，依照该理论模型思想，结合"花儿"语篇构式实例，通过考察"花儿"语篇构式韵律群和信息结构等象征结构的动态属性，深入而系统地分析"花儿"语篇构式的语义动态构建过程，揭示语义构建过程中所关涉的认知识解机制，并讨论它们之间的互动关系，旨在分析和验证认知阐释模型的可行性和可操作性。在此研究基础上，进一步探析"花儿"语篇构式英译的基本策略。总体而言，本书研究的基本路线图可大致表示为：

（1）语料选取与分析→"花儿"语篇构式义分析→构建"花儿"语篇构式语义构建的认知阐释模型→基于认知模型阐释"花儿"语篇构式的语义动态构建过程→分析和验证模型的可行性和可操作性

（2）"花儿"语篇构式的语义动态构建过程分析→基于翻译的构式观，即基于翻译过程中形式和语义的整体性考虑，探索"花儿"语篇构式的基本英译策略

1.6.2 研究方法

认知语言学研究主张自上而下的整体论，即通过对语言表象的内省构想人类认知系统的功能和特征，遭到了学界的批评（如 Geeraerts，2006；Divjak et al.，2016；Dabrowska，2016；等）。近年来，认知语言学研究方法逐渐呈现出多元发展的趋势，从传统的内省法到多重实证法，特别是心理实验法和语料库法（束定芳，2013），注重研究结论的汇流证据（converging evidence）（Langacker，2016c；Evans，2019）。鉴于此，本书兼顾二者，采取理论模型构建与语料实证分析相互验证的研究方法。因为理论

建模法这类内省研究具有其不足之处,即"仅仅依靠直觉和语感的研究结果毕竟缺乏科学的可靠性和说服力"(束定芳,2013:53)。因此,理论建模法需要有真实语料的支持,其可行性和可操作性也要得到语料的检验。

具体而言,本书以定性研究方法为主,强调以理论为导向和基于使用的分析法相结合;坚持描写和解释充分性原则。在对"花儿"语料进行筛选的基础上,构建本书使用的语料库(参见1.6.3小节分析),力求做到对"花儿"语料进行充分的描写,并通过理论模型的构建对"花儿"语篇构式语义构建问题作出整体性阐释,做到解释的充分性。同时,通过大量语料分析来验证理论模型的可行性和可操作性。

1.6.3 语料选取

最近几年,认知语言学研究的语料自省性遭到了学界的批评(如Divjak et al., 2016; Dabrowska, 2016; 等),语料实证化成了认知语言学研究语料选取的关注点,如语料库法(Janda, 2013; Yoon & Gries, 2016)和田野调查法(Sinha, 2017)。另外,口头传统研究讲究语料的实证性,避免选取文人创作性语料(弗里,2000; 洛德,2004; Antović & Cánovas, 2016)。有鉴于此,关于本研究对象"花儿"语篇构式的语料选取,我们综合考虑了语料的实证性、典型性和代表性,即基于田野调查基础上能真实代表"花儿"的原生态性和口头性等显著特征。据此,在田野调查基础上,我们从众多"花儿"歌谣集中选取张亚雄编的《花儿集》(1986)、雪犁和柯杨编选的《西北花儿精选》(1987)、徐兴亚编选的《六盘山花儿两千首》(1989)①和中国民间文学集成全国(宁夏)编辑委员会编的《中国歌谣集成·宁夏卷》(1996),并自建了供本书研究使用的"花儿"语料库。总而言之,本书语料选取综合考虑了以下三点。

(1) 基于大规模田野调查,避免选取文人创作语料。口头传统的主要传播方式就是口头演唱,是一种即兴创作,其创作具有即时性特征,与文人的书面创作具有很大的区别(弗里,2000; 洛德,2004)。因此,为了避免研究语料为文人之所创,我们从众多"花儿"歌谣集中选择具有大规模田野调查基础上形成的"花儿"集作为本书语料的来源。

---

① 该书实际收录1814首"花儿",其中短歌1805首,长歌9首。

(2) 语料为专业研究人员开展大规模田野调查的成果,具有一定的代表性和权威性。鉴于"花儿"为口头创作,一些采集者根据演唱者的歌唱进行记录,有失真、记录不当和语言错误等问题(曹强,2015)。因此,考虑到所选"花儿"语料的代表性,本书以专业研究人员基于田野调查编著的"花儿"集为研究语料来源,以最大化确保语料的真实性、准确性和代表性。《花儿集》和《西北花儿精选》是著名"花儿"研究专家张亚雄和柯杨先生基于田野调查、精心挑选和编纂的成果。《六盘山花儿两千首》是根据全国艺术学科"七五"期间国家重点科研项目中国民间文学三套集成的要求,1985—1987 年,在六盘山区固原县(现宁夏回族自治区固原市和中卫市所辖海原县)进行大规模田野调查的基础上形成〔参见《六盘山花儿两千首》(1989)"后记"第 248 页〕;《中国歌谣集成·宁夏卷》是根据 1985 年文化部、国家民委和中国民间文艺协会联合发出的"关于编辑出版《中国民间故事集成》、《中国歌谣集成》和《中国谚语集成》的通知"精神,宁夏开展了前所未有的民间文学大普查,具有范围广、时间长、人数多、组织严密和专业性强等特点〔参见《中国歌谣集成·宁夏卷》(1996)第 713 页〕。另外,《六盘山花儿两千首》和《中国歌谣集成·宁夏卷》中记录了一大批"花儿"非物质文化遗产代表传承人的作品[1],如马生林和张明星等人。这些著名"花儿"创作者和演唱者大都是文盲,不识字。他们所创作的"花儿"作品真实代表了"花儿"的原生态性、口头性和传统性等显著特征。

(3) 语料的典型性和代表性。"花儿"流传地域广,按照流行地区其可分为"甘肃花儿""青海花儿""宁夏花儿"和"新疆花儿"等。在"花儿"学术界,依据"花儿"语篇的基本构造、文学性、音乐性和艺术风格等因素,一般将"花儿"分为两大类:河州型"花儿"和洮岷型"花儿"(武宇林,2008:93)。河州型"花儿"包括甘肃临夏"花儿"、青海"花儿"、宁夏"花儿"和新疆"花儿";洮岷型"花儿"仅包括流传在甘肃岷县二郎山"花儿"和康乐县莲花山"花儿"。从流传地域和传唱民族来看,河州型"花儿"流传范围广,传唱民族多,歌谣基数大;

---

[1] 根据武宇林(2017)《中国花儿传承人口述实录》一书,张明星等著名"花儿"传承人为《中国民间歌谣集成·宁夏卷》田野采集者们演唱了大量的原生态"花儿",为该书的出版编著作出了积极贡献。这些传承人有的已经离世。因此,《中国民间歌谣集成·宁夏卷》中的"花儿"语料显得弥足珍贵。

洮岷型"花儿"则流传范围非常有限,传唱民族主要为汉族,歌谣基数相对较小(王沛,2013)。从语篇结构形式、曲调风格和语言艺术创造性特征来看,两类"花儿"风格相距甚远,河州型"花儿"更具创造性和艺术性,相比而言,具有较高的研究价值(武宇林,2008;王沛,2013)。另外,与河州型"花儿"最大的不同在于,洮岷型"花儿"与宗教迷信活动有一定的关联性①。考虑到流传范围之广度、传唱民族之多寡、歌谣占比基数之大小和语言艺术风格之迥异等多重因素,本书选取更具代表性、典型性和在西北绝大范围内流传的河州型"花儿"语篇为本书语料来源,宁夏"花儿"就是典型代表。

基于本书以上语料选取原则,我们从大量现存"花儿"集中选取《花儿集》《西北花儿精选》《六盘山花儿两千首》和《中国歌谣集成·宁夏卷》作为本书语料来源②,并自建了供本书使用的"花儿"语料库,共计收录3262首"花儿",其中四句式"花儿"3207首,占98.3%;六句式"花儿"55首,占1.7%。基于自建语料库的"花儿"语料选取情况详见表1.1:

表1.1　　基于自建语料库的"花儿"语料选取情况一览

四句式构造型"花儿"			六句式构造型"花儿"		
类型	频数(首)	占比(%)	类型	频数(首)	占比(%)
以历史史话喻说情感事象类	43	1	以历史史话喻说情感事象类	3	5
以植物喻说人物情感事象类	1254	39	以植物喻说人物情感事象类	22	40
以动物喻说人物情感事象类	877	28	以动物喻说人物情感事象类	18	33
以景物喻说人物情感事象类	974	30	以景物喻说人物情感事象类	12	22
以植物/动物/景物喻说时政类	59	2	以植物/动物/景物喻说时政类	0	0
总计	3207	98.3	总计	55	1.7

---

① 贾芝(1987)在《西北花儿精选》的序中指出,莲花山的"花儿"会本就是庙会,那里是神佛圣地,寺庙僧众每年举行龙华会,纪念佛祖释迦牟尼的诞辰,劝善、行布施。

② 为证实语料来源的真实性和研究方便,本书在引用相关"花儿"语料时,在书中进行了具体来源标注。

1.7 研究意义与价值

本书研究的意义和价值主要有以下四点。

第一，通过"花儿"语篇构式的认知研究，探索口头传统认知研究的新方法。长期以来，口头传统研究在口头诗学领域开展，注重对其程式化语言结构的分析。从本质来讲，这是一种结构主义的分析路径（尹虎彬，2002）。传统研究认为，韵律群、语词重复和句法的平行式等以程式为基础的语言结构是一个静态实体。在构式语法和认知语法理论的指导下，本书实现了对程式的构式理论新描写（参见第3章3.2.1小节），并揭示了其动态属性（参见第5章5.2.4小节）。本书的探索可为相关口头传统的认知研究提供方法借鉴。

第二，基于认知语法理论视角研究口头语篇构式的语义构建问题，进一步拓展了认知语法应用研究范围。随着认知语言学的兴起，认知语言学视角下的语篇研究得到了学界重视。近些年，以构式语法为理论基础的语篇构式研究得到了学界关注（如 Östman, 2005; Fired & Östman, 2005; Antonopoulou & Nikiforidou, 2011; Nikiforidou et al., 2014；许宁云，2010；袁野，2011，2012a，2012b，2013，2017；李天贤，2012；徐永，2019；等），此类研究对语篇的宏观构架作出了较好的阐释，但尚不能阐释语篇构式形成的认知机制。认知语法主张的结构、加工和语篇统一性阐释思想可对语篇构式形成的认知机制作出较好分析，但尚未得到学界的充分重视。基于此，本书基于认知语法视角研究口头语篇构式的语义构建问题，既考虑到了宏观层面的语篇架构，也考虑到了微观层面的语篇结构加工机制及其与宏观架构的互动关系。在一定程度上来讲，这为口头语篇构式研究提供了一个全新的研究视角，进一步拓展了认知语法应用研究范围。

第三，实践和验证认知语法语篇观在口头语篇中可行性、可操作性和解释力。近几年，认知语法主张，结构、加工和语篇的统一性阐释（Langacker, 2012b, 2016b, 2017c）。本书尝试将这一最新研究思想运用于研究"花儿"语篇构式的语义构建问题，验证了这一思想在口头语篇层面实践的可行性、可操作性和解释力。本书分析发现，认知语法在分析复杂语义融合或整合，尤其在分析浮现性语义来源时，其可操作性尚显不足。

对此，概念整合理论却具有很强的可操作性。鉴于二者的整合或融合思想的一致性［参见 Langacker（2008，2016a，2017c）对概念整合理论和认知语法的关系讨论］，结合本研究实际，本书尝试将二者整合起来，构建了新的理论阐释模型。本书分析表明，新的理论阐释模型能够对"花儿"语篇构式实例作出较为恰当、合理的解释。

第四，基于翻译的构式观分析"花儿"语篇构式的基本英译策略，有助于拓展翻译构式观在语篇层面的实践，也为"花儿"的译介研究提供了新的视角和路径。目前，国内外学者对于"花儿"的译介研究尚不够深入，未能深入探究"花儿"译介的基本原则和基本策略。只有一小部分研究初步触及了"花儿"译介的本质问题，如姜学龙（2018，2019）以口头程式理论为视角探索"花儿"的译介策略。令人遗憾的是，这些研究尚停留在表面，未能真正触及"花儿"译介的本质问题。从认知视角出发，本书详述"花儿"程式性语法结构的本质及其语义构建所关涉的认知机制，即"花儿"的程式性语法结构是一个形式与语义相匹配的语篇构式，并分析"花儿"语篇构式的语义动态构建过程。基于此，尝试洞悉"花儿"译介过程中一些问题的本质。正如 Chafe（2018）所言，翻译必须以意义为中心。有鉴于此，翻译的构式观视角下"花儿"译介研究具有一定的理论优势，可兼顾形式和意义的整体性考量。因此，通过对"花儿"语篇构式的体验认知性研究，以翻译的构式观为指导，探索"花儿"语篇构式的英译策略，可为"花儿"的译介研究提供一种新的视角和路径。

1.8　结构安排

第 1 章 绪论。本章主要交代本书的选题缘起、研究对象、理论视角、核心术语界定、研究目标与问题、研究思路与方法、研究价值与意义以及本书的结构安排。

第 2 章 "花儿"及其相关研究述评。本章重点梳理和评述了"花儿"、"花儿"语篇、"花儿"翻译研究状况以及语篇构式的国内外研究现状。通过本章梳理和评述，掌握现有"花儿"语篇以及语篇构式研究路径及其不足，寻绎本研究的立足点和突破点。

第 3 章 "花儿"语篇构式的语义特征、结构及其认知动因。本章的主要目标在于：分析"花儿"语篇构式的语义特征和语义结构，并揭示其语义结构认知构建的独特性，为第4章构建"花儿"语篇构式语义构建的理论分析模型奠定基础。鉴于对口头程式的构式理论新描写是实现"花儿"语篇构式分析前提和基础。因此，本章重点在讨论程式与构式之间理论关系的基础上，对程式进行构式理论新描写，并据此分析"花儿"语篇构式的形义匹配及其表征方式。在此基础上，本章分析了"花儿"语篇构式的语义特征及其语义来源的认知动因。并讨论和分析了"花儿"语篇构式义认知构建的独特性。

第4章"花儿"语篇构式的理论阐释模型及英译路径。基于第3章对"花儿"语篇构式的语义结构及其认知动因阐释，本章的核心目标为构架"花儿"语篇构式语义构建模型，并在此基础上，讨论英译"花儿"语篇构式的基本理论路径。在简要概述认知语法及其本书所关涉主要理论分析工具：认知识解、认知参照点和概念整合的基础上，基于认知语法语篇观，本章建构了本书的理论分析模型："花儿"语篇构式的认知阐释模型（见图4.12），为本书阐释"花儿"语篇构式的语义构建问题提供了理论模型。基于"花儿"语篇构式语义构建模型，从认知视角出发，本章最后从认知语言学的哲学观"体验主义"和语义构建观两个大方面分析了英译"花儿"语篇构式的基本理论路径。

第5章"花儿"语篇构式语义构建的聚焦突显认知模式及英译启示。在第3章对"花儿"语篇构式义分析的基础上，依照"花儿"语篇构式的认知阐释模型（见图4.12），本章在认知语法语篇观的导引下，重点考察"花儿"语篇构式语义构建的聚焦突显认知模式，并据此讨论其对英译"花儿"语篇构式的理论启示。基于"花儿"语篇构式的语义构建过程分析，本章提炼出了"花儿"语篇构式的语义聚焦突显模式并进行了分类阐释，揭示注意力（attention）这一人类通用认知能力在"花儿"语篇构式语义构建中的作用，同时，也揭示了其语义聚焦突显过程中所关涉的两个基本认知操作机制：认知参照点（参见第6章分析）和概念整合（参见第7章分析）。

第6章"花儿"语篇构式语义构建的认知参照点路径及英译启示。依照"花儿"语篇构式的认知阐释模型（见图4.12），在第5章基础上，本章重点分析聚焦突显认知识解过程中注意力视窗之间心理通道方向的建立过程及所关涉的认知操作机制：认知参照点；通过阐明"花儿"语篇构式中认知参照点关系建立的概念关联度、目的性和顺序性等特征，提炼出了"花儿"语篇构式语义构建的认知参照点路径模型。本章最后据此讨论认知参照点路径对英译"花儿"语篇构式的理论启示。

第7章"花儿"语篇构式语义构建的概念整合机制及英译启示。本章着重考察"花儿"语篇构式语义聚焦突显这一前景化过程中另一个重要认知操作机制：概念整合，即"花儿"语篇构式语义前景化的动态在线构建过程，即据此讨论其对英译"花儿"语篇构式的理论启示。通过分析"花儿"语篇构式前景化语言手段，结合第5章分析，本章分析指出"花儿"语篇构式的语义前景化过程，讨论"花儿"语篇构式中心理空间之间连接关系，提炼出"花儿"语篇构式语义前景化的概念整合网络，并据此对"花儿"语篇构式语义前景化的动态在线构建过程进行详细的示例性分析。依据"花儿"语篇构式语义前景化的概念整合网络，本章最后结合实例分析了其对英译"花儿"语篇构式的理论启示。

第8章"花儿"语篇构式的英译观和英译策略分析。基于前面章节对"花儿"语篇构式语义构建过程及其认知机制的阐释，并在讨论其对英译"花儿"语篇构式理论启示性的基础上，本章重点分析了英译"花儿"语篇构式的翻译观：翻译的构式观、需遵循的三个指导性原则：意义中心原则，整体性原则和互动性原则以及两个英译策略：构式对等法和构式变异法。

第9章 结论。本章归纳总结了本书的主要研究结论、创新之处、当前研究所存在的不足，并对后续研究的开展进行了展望。

第 2 章 "花儿"及其相关研究述评

本章主要目标首先为梳理和评述"花儿"、"花儿"语篇、"花儿"翻译研究现状和语篇构式的国内外研究现状。其次，本章简要梳理和评述了国内外"花儿"研究现状，便于定位语言学视角下的"花儿"研究。再次，鉴于本书在语言学视角下开展"花儿"语篇研究，因此，本章重点评述了"花儿"语篇[①]研究现状。复次，本章对"花儿"翻译研究现状进行了述评。最后，鉴于本书将"花儿"语篇界定为一种语篇构式，非常有必要厘清语篇构式的国内外研究状况。因此，本章梳理和评述了国内外语篇构式研究现状，并从总体上对语篇构式研究状况进行了评述，旨在掌握目前国内外语篇构式研究的现状与不足。通过本章梳理和评述，以便于掌握现有"花儿"语篇和语篇构式研究路径及其不足，寻绎本书的立足点和突破点。

2.1 "花儿"研究总体现状

本小节主要梳理和评述国内外"花儿"研究现状，旨在掌握"花儿"研究发展脉络，以便于定位语言学视角下的"花儿"研究。

2.1.1 国外"花儿"研究

国外对"花儿"研究主要集中在美国和日本，研究主要涉及"花儿"的田野调查和"花儿"中仪式及习俗。在美国，美国印第安纳大学民俗学与音乐人类学系的博士生导师苏独玉（Sue Tuohy）教授对"花儿"研究情有独钟，她多次到中国西北进行实地考察，最近一次为 2012 年。她

---

① 以往研究文献多以"花儿"或"花儿"语篇称名，为论述方便，本书在文献综述部分采用以往文献称名。

从 1984 年就开始关注并开展"花儿"的田野调查工作，已有三十余年的研究生涯。1988 年，基于"花儿"田野调查，她撰写了题为《中国传统的纵想：论花儿、花儿会和花儿的学术研究》的英文专著①。2014 年，应北京师范大学文学院邀请，作了题为"对建构传统和遗产过程的反思——以'花儿'为例"的讲座②。2018 年，她发表《花儿收集和语体界定：张亚雄及其花儿选集》一文，全面回顾了著名"花儿"研究专家张亚雄先生对"花儿"研究的贡献，尤其是他主编的《花儿集》一书对"花儿"的传播和研究产生了重要影响。2018 年 6 月，她被邀请到中山大学作了题为"民歌收集者与民歌选集的持续影响——以张亚雄及其《花儿集》为个案"的讲座③。另外，美国普林斯顿大学的凯瑟·劳瑞（Kathryn Lowry，汉名罗开云）于 1984 年专程到甘肃兰州拜访了中国著名"花儿"研究家柯杨先生，此后多次来甘肃调查访问，并撰写了题为《语言、音乐和仪式：论中国西北的优秀民歌"花儿"》的硕士论文（参见闫国芳，2007：5）。在日本，著名的口头文学专家志村三喜子女士、神奈川大学教授广田律子和名古屋大学的樱井龙彦教授是中国"花儿"的主要研究者。1985 年，广田律子教授和樱井龙彦教授应邀参加了第三届"花儿"学术研讨会，并赴莲花山"花儿"会进行考察，回国后于 1986 年撰写了论著《花儿会上的求子信仰习俗》（参见闫国芳，2007：5）。除此之外，国外对"花儿"的研究还体现为国内与国外学者相互合作的趋势，主要体现为近几年国内外学者合作翻译"花儿"研究专著和研究"花儿"音乐教学等。如 2016 年，北方民族大学杨晓丽和英国的史若兰（Caroline Elizabeth Kano）联合翻译出版了武宇林《中国花儿通论》（2008）一书，取名《花儿——丝绸之路上的民间歌谣》；Yang Yang（杨阳）和 Welch（2016）联合研究了高校"花儿"音乐教学所面临的挑战。

总体而言，国外"花儿"研究基本停留在"花儿"田野调查、"花儿"仪式、习俗和传承研究、"花儿"译介和"花儿"音乐教学研究等四大方面。这些研究使得"花儿"研究和传播登上了国际学术舞台，对"花儿"在国外的传播和发展产生了一定的影响。

---

① 参见网站：http://nx.wenming.cn/rwnx/rwnxwz/201410/t20141010_1390546.html。
② 参见网站：http://chinese.bnu.edu.cn/xwdt/2014/96996.html。
③ 参见网站：http://chinese.sysu.edu.cn/node/704。

2.1.2 国内"花儿"研究

国内"花儿"研究史很长,达百年之久。纵观百年"花儿"学术史,"花儿"研究体现出两个显著特点:(1)"花儿"的收集整理与研究工作齐头并进;(2)"花儿"的研究热与当时社会政治形势和学术热点紧密相连。总结来看,"花儿"研究大致经历了四个阶段:萌芽期、形成期、发展期和繁荣期[①]。

五四新文化运动时期至 20 世纪 30 年代末,口头传统研究以歌谣的征集、整理、汇集和文本形式的分析研究为特征。"花儿"研究的萌芽期正是在五四民主科学思想和中国新民俗学形成的大形势下兴起的(闫国芳,2005)。这一时期主要以介绍和搜集"花儿"为主,注重完整形态、原汁原味的搜集和整理,其中部分学者开始从文学和历史的角度研究"花儿"的流派和结构问题。20 世纪 20 年代,五四歌谣运动兴起,以北京大学为中心的全国歌谣征集运动为中心,"花儿"的收集、整理与研究才起步。1925 年,《歌谣》周刊上发表了袁复礼先生的《甘肃的歌谣——"话儿"[②]》的文章,从"花儿"词曲特点、流传地区和演唱等方面首次向全国各地专门介绍"花儿"。1940 年,张亚雄先生编的《花儿集》由重庆出版社出版。继这本"花儿"集出版之后,以青海和甘肃为主的民间和地方机构先后搜集和整理出版了十余本"花儿"集。至此,"花儿"的研究序幕正式拉开。

从 20 世纪 50 年代后期到 70 年代中期,"花儿"研究在"人民翻身做主人"的热情和"民歌运动"的浪潮中进入了形成期。这一时期重在以搜集、整理和出版"花儿"集及对"花儿"价值和源流进行探讨(参见闫国芳,2005:51)。自 1966 年起,这一研究热情被接下来的十年"文化大革命"所中断,直到 1976 年以后才逐渐恢复。20 世纪 60 年代初,青海文艺界展开了关于"花儿"源流的一场论争,从史学和文学的角度探讨"花儿"的起源问题(参见闫国芳,2005:51—52)。出现了魏

[①] 闫国芳(2007)将"花儿"的研究期大致分为:20 世纪 30—50 年代为形成期,20 世纪 50 年代后期到 20 世纪 70 年代中期为发展期,20 世纪 80 年代至今为繁荣期。在借鉴闫国芳(2007)划分的基础上,结合近些年"花儿"的研究状况,我们将"花儿"的学术史大致分为四个阶段:萌芽期、形成期、发展期和繁荣期。

[②] 当时,将"花儿"称作"话儿"。

泉鸣（1986）的《青海对"花儿"的来龙去脉的探讨》和刘凯（1987）的《对六十年代"花儿"论争的审视与反思》等研究文献。"花儿"研究从此迈出了理性化的第一步。

从20世纪80年代至21世纪初，在"拨乱反正"和追求学术研究的浪潮中，"花儿"研究进入了新的发展期。这一时期民众得到彻底解禁，"花儿"脱离了政治的禁锢，搜集整理工作又全面展开（参见闫国芳，2005：52）。1981年，"首届花儿学术讨论会"在兰州召开，会议首次提出了"花儿学"的概念，将"花儿"研究提高到了一个学科的层面上。这一时期涌现出了多本"花儿"概论性的研究专著：赵宗福（1989）的《花儿通论》、郗慧民（1989）的《西北花儿学》、魏泉鸣（1991）的《花儿新论》、王沛（1992）的《河州花儿研究》等。20世纪90年代，"花儿"在国内和国际渐渐有了影响。学者们对"花儿"当中涉及的繁多历史典故、方言俗语、不同民族"花儿"的个性与共性、"花儿"空间系统、"花儿"歌手等进行了学术上的探讨。这一时期多本"花儿"研究专著相继出版：罗耀南（2001）的《花儿词话》，汪鸿明、丁作枢（2002）编著的《莲花山与莲花山花儿》，李雄飞（2003）的《河州"花儿"与陕北"信天游"文化内涵的比较研究》和张君仁（2004）的《花儿王朱仲禄——人类学情境中的民间歌手》等。

21世纪初至现在，在文化软实力建设、"一带一路"倡议等影响下，"花儿"研究进入了繁荣期。部分民俗学、人类学、翻译学、语言学和社会学等方面的学者开始加入"花儿"研究队伍，研究选题范围有了相应的扩展。一些高级别的科研也被相继立项①，如渭南师范学院曹强教授于2009年获立国家社科基金项目"'花儿'语言民俗研究"、北方民族大学武宇林教授于2013年获立国家社科基金项目"联合国非物质文化遗产代表作'花儿'传承人研究"和青海师范大学许四辈教授于2018年获立国家社科基金项目"多民族歌场花儿会文化空间研究"等。学者们开始对"花儿"开展多角度、多元化研究。立足在以往对"花儿"的收集、整理和方言民俗等研究为起点，从人类学、音乐学、民俗学、社会学、传播学、翻译学和语言学等角度展开"花儿"研究。这一时期相关代表性专

---

① 据国家社科基金项目在线数据库（http://fz.people.com.cn/skygb/sk/index.php/Index/seach）统计，截至2024年共计有9项"花儿"研究课题相继立项。

著和论文有：武宇林（2008）的《中国花儿通论》，戚晓萍（2013）的《洮岷花儿研究：生存空间视角下的田村花儿调查》，曹强（2015）的《传播学视阈下的'花儿'歌词用字问题》，杨晓丽和 Caroline Elizabeth Kano（2016）的《花儿——丝绸之路上的民间歌谣》和王军林（2019b）的《西北花儿口头程式的功能》等。

综上所述，国内"花儿"研究文献已相当丰富，相比而言，国外研究相对较少，主要集中在"花儿"的收集整理和民俗文化研究方面。国内研究历时很长，但多次被中断，前期一些研究基本处在"花儿"文本的收集整理和少量的史学和文学方面的研究。21 世纪前后，"花儿"研究逐渐兴盛起来，学者们从人类学、音乐学、民俗学、社会学、传播学、翻译学和语言学等角度出发开始研究"花儿"。鉴于本书为语言学研究，在厘清"花儿"研究学术史的基础上，下一小节专门梳理和评述语言学视角下"花儿"语篇研究现状，为本书研究的开展奠定文献基础。

2.2 "花儿"语篇研究现状

纵观"花儿"研究学术史的四大阶段，语言学视角下的"花儿"研究起步于发展期，涉及的理论视角主要有结构语言学、历史语言学、认知语言学和计量语言学等。依照"花儿"语篇研究内容，主要有"花儿"语篇的方言俗语和语言修辞分析（武宇林，2008）、"花儿"语篇语言表达问题的历史语言学考察（曹强，2014）、"花儿"语篇语法结构的口头诗学分析（柯杨，2002；那贞婷、曹义杰，2007；韦仁忠，2010；王军林，2015，2016，2019a，2019b）和"花儿"语篇认知研究（马俊杰，2014a，2014b，2014c；曹强、荆兵沙，2016；荆兵沙，2018）。以下分三大类对其分别进行评述。

2.2.1 "花儿"语篇语言表达问题及语言修辞研究

"花儿"没有现成的创作文本，大多是一些"花儿"爱好者根据"花儿"歌手即时演唱记录而来，并非出自专业"花儿"研究者之手。因此，他们所记录的"花儿"语篇中难免会存在一些用词不当等问题。基于"花儿"语篇中方言土语存在同音词替代等用字混乱现象，采取文献资料分析与方言佐证相结合的方法，曹强（2015）考释"花儿"语篇中一些用词的本字。另外，此方面的研究基于"花儿"语篇的语言表达，通过文献的历史考察，寻绎"花儿"的起源时间（曹强，2014）。"花儿"语篇语言表达的历史语言学考察，有利于"花儿"语篇语言使用的科学化和规范化，为"花儿"传播和研究奠定坚实的基础。同时，此方面的研究也可为"花儿"的起源问题探究提供一定的语言证据。

"花儿"语篇语言修辞研究者认为，"花儿"语篇与《诗经》一样，采用了中国传统的"比兴"修辞手法，即"花儿"语篇以上半段的事物描写用来起兴，后半段两句为主题（武宇林，2008）。王晓云（2014：68）认为："'兴'的实质是由自然景物的某种特征而触发歌者心中的特定期待，因而发声为歌。由此观之，起兴句的'事'与主题句的'物'之间便必然有一定的关联。"张艳萍（2010）则从思维模式和认知范型角度试图论述"比兴"的本质。她认为，思维模式支配着话语体系的形式，"比兴"就是一种独特的话语体系。"比"和"兴"受到不同认知范型的支配，二者的区别"恰恰在于二者所体现的事物或现象之间的关系有着根本的差异"（张艳萍，2010：716）。由此可见，学者们关于"花儿"语篇语言修辞"比兴说"的认识尚未达成一致，主要问题在于"比兴"的本质探索以及"比"和"兴"难以区分的问题（如武宇林，2008；王晓云，2014）。值得关注的是，已有学者（张艳萍，2010）已经开始认识到从思维模式出发来分析"比兴"这种话语模式，将"比兴"的认识向前推进了一大步。虽然张文主张从思维模式和认知范型角度论述"比兴"本质，但仍然尚未真正触及"比兴"的认知理据，如她认为"比"中只出现"比象"与"兴"中同时出现"兴象"和"兴义"的观点在本质上还是一种形式层面的分析。因此，以往研究只看到了"花儿"语篇起兴句"事"与主题句"物"之间的联系性，并没有阐释清楚这种关系的内在本质，并未真正触及"比兴"的认知理据，尚需进一步探索。

2.2.2 "花儿"语篇语法结构特征研究

随着国外口头诗学理论的兴起，"花儿"的口头传统确认得到重视。学者们在大量田野调查的基础上，开展"花儿"的口头传统确认工作（刘秋芝，2010）。在此研究背景下，一大批学者借助口头诗学理论分析了"花儿"语篇的口头程式性语法特征。分析表明，"花儿"语篇语法结构在固定词组、传统修辞手法、句法的平行式、格律、常备母题与主题构型等方面具有很高的程式性（柯杨，2002；那贞婷、曹义杰，2007；韦仁忠，2010；王军林，2015，2016，2019a，2019b）。另外，还有学者（张晓谨、刘海涛，2017）借助计量语言学方法分析了"花儿"语篇的独特语法特征。依据"花儿"语篇中词频分布规律，他们也发现，"花儿"民歌有其独特的"程式化机制"，但并没有具体说明这种独特的"程式化机制"是什么。从研究结果来看，"程式化机制"本质上就是"花儿"语篇的语法结构特征。总体来看，"花儿"语篇语法结构的口头诗学分析表明，程式语法为其主要语法结构特征。此类研究基本都是一些静态性的语法结构分析，其在本质上为一种结构主义的分析路径（尹虎彬，2002），存在重形式、轻语义，以及形式和语义相分离的特征。值得关注的是，马俊杰和王馥芳（2017）分析了"花儿"语篇的诗性特征。他们认为，"花儿"语篇形式和内容具有内在一致性。"花儿"语篇以歌为体，诗为用，即"花儿"在本质上为歌，但其具备一些诗歌的语法特征，比如押韵和句法的平行式。"花儿"语篇形式和语义内容之间的关系首次得到关注，这为未来研究奠定了基础。

2.2.3 "花儿"语篇认知研究

随着认知语言学的兴起，语言的认知分析得到系统论述。一些学者开始采用认知语言学中的概念隐喻和概念整合理论来分析"花儿"语篇。如马俊杰（2014a）以及曹强和荆兵沙（2016）分析了"花儿"语篇中的隐喻体系和隐喻特征。马俊杰（2014b）和荆兵沙（2018）分析了"花儿"语篇中隐喻形成的认知理据以及文化意义。以概念整合作为理论框架，马俊杰（2014c）探析"花儿"语篇中意象构建意义的过程及其认知推理机制。综而观之，认知视角下的"花儿"语篇研究主要集中在"花儿"语篇中隐喻的特征、功能、解读和隐喻义的认知和文化理据性等方面。这些研究将以往"花儿"语篇研究提升到了认知新高度，值得肯定和借鉴。但其研究内容相对单薄，只是重点考察了"花儿"语篇中语言隐喻的使用情况，并未深入考察"花儿"语篇语法结构特征与其隐喻义之间的理论关系。"花儿"语篇修辞研究之"比兴说"争论等遗留问题并未在认知视角下得以解决，尚未彰显认知语言学视角的理论阐释优势。因此，"花儿"语篇认知研究尚有一定的探索空间。

综上所述，学界对"花儿"语篇研究已比较全面。"不论从哪个角度的探讨都是对花儿这个整体文化的某个方面进行的有益的描述、阐释和探索。……但是不可否认的是，我们对花儿的研究还只是停留在一个平面的、静态的、共时的认识"和描述上（闫国芳，2007：5）。如"花儿"语篇语言修辞分析和"花儿"语篇语法特征的口头诗学分析，这只涉及了"花儿"语篇研究之"冰山一角"，对于其动态性认知与探究尚显不足。目前，只有少量研究涉及了这一方面，且研究内容相对单薄，研究视角相对单一，并未真正触及"花儿"语篇形式和其语义之间的内在关联性。因此，"花儿"语篇认知研究尚存进一步探索空间，未来须加强这方面研究，以真正将"花儿"语篇研究提升到认知新高度，有效解决以往"花儿"语篇研究的遗留问题，彰显认知视角的理论阐释优势。

值得注意的是，认知语言学中的构式语法强调构式是一个形式和语义的匹配体（Goldberg，2006）。因此，构式语法可成为探索"花儿"语篇形式和其语义之间内在关联性的一个优选理论分析工具。又鉴于"花儿"为一种语篇，因此，下一小节我们对语篇构式研究现状进行评述，旨在为"花儿"语篇研究的理论工具选取奠定基础。

2.3 语篇构式研究现状

近年来，构式语法研究取得了长足的发展，得到了学界的广泛关注，是认知语言学研究领域主要理论话题之一。构式语法认为，小到语素，大到篇章都可以是一个构式（Goldberg，2006），但其研究的着眼点却一直放在句式及以下层面，对于句式以上的复句和篇章等单位没有包括进来（石毓智，2007）。目前，国外有两大类研究尝试将构式语法拓展到语篇研究层面，即以 Östman（2005）为代表的语篇构式研究和以 Fischer（2010）等为代表的互动构式语法。国内研究基本以国外研究为参照，进行述评、应用和尝试性修补。

2.3.1 国外语篇构式研究

本小节对国外两大类语篇构式研究分别予以评述，以便于掌握国外语篇构式研究现状与不足。

（1）以 Östman 为代表的语篇构式研究

早在 2005 年，赫尔辛基大学的 Jan-Ola Östman 率先认识到了构式语法的局限性，首次将构式语法研究转向了语篇研究，提出了语篇构式思想。令人遗憾的是，这一研究未能得到学界关注、热议和思考。直到2011年，根据Östman（2005）的语篇构式思想，Antonopoulou 和 Nikiforidou 将构式语法应用到了会话分析研究中，这是"将构式语法扩展到语篇领域的又一次重要尝试"（袁野，2017：45）。

Östman（2005：121）认为，篇章结构也代表了一定语言特征的规约化，其和语法的规约化模式具有同等地位。构式语法研究方法可以拓展到语篇层面，这不仅可以帮助我们理解语篇是如何运作的，也可以让我们以更加系统的方式阐释语篇的结构和加工（Östman, 2005：125）。Östman主张从构式语法角度出发整合语用学和语篇的研究成果，并提出四个核心观点：(1) 大多语篇都是规约化的；(2) 语篇和句法不是对立的，而是互动的；(3) 可接受性（acceptability）和规约性（conventionality）是相对于语境而言的；(4) 构式语法需认识到类似于语篇样式整体框架的用途（Östman, 2005：126；许宁云, 2010：87；袁野, 2011：39；李天贤, 2012：159—161）。

在构式语法的经典研究文献里（如 Goldberg, 1995, 2006 等），大多的构式研究对象为句子及以下的语言结构。Östman认为，"构式语法主张构式在形式和意义上存在规约化的联系，但这种规约性是一个程度问题。尽管语篇结构超出句子范畴，其规约认可度可能会有所降低，但其形式和意义之间仍具有相当的稳定性"（Östman, 2005：127；许宁云, 2010：87）。因此，语篇是一个稳定的规约化语言结构，构式语法研究没有任何理由排除句子以上的语言结构："那种将语素和单词视为构式，而将复合句、段落和篇章/语篇排除在外的做法不具备任何本体、方法论或认知上的基础"（许宁云, 2010：87）。Östman这一主张不仅道出了构式语法研究的不足之处，而且为走向语篇构式研究奠定了基础。

Östman认为，语篇和句法之间具有互动性。以往的构式语法研究核心关注点在动词和句子的互动关系，比如Goldberg（1995）对她著名例句"Pat sneezed the napkin off the table"中动词"sneeze"和句子本身之间的互动关系分析。那么，对于语篇构式而言，其研究的核心点理应在语篇和句法之间的互动关系。Östman反对句法做句法的事情，篇章只做篇章的事情。他认为，语篇和句法之间不是对立的，而是对话的、互动的关系（2005：127）。

在 Östman 看来，语篇构式是一个抽象的心理构体，是一种理想化的认知模型（Lakoff，1987）。Östman（2005：128）提出语篇层面的框架：语篇样式，如菜谱、餐桌谈话、神话故事等。他认为，"我们不仅要掌握一个语词所引发的框架信息，而且还需了解该框架本身所包含的知识信息，这种综合性框架可称为'语篇构式'（Östman，2005：131—133；许宁云，2010：87）。它是一个抽象的心理构体，是一种如 Lakoff（1987）所言的理想化认知模型。如人们对菜谱的完形感知：依次包括标题—原料—制作过程等信息的语篇。基于此，Östman 认为，语篇构式是语篇类型和样式的匹配，其形式极为语篇类型，如议论文和说明文等，语义极为语篇样式（袁野，2017：46）。另外，语篇构式会因不同的社会文化因素而不同。如中国的菜谱和美国的菜谱语篇的理想化认知模型就不同（详见 Östman，2005；许宁云，2010：88）。

Östman 将语篇构式的理解和表征方式称之为语篇模式（discourse pattern，简称 dp）（Östman，2005：135）。他主张的语篇构式表征方式如图 2.1 所示。图中 frame 代表情景框架；prag 代表语用因素；synsem 代表句法—语义信息。左边大方框中的两个小方框代表语篇所包含的句子数量。另外两个大方框分别表示语篇样式和语篇类型的详细信息。

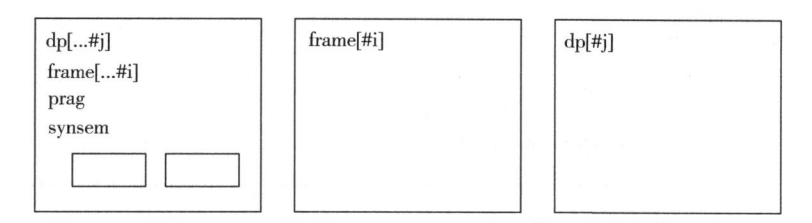

| dp[...#j]
frame[...#i]
prag
synsem | frame[#i] | dp[#j] |

图 2.1　语篇构式框架（Östman，2005：136）

继 Östman（2005）提出语篇构式以来，Fried 和 Östman（2005）以语用小品词为例，探索了构式语法运用于分析口头会话的可行性。Nikiforidou et al.（2014）利用构式语法分析了会话中的多义词。Antonopoulou 和 Nikiforidou（2011）进一步将 Östman（2005）的语篇构式概念拓展到了会话类语篇分析中。他关注诸如课堂话语之类的规约性话语语类（conventional discourse genre），这类话语长期得到了会话分析（conversation analysis）研究的广泛关注，现已发展成为一个新的研究范式（于国栋、吴亚欣，2018）。Antonopoulou 和 Nikiforidou 正是借助了会话分析研究的成果，给出了诸如图 2.2 的会话语篇构式的表征方式。与 Östman（2005）表征方式的区别在于将句法（syn）和语义（sem）信息分开表征，分别位于图 2.2 的下部和上部；中部是语用信息的表征，包括语篇情景框架（d-frame）和具有程式化的语篇角色（discourse-role）。这些语篇角色又是由一个或多个言语行为（speech act）来得以实现。

```
Telehone-call openings construction

sem      ⎡A frame INTERACTION AMONG FRIENDS    ⎡B fame  SERVICE ENCOUNTER ⎤
         ⎢        FE #1 [friend]                ⎢        FE #1 [employee]   ⎥
         ⎣        FE #2 [friend]                ⎣        FE #2 [client]     ⎦

                                              inherit d-frame [CONVERSATION]

prag     ⎡d-frame[TELEPHONE–CALL OPENING]
         ⎢coherence  ⎡discourse-role  summons
         ⎢           ⎢discourse-role  answer_j to_i (#1)    ⎡speech act_1 question(fixed formula-A)⎤
         ⎢           ⎢                                       ⎢speech act_2 qstatement-B             ⎥
         ⎢           ⎢                                       ⎣speech act_3 question(fixed formula)-B⎦
         ⎢           ⎢
         ⎣           ⎣discourse-role  identification (#2)   [speech act_4 _____]
                      discourse-role  recognition (#1)

syn      ⎡elliptic–fixed formula_1
         ⎢declarative_2
         ⎣interrogative_3

lxm      list(for speech act_1){hell,...}
         list(for speech act_2){This is X,My name is X,...}
         list(for speech act_3){How can I help you,May I help you,...}
```

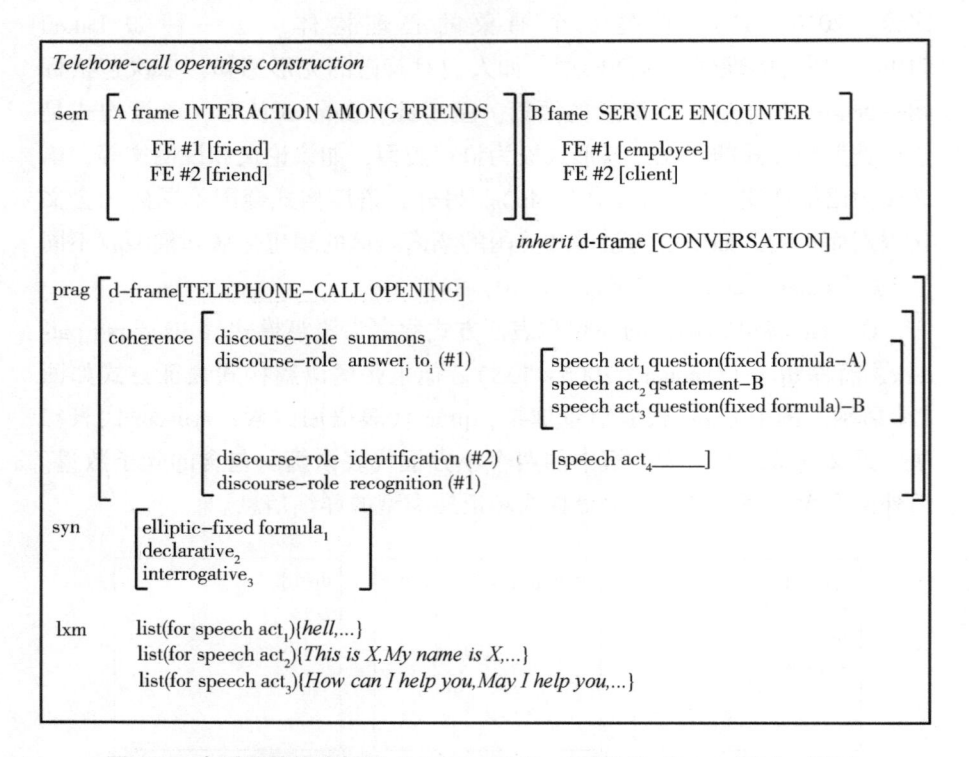

图 2.2　会话语篇构式框架（Antonopoulou & Nikiforidou，2011：2597）

基于以上语篇构式表征方式的介绍，我们可以清楚地看到：语篇类型、情景框架和语用因素在语篇构式语法中占据核心地位（Östman，2005：123—124；袁野，2012a：53），而以往的构式语法研究却只关注了句法和语义信息。这是近年来学者们倡导构式语法研究超越句子层面的主要原因，也是对以往构式语法理论（如 Goldberg，1995，2006）存在不足之处的一种突破性探索与研究，与近年来认知语言学研究走向语篇研究的趋势（如 Langacker，2001a，2008，2012b，2016a 等）相一致。Östman（2005）将构式拓展到语篇研究层面，打破长期以来构式在句法层面研究的"垄断"地位，这无疑是构式语法研究的一大突破。通过上文对语篇构式核心思想和表征方式的介绍,明确了语篇构式研究的基本运作原理。通过思考构式研究的一些基本理论问题,我们认为,语篇构式研究尚存以下三个方面值得进一步探索的地方。

第一,对语篇构式的运作机制尚未进行充分说明和论证。一些构式研究文献(Goldberg,1995;Zhang,2006;张韧,2006,2007;等)已经表明,认知操作机制在构式研究中的重要作用。张韧(2007)指出,如何确立一个构式?与语法研究相关的构式概念是什么?这些问题涉及认知操作机制如何运作实现构式的语义构建。Östman(2005)指出,语篇构式概念是一个抽象的心理构体,但并未作出充分的论证。因此,语篇构式概念就会出现"将语篇列入构式语法研究的范围,理由尚不充分"(陆俭明、吴海波,2018:3)等质疑声。这也关涉语篇构式概念地位的合法性问题。

第二,对语篇和句法之间的互动关系语焉不详。Östman(2005)关于语篇构式的核心观点虽然涉及了语篇与句式之间的关系,但只是泛泛而谈语篇与句式之间的互补关系,对语篇和句法之间的互动关系论述语焉不详(Peng,2018)。当然,这一问题与语篇构式的认知操作机制运作的探索密切相关。语篇构式如何实现与其有机组成句法之间的互动关系问题将是未来语篇构式研究的主要关注点。

第三,语篇构式的表征分析法陷入了"模具"的泥潭。语篇构式的图式表征分析法虽明确了涉及语篇理解的语篇类型、情景框架、语用因素以及句法语义信息,但这一表征分析法既未能对语篇构式研究做出充分的阐释,也未能清晰地揭示出语篇内部句子之间的内在关联性及各自的认知功能,尤其是句法语义信息的互动关系问题,具有一定的"模具"特征。也就是说,它只关涉语篇构式分析的一些基本要素,但尚未明确语篇构式是如何具体运作和产生的。

(2)互动构式语法研究

互动构式语法(Interactive Construction Grammar,简称ICxG)的提出基于构式语法和互动语言学的融合性探索(Fischer,2010,2015;Brône & Zima,2014;Zima,2015;Imo,2015;等)。此类研究基于会话分析和互动语言学研究,尝试探索其与构式语法的融合,旨在将构式语法研究拓展到语篇研究层面。

Fischer(2010)认为,从认知角度来看,构式语法和框架语义学

(frame semantics)的理论前提涵盖口头会话，对解释口头会话极为有用。由于构式语法是以认知语言学范式为基础的，构式义以经验为基础，因此，它需要考虑互动，因为语法结构不仅植于（grounded）感知—肌肉动觉，还以社会互动经验为基础。另外，依照框架语义学，口头会话中的语用标记等可以看作是一种构式。Fischer（2015）主张从构式语法①角度重新解读会话分析的研究结果，基于参与者对交际情境的认知识解来重铸会话分析中的会话常规。基于这一基本主张，从构式角度出发，他对会话分析研究文献中"oh"的会话分析结果进行了重新分析，分析发现，"oh"是一个相对稳定的形义匹配体。Imo（2015）讨论了如何将构式语法和互动语言学结合在一起，并提出"互动构式语法"这一概念。基于Imo（2015）的研究思想，Hilpert（2019）在《构式语法应用（第二版）》中也探索了构式语法在口头会话中的应用研究。

另外，基于Du-Bois（2014）提出的对话句法学（dialogic syntax），Brône和Zima（2014）提出了"对话构式语法"（Dialogic Construction Grammar，简称DCxG）概念，将构式语法应用于对话语篇分析。他们认为，Du-Bois（2014）重在阐述对话句法理论的基础，然而，他并没有详细讨论在这个理论中一些新的语法概念的兼容问题。鉴于此，他们主张从构式语法的角度出发研究对话句法理论，意在为对话句法理论的进一步发展奠定坚实的理论基础。对话构式语法的核心观点为：对话句法学理论中关于并置话语（juxtaposed utterance）之间的结构映射关系可以被看作话语进展中的一个临时构式（ad hoc construction）或者局部固化的形义匹配体（locally entrenched form-meaning pairs）（Brône & Zima，2014：458）。也就是说，"在实际言语交际中，一个对话中的语言资源固化程度仅浮现于对话启动到对话结束的时段之内。言语结构的固化度因而具有瞬时性。特定的语言结构可能仅适用于局部的对话情景。随着对话的瞬时结束，一个对话构式即消逝，发话人根据交际目的又不断地启动新的对话"（曾国才，2017b：11）。话语之间体现为一种"例示—图式—例示"关系。先前话语激活的图式性结构具有一定程度的词汇稳定和变异性，供话语交际者共享，具有很高的能产性（Brône & Zima，2014：467）。继Brône和Zima（2014）提出对话构式语法以来，Pleyer（2017）将对话构式语法拓

---

① 该文中的构式语法也包括认知语法在内。

展运用到语言演变研究中。他认为,人类语言在演变进程中,临时构式化(ad hoc constructionalization)起着重要作用。早期人类建立了一些临时的原始构式图式,经频繁重复使用使得原生结构得以固化。原始语言(protolanguage)经过漫长的语法化和构式化过程,最终演化为人类语言。

综合来看,构式语法和互动语言学的融合性研究是目前国际研究的一大趋势,是构式语法在语篇研究的又一次重要尝试。"互动构式语法"和"对话构式语法"概念,相继被提出;但都是对会话中一些语言现象进行研究,如语用标记词和并置话语结构的映射等。我们认为,互动构式语法研究尚存以下两点值得进一步探索的地方。

第一,缺乏对构式语法与会话分析在理论方法和目标等方面的深入探究。互动构式语法的理论定位在于研究交际中语言的互动和认知问题,而目前已有的研究文献聚焦于具体会话性语料的分析层面,尝试将构式语法运用于会话语料分析,却鲜少对会话分析和互动语言学与构式语法在理论目标、方法论等方面的关系进行探究,从而导致对二者融合研究的深度不够。因为会话分析是互动性话语研究的一种主要理论方法,其主要目标在于识别、描写、解释交际者用来完成社会行为的有序且重复出现的方式方法或会话常规(于国栋、吴亚欣,2018)。这一研究方法及其理论目标与构式语法的研究方法和理论目标大有不同,二者的融合面临着诸多挑战(Fischer,2010,2015),未来研究亟须得到重视。

第二,理论定位与语料分析存在很大距离。互动构式语法研究的理论定位在于通过互动性话语分析,寻找构式语法和互动性话语分析的融合点,探究人类语言的互动和认知模式。但互动性或对话性存在于人类语言的各个层面,不单单存在于自然会话之中,譬如演讲语篇就具有很强的互动性,演讲者通过言语手段来实现与听众之间的互动和共鸣。如此一来,小到一个寒暄语,大到语篇都可以是互动构式语法探索人类语言互动和认知模式的分析对象。所以,只局限于自然会话语料的分析,难以实现互动构式语法探究人类语言互动和认知模式这一理论定位。值得关注的是,Zima & Brône(2015)已呼吁:认知语言学进入了互动时代。因此,未来互动构式语法需进一步明确研究对象和范围。

2.3.2 国内语篇构式研究

随着国外学者探索将构式语法拓展到语篇研究层面,近年来,国内学者（许宁云，2010；李天贤，2012；袁野，2011，2012a，2012b，2013，2017；徐永，2019；等）相继对 Östman（2005）的语篇构式思想进行了介绍、反思、运用和修补，并提出语篇构式语法概念。许宁云将语篇构式研究思想运用于研究诗歌语篇中回指现象。他指出"诗歌也是一种语篇构式类型，诗歌构式的主要功能范畴是韵律和节奏，它们是诗歌语篇的形式成分，却对应着与其匹配的稳定的意义"（2010：86）。李天贤（2012）在博士学位论文中将语篇构式看作是语篇连贯解读的宏观认知框架。他认为，语篇构式的提出是自然事情，可在更高层次上揭示语篇理解的整体性与宏观意图。袁野（2011，2012a，2012b，2013，2017）引入系统功能语法关于语类和语篇概念的研究成果，尝试将 Östman（2005）的语篇构式表征图（见图2.1）中 frame 和 dp 分别修补为语类和语域（register）。为了实现对话语篇与书面语篇构式表征方式的一致性，袁野（2017）借用系统功能语言学中的语域和语类概念对 Antonopoulou 和 Nikiforidou（2011）的对话语篇构式表征图（见图2.2）进行了修改，即用语域代替了框架语义，用语类代替了语用及连贯。经过此番修改，试图实现对话语篇构式与书面语篇构式在表征方式上的统一性。徐永（2019）借助语篇构式思想，从认知修辞视角出发探讨了叙事语篇的理解。

　　基于 Brône 和 Zima（2014）提出的对话构式语法，国内学者（曾国才，2017a，2017b，2019）着重于对其介绍、评述和应用分析。只有少数学者对其进行了较为深入的反思和研究，如基于 Du-Bois（2014）的对话句法学理论，王寅和曾国才（2016a，2016b，2016c）以及 Zeng（2016）通过理论建模法研究了英语 WH 问答对话构式；Zeng（2018）在对话句法学和对话构式语法的基础上，提出"认知对话构式语法"的理论分析模型。国内学者对互动构式语法关注不够，目前，只有张媛和王文斌（2019）从宏观和微观两个层面探讨了认知语言学和互动语言学的可互动性。

　　综上所述，国内学者对构式语法在语篇层面研究主要体现为对国外提出的语篇构式思想、对话构式语法和互动构式语法进行介绍、述评和应用研究，少量研究尝试进行修补和拓展，促进了语篇构式在国内的研究。

2.4 "花儿"翻译研究状况述略

纵观现有文献，国内外"花儿"的译介研究尚不多，且尚未见到系统性"花儿"译著及其相关研究问世。总结来看，目前的研究主要体现在三个方面：（1）外文著述"花儿"研究；（2）英译已有"花儿"相关研究成果；（3）"花儿"的翻译策略及其相关问题探究。

2.4.1 外文著述"花儿"研究

外文著述"花儿"研究主要集中在美国和日本，研究主要涉及"花儿"中仪式及习俗等。美国涌现出了一些"花儿"爱好者，他们热衷于"花儿"的调查和研究，有的多次到达中国的兰州和宁夏等地开展田野调查研究，回国后将调研成果发表于本国相关期刊或论坛。此方面的"花儿"翻译与传播研究具体可参见本章 2.1.1 小节。总体来看，外文著述"花儿"研究的重心并不在于"花儿"的译介，但在一定程度上来讲，这些研究却为"花儿"在美国和日本的传播起到一定的推动作用。

2.4.2 英译"花儿"相关研究成果

除外文著述"花儿"研究成果外，还有一些国内学者通过英译已有"花儿"研究成果来达到对"花儿"及其研究成果的传播。20 世纪 80 年代，《中国音乐》期刊发表了《简谈中国甘肃民歌——花儿》的英文版。2016 年，北方民族大学杨晓丽和英国的史若兰（Caroline Elizabeth Kano）联合翻译出版了武宇林《中国花儿通论》（2008）一书，取名《花儿——丝绸之路上的民间歌谣》（*Hua'er—Folk Songs from the Silk Road*）。

2.4.3 "花儿"译介策略及其相关问题研究

文献整理显示，关于"花儿"的译介研究成果少之甚少，几乎处于空白，尚未见到一本完整的"花儿"英译歌集，直到近几年才有学者尝试探索"花儿"的译介策略及其相关问题。荆兵沙（2017）一文提出了英译"花儿"应注意底本的选择、方言词语及特殊句式的翻译、韵律及衬词和衬句的翻译、遵循目的语阅读归宿的原则等七个方面的问题。杜丽萍（2018）以文化为视域探究了"花儿"外译问题。她认为，"花儿"外译研究应注重文化意识形态、译者主体性、文化阐释及审美接受等因素在"花儿"译介实践中所起的积极作用。在此基础上，她探索了"花儿"的翻译原则与策略。马萍（2018）从认知语义学的视角出发，结合六盘山"花儿"中意象的特点，探讨了意象图式理论视角下"花儿"意象的翻译问题，考察了源语译语图式相吻合、图式相异和图式缺省三种情形下"花儿"意象的翻译策略。姜学龙（2018，2019）从民俗学视野出发，探究了"花儿"的英译问题。他认为"'花儿'英译具有文学翻译与音乐翻译的双重属性"，基于此，"花儿"英译时既要兼顾其文学性，又要考虑其演唱性，不能简单地套用译介传统诗歌的方法"（2018：71）。有鉴于此，以口头程式理论和表演理论为视角，他提出了"多元合作民外直译模式、异化翻译策略和民族志式深度英译方法"（2018：78）。杨晓丽（2019）一文以翻译美学理论为指导，从审美主体和审美客体角度对"花儿"进行了翻译实践探索和研究。吴雨轩和乔巘（2020）探索了"花儿"外译的现实困境与发展路径，提出了以宏观政策指导、译者本地化培养和受众迎合策略三方面为发展路径，以增强"花儿"的外译。

整体来看，国内学者对"花儿"译介与传播研究尚不够深入和系统，未能深入探究"花儿"译介的原则和策略。值得注意的是，部分研究已初步触及了"花儿"译介的本质问题。如姜学龙（2018，2019）以口头程式理论为视角探索"花儿"的译介策略，以及马萍（2018）从认知语义学的视角出发探讨"花儿"意象的翻译问题。令人遗憾的是，这些研究尚停留在表面，未能真正触及"花儿"译介的本质问题。

总而言之，上文述评可以发现，语篇构式可为分析"花儿"语篇形式和语义之间的关系提供一种新的理论分析工具。从认知视角出发，本书将详述"花儿"程式性语法结构的本质及其构建所关涉的认知机制，即"花儿"的程式性语法结构是一个形式与语义相配的语篇构式（参见第3章3.2小节）。本研究将在对"花儿"语篇构式的体验认知性研究的基础上，从认知视角出发，进一步尝试探索"花儿"的译介原则和策略，旨在为"花儿"译介研究提供新的路径和借鉴作用。

2.5 本章小结

在爬梳国内外"花儿"研究学术史的基础上，本章重点评述了语言学视角下"花儿"语篇研究和"花儿"翻译研究现状。另外，本章梳理和评述了语篇构式的国内外研究现状。通过本章梳理和评述，本书发现，以往大多研究文献只是对"花儿"语篇的静态性描述，存在重形式、轻语义的问题。只有少数研究开始从认知语言学视角分析"花儿"语篇，但这些研究并未考察和分析"花儿"语篇的程式性语法特征与其语义内容之间的关联性，从而导致"花儿"语篇构式认知研究缺乏深度。从认知角度来看，形式和语义形成了构式的两极。认知语言学的构式观不偏重形式或者意义研究，它注重形式和语义的整体性研究，能较好地考察语言结构形式和语义之间的匹配性关系（Goldberg，2006；Langacker，1987）。尤为值得注意的是，构式的形式极具有多模态性，它包括语言和非语言手段，比如韵律和肢体语言等，这为考察和分析"花儿"语篇具有理论优势。另外，国内外语篇构式研究现状表明，认知语法和构式语法语篇观的互补思想已"初见端倪"。有鉴于此，本书的立足点和突破点在于：在认知语言学研究范式下，以认知语法为理论基础，在以往研究的基础上，进一步开展"花儿"语篇构式的语义构建过程，并从中得出其对英译"花儿"语篇构式的理论启示性，希冀为"花儿"语篇构式以及其他口头语篇构式研究带来一种新的理论视角。

第3章 "花儿"语篇构式的语义特征、结构及其认知动因

本章的主要目标在于：基于认知语言学的核心思想，在对"花儿"语篇构式形义匹配分析的基础上，主要考察和分析"花儿"语篇构式的语义特征和语义结构，并揭示其语义认知构建的独特性，为下一章"花儿"语篇构式语义构建的理论阐释模型建构奠定基础。

本章主体内容包括五大部分：(1) 概述基于体验的认知语言学核心思想。简要概述和介绍认知语言学的核心思想，重点介绍认知语言学的语义观，为本章分析"花儿"语篇构式的语义特征、结构及其认知动因奠定理论基础。(2) "花儿"语篇构式形义匹配及其表征方式分析。鉴于"花儿"为一种口头传统，程式是"花儿"语篇构式的基本语法结构。要实现"花儿"语篇构式形义匹配及表征方式分析，程式的构式理论新描写是其前提和基础。因此，本书在讨论程式与构式之间理论关系的基础上，对程式进行构式理论新描写，并据此分析"花儿"语篇构式形义匹配及其表征方式。(3) "花儿"语篇构式的语义结构分析。基于"花儿"语篇构式的语义特征：片段性和类推性，分析指出其隐喻性语义结构及其背后的认知机制：概念隐喻，并讨论分析"花儿"语篇构式中隐喻概念组织的层级性。(4) "花儿"语篇构式隐喻义的多维性分析。基于"花儿"语篇构式中隐喻概念组织的层级性，进一步结合其语义的认知来源，对其隐喻义进行多维度分析。(5) "花儿"语篇构式隐喻义认知构建的独特性分析。基于隐喻激活和构建的层级性，分析指出"花儿"语篇构式隐喻义认知构建的独特性在于：概念隐喻生成和构建的独特性，即原生态经验的独特性，这也是"花儿"语篇构式隐喻义生成的认知动因。

3.1 基于体验的认知语言学核心思想

认知语言学，顾名思义，它是研究人类认知和语言之间关系的一门学

科,起源于20世纪70年代中期。认知语言学发轫之初并非始于某单一的来源,也没有所谓的"精神领袖",它是很多学者共同努力的结果(王馥芳,2014;文旭、司卫国,2018)。因此,Evans 和 Green(2006)、Evans(2019)将认知语言学称作为一种事业(enterprise)。他们将认知语言学分为两大部分:(1)认知语义学。以 Lakoff 和 Johnson(1980)的概念隐喻理论(Conceptual Metaphor Theory,简称 CMT)、Talmy(2000a,2000b)的认知语义学(Cognitive Semantics)和 Fauconnier(1985/1994)的心理空间(Mental Space)及 Fauconnier 和 Turner(2002)一道发展起来的概念整合理论(Conceptual Blending Theory,简称 CBT)为代表;(2)语法的认知研究。以 Langacker(1987,1991a,1991b,2008,2012b,2016a,2017c)的认知语法和 Goldberg(1995,2006,2019)的构式语法(Construction Grammar,简称 CxG)为代表。在上述研究中,尤其以 Lakoff、Langacker 和 Talmy 的理论影响最为深远,他们三人被学界公认为是认知语言学的创始人。Fauconnier 的概念整合理论与 Langacker 的认知语法理论和 Lakoff 的概念隐喻理论之间存在着有机的理论关联①(王馥芳,2014;Langacker,2008;Evans & Green,2006;等)。从表面上看,认知语言学理论框架繁多,但实际上这些理论都是建立在统一的基本理论假设和理论主张之上,只是各自的研究路径、视角不同而已,这也是将这些理论框架统一在认知语言学"旗帜"下的原因之所在(Geeraerts,2006)。以下部分从认知语言学基本理论假设、理论优势与不足和语义观三个方面对认知语言学思想作出简要概述。

3.1.1 认知语言学的基本理论假设

一般来讲,根据认知语言学的经典研究文献(如 Lakoff,1987;Lakoff & Johnson,1999;Langacker,1987 和 Talmy,2000a,2000b 等),认知语言学有四个基本的理论假设:概念结构是体验性的(conceptual structure is embodied)、语义结构等同于概念结构(semantic structure is conceptual structure)、语义表征是百科性的(meaning representation is encyclopedic)和意义构建是概念化(meaning construction is conceptualization)(参见 Evans & Green,2006:157-163)。本部分只介绍与本研究密切相关的两个基本理论

---

① 这也是本研究关注点所在,本书理论阐释模型的构建基于他们之间的理论关系。

假设。

第一，概念结构是体验性的。具身体验认知语言学的哲学基础，其核心观点之一即为人类思维的体验性（Lakoff & Johnson，1999），它主张意义源自人类身体、大脑与其所处环境之间的体验互动，这也是意义来源的根源。因此，从这个角度来讲，概念结构是体验性的，它与人类的感知经验密切相关。本研究对象"花儿"语篇构式的语义来源即为"花儿"歌手身体、大脑与其所处原生态环境之间的互动所获得的体验性经验，具体参见本章3.5小节分析。

第二，语义结构反映（reflect）概念结构（Evans，2019）。语义结构与词和语言单位密切相关，一个特定的语言表达具有一定的语义结构。认知语言学认为，语言指讲话者大脑中的概念，而不是外部世界中的实体，也就是说，语义结构可以等同于概念结构。与语词相关的规约意义就是语言概念（linguistic concepts）或词汇概念（lexical concepts），概念结构为了实现在语言层面的编码，一些规约性的形式是概念结构所需要的（Evans & Green，2006：158）。Evans和Green强调：这并不是说概念结构和语言结构完全等同，因为认知义学认为一个语词的意义只形成了其可能概念的子集（subset），毕竟，比起语言中所编码的意义，我们拥有更多的思想、想法和情感（Evans & Green，2006：159）。

3.1.2 认知语言学理论的优势与不足

认知语言学发展至今，彰显了其强有力的语言阐释力。同时，也暴露出了一些潜在的不足。最近几年，学界对认知语言学的批评声不断，最集中的一次当属2016年国际《认知语言学》期刊第4期开辟专刊对认知语言学发展至今所存在不足的回顾、总结和探索，如Divjak et al.（2016）全面总结了认知语言学发展至今仍然存在的"四大问题"，Dabrowska（2016）总结了与认知语言学发展相伴的"七宗罪"（seven deadly sins）。本部分主要论述认知语言学理论的优势和不足，旨在明确本研究的聚焦点以及研究方法的选择（参见第1章1.6小节）。

（1）认知语言学的理论阐释优势

认知语言学的理论优势主要体现在其对语言现象的强大阐释力上，尤其体现在对语言背后人类的基本认知能力和识解操作机制的探究。这一独特的理论优势与认知语言学的基本理论假设密切相关，即语言是人类认知系统的一部分，而不是独立于人类的认知系统（Langacker，1987；Talmy，2000a，2000b；Croft & Cruse，2004；Evans & Green，2006）。另外，认知语言学研究采用整体性的研究方法，旨在对语言现象做出整体性阐释。因此，认知语言学将语言阐释的着力点放在语言与人类基本认知能力的关系，其主要研究目的在于"通过语言认知研究，特别是意义认知研究解释人类概念系统的本质特征和组织结构模式"（王馥芳，2014：89），这深化了我们对语言和认知概念系统的认识，也从认知高度为语言阐释提供了一条新的研究路径，引起了语言学界的广泛关注，较其他语言学派具有很大的影响力。正如 Geeraerts（2016）所言："认知语言学研究成就斐然，从起初的边缘地位现已发展成为当今语言学领域的主流之一；从学术产出和学术影响而言，似有赶超生成语言学的趋势"（参见牛保义，2018：853）。

本书将汲取认知语言学整体阐释法这一理论优势，聚焦于"花儿"语篇构式的语义构建研究，探究其语义构建的概念识解方式及其认知操作机制，旨在从整体上对其语义构建问题作出阐释。

（2）认知语言学理论之不足

当然，认知语言学在具备强大阐释力的同时，也暴露出了一些理论上的不足以及挑战（文旭、司卫国，2018：23）。伴随其发展进程，先后相继出现了一大批学者的批评和质疑。王馥芳（2014，2015）主张将学界对认知语言学的质疑和批评可分为外部批评和内部批评两个视角。外部批评主要集中于对认知语言学的基本假设"语言结构与认知结构同构观"（如 Haser，2005；Gibbs，2006a；等）、隐喻思维（如 Murphy，1996；Gibbs，2006b；Steen，2011；等）、语言结构的心理表征动因（如 Gibbs & Matlock，1999）和其理论假设的"不可验证性"（如 Gibbs，2006b；程琪龙，2011；等）等方面。内部批评主要集中在认知语言学的理论视角和方法论的局限性两大方面（王馥芳，2014：122—128）。关于认知语言学的理论视角，批评者认为，其认知视角存在理论动因单一、认知视角相对于文化视角的狭隘性（Palmer，2006），对文化动因关注不够（如 Sinha，2017 等），以及认知图式对语法阐释的局限性（Palmer，2006）等方面。关于认知语言学的方法论批评主要体现在研究路径的"循环论证嫌疑"（如 Murphy，1996；Haser，2005；Gibbs，2006a；王馥芳，2014：128—130 等）、内省法（如 Gibbs，2006a；Divjak et al.，2016；Dabrowska，2016 等）和整体性解释

（Haspelmath，2008）等方面。

尤为值得关注的是，认知语言学理论分析工具多样化、术语使用混乱（文旭、司卫国，2018）。Evans & Green（2006）和 Evans（2019）在评估认知语言学事业时指出，认知语言学面临的挑战之一就是由于理论分析工具的多样性，对于这些理论分析工具之间的理论关系遭到了学界的质疑，甚至批评。鉴于此，本书将采取理论建模的方法建构"花儿"语篇构式语义构建的理论阐释模型（参见第 4 章），旨在厘清本研究所关涉理论分析工具之间的内在理论关系及其各自的理论作用，从整体上对"花儿"语篇构式的语义构建问题作出统一性阐释，并从中得出其"花儿"英译的理论启示。

3.1.3 认知语言学的语义观

语义研究具有悠久的历史，最早可追溯到柏拉图和亚里士多德等哲学家关于语义的研究思想，它们都主张语言形式和现实世界之间存在一一对应的关系。20 世纪初盛行于学界的意义指称论是对意义对应论的继承和发展，即认为一个词语的意义就是它所命名或指称的对象，语言是可以独立于非语言的语境而得到理解的独立实体。意义对应论强调语言形式和真实世界的直接对应，把真值条件作为意义的构成要素，完全忽视了意义和真实世界之间的种种差异，也完全否定了认知主体对意义的主观创造性（王馥芳，2014）。因此，意义对应论、意义指称论和意义镜像观等传统语义学思想本质上都是把意义平面化，是将意义简化为静止固定的抽象实体的"强区分模式"（王馥芳，2018）。19 世纪末语言学家开始关注语义的情境性、动态性和心理现实性等特点。当时索绪尔的结构主义语言学研究方法占据主导地位，大多数语言学家专注语言结构的描写，这一思想并没有产生较大影响。20 世纪 30 年代，维特根斯坦和奥斯汀等语言哲学家开始质疑逻辑实证主义主张的意义研究分析—综合两分法，反对把词语的意义看作一种抽象实体，他们提出语言所处的现实世界和言语情境对词语的意义非常重要，"……当我们讨论某个词或短语的意义时，更多的是讨论它的语境义"（Austin，1961：3）。20 世纪 50 年代，乔姆斯基创立的转换生成语言学兴起，标志着语言研究的认知转向。由于生成语法将语言视为自治的符号系统，句子的生成被看作是自治符号操作的结果，不受认知能力、心理因素和社会环境的影响，因此，"意义被完全排斥在生成语言学研究的范围之外"（王馥芳，2014：192）。直到20世纪70年代中后期，随着第二代认知科学的出现，语言作为"体验认知本体"被重新定义，意义在语言研究中的重要性被提到前所未有的高度，认知语义学研究成为认知语言学家关注的重点。

根据认知语言学的四个基本理论假设也反映了其语义观，具体体现在语义表征是百科性的和意义构建是概念化两个基本假设中。依照这两个基本假设，可以将认知语言学的语义观概括为三点。

第一，语义的具身认知性。具身认知是认知语言学的哲学基础（参见 Lakoff & Johnson，1999），它的核心思想为：意义来源于人类身体与其所处环境之间的体验互动。Lakoff 和 Johnson（1980）认为，"体验"主要包括身体体验（Experience of body）、物理环境体验（Experience of physical environment）和文化体验（Experience of the culture）。当人们与外界互动获得一定的经验时，通过心智加工形成相对应的概念，而后形成意义并通过语言编码出来。简言之，语义来源于人类身体与其所处环境之间体验互动所获得经验经认知加工所形成的概念意义在语言中的编码。

第二，语义的百科性。认知语言学认为，语义即概念化（Langacker，1987）。所谓的概念化指的是人类形成概念和意义的过程，它是在人们身体经验之上的一种认知加工过程。因此，从这个角度来看，语义的表征就具有百科性。语词的理解关涉人类身体与其所处环境体验互动所获的各方面知识以及对知识的认知加工。因此，认知语言学原则上不区分语义学和语用学，它们同属于一个语义范畴。

第三，语义的使用观。认知语言学倡导语义来源于语言使用，是语境引导下概念知识结构的激活功能。在一定程度上，一个语言成分能否成为人脑中的语言构式取决于该成分在语言使用中的频率。当使用频率达到一定程度时，该成分就会被固化，形成形式与语义匹配的语言构式。因此，语言构式是基于语言使用基础上抽象概括化的结果，具有一定的图式性，人们在使用时可提取和激活该图式性结构。

概言之，认知语言学是一门崭新的语言学流派，具有较强的理论阐释性，它侧重探究人类一般认知能力与语言之间的关系，在语义研究等方面具有理论创新性和前沿性。基于认知语言学的核心思想及其语义观，本章以下部分将详细分析和阐释"花儿"语篇构式的形义匹配及其表征方式、语义特征和语义结构。

3.2 "花儿"语篇构式形义匹配及其表征方式

鉴于"花儿"为一种口头传统,那么,程式自然是"花儿"语篇构式的基本语法特征。因此,要实现对"花儿"语篇构式形义匹配及表征方式分析,程式的构式理论新描写是其前提和基础。有鉴于此,本小节在讨论程式与构式之间理论关系的基础上,首先对程式进行构式理论新描写,为"花儿"语篇构式形义匹配及表征方式分析奠定基础。

3.2.1 程式的构式理论描写

本小节将从程式与构式之间的理论关系以及程式的构式理论描写两个方面进行。

(1) 程式与构式的理论关系分析

洛德在《故事的歌手》一书中指出:口头诗歌的"'语法'是,而且必须是以程式为基础"(洛德,2004:91)。他认为,这种"语法"具有特殊性:它"是由诗化的必要性所决定的。"程式便是这种特殊的诗的句法结构中的短语、从句、句子"(洛德,2004:49)。操这种程式化语言的人,一旦掌握了它,便不会在这个范围内越雷池一步,不像我们在平常说话中那样常常要越过这个范围"(洛德,2004:49)。因此,在洛德看来,程式是口头传统的主要"语法"特征,也是口头传统创作的主要技巧。因为"程式本身并不太重要,对理解这种口头技巧来说,这种隐含的程式模式,以及依这些模式去遣词造句的能力,显得更为重要"(洛德,2004:60)。由此可见,洛德所讲的程式并不单单体现在语言层面上,也有一些概念层面的含义。

帕里最早将程式界定为:"在相同的格律条件下为表达一种特定的基本概念而经常使用的一组词"(转引自洛德,2004:40)。根据这一定义,程式概念包括了语言形式、韵律槽(metrical slot)和意义。帕里过于强调韵律对歌手创作的制约作用:"……伴随着形式上的主要成分——格律和曲调的建立……这就是歌手表达思想的框架。从此以后,他所做的一切必须在这种韵律模式的限定之下。"(洛德,2004:28-29)由此可见,帕里忽视了程式的意义和功能方面。洛德后来弥补了这一缺陷,它主要关注口头艺术的语言使用,即口头史诗是如何创作、学习和传递的。Cánovas 和 Antović（2016b：83）认为：“洛德的研究从理论和实践上预示了认知语法、构式语法和基于使用的语言习得的一些主要原则”。"洛德的程式概念与语法的认知研究中的构式非常接近；程式是一个形义匹配体，具有相对固定的结构，也能容忍一定量的形式演变"（Cánovas & Antović, 2016b：83）。基于此，Cánovas 和 Antović 概括指出：“程式和构式分别为口头诗学理论和认知构式语法理论中的主要概念，尽管它们彼此独立的，但都可以被界定为一个'形式—意义—功能'模式"（Cánovas & Antović, 2016b：79）。Boas（2016：115）也认为，程式是口头诗歌中不断复现的已规约化的单位，作为一种相对稳定的心理模式储存在人们的记忆中。

有鉴于此，程式可界定为"形式—意义—功能"模式。程式包括三个核心概念：程式、主题和故事模式（典型场景），尽管洛德（2004）分别对其进行分析，也强调它们都是以程式为基础，但他并没有看到三者之间内在的形义匹配关系。因此，口头程式理论虽涉及了口头诗歌的形式、意义和功能，但洛德并没有看到程式、主题和故事模式（典型场景）之间的形义匹配关系，认知语言学范式下的构式观可为其提供新的理论描写。

（2）程式的构式理论新描写

认知语言学范式下的构式观认为，构式是一个形义匹配体（Goldberg, 1995, 2006; Langacker, 1987, 2009）。形式极包括句式特征（syntactic properties）、形态特征（morphological properties）和音系特征（phonological properties）；语义极包括语义特征（semantic properties）、语用特征（pragmatic properties）和语篇功能特征（discourse-functional properties），二者之间的象征对应关系如图3.1所示。

构式语法认为，"每一类构式都体现了人类经验中的一种情景，都是对人类经验中情景的编码（scene encoding）"（Goldberg, 1995：39）。据此，每一种语言形式都是一个形义匹配体。语言构式是形义配对（Goldberg, 1995：1；2006：1）。认知语言学"符号性假设"（symbolic thesis）的基本观点为，语法是一个形—义配对体或象征结构（symbolic unit）（Green & Evans, 2006：476）。因此，"语法结构本质上是符号的，并使概念内容符号化"（文旭, 2001：31）。

```
┌─────────────────────────────────────┐
│  句法特征（syntactic properties）    │ ←── 构式
│  形态特征（morphological properties）│     CONSTRUCTION
│  音系特征（phonological properties） │ ←── 形式
└─────────────────────────────────────┘     FORM
                  ┆
                  ┆                    ←── 象征对应
                  ┆                         symbolic correspondence
┌─────────────────────────────────────┐
│  语义特征（semantic properties）     │
│  语用特征（pragmatic properties）    │ ←── （规约化）意义
│  语篇功能特征（discourse-functional  │     (CONVENTIONAL) MEANING
│  properties）                        │
└─────────────────────────────────────┘
```

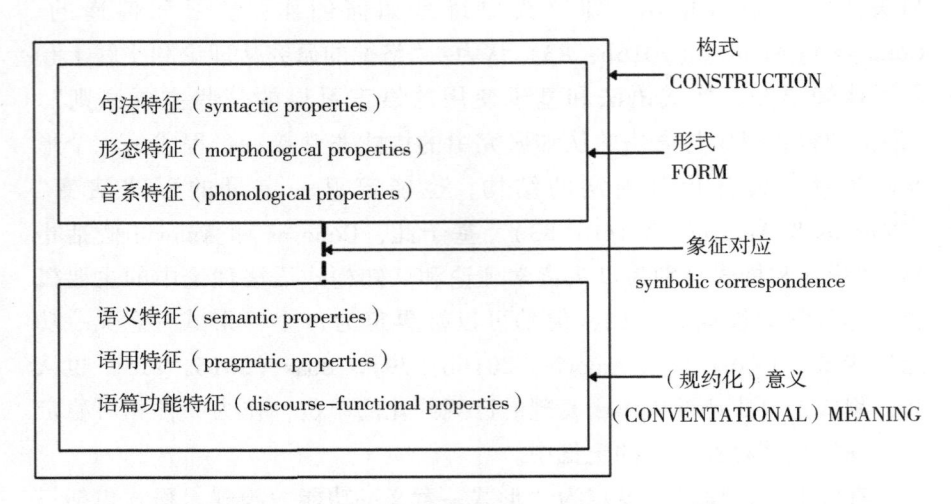

图 3.1 构式的形式和意义匹配关系（Croft，2001：18）

程式、主题和故事模式（典型场景）三者为形式与思想内容的关系（尹虎彬，2002），即程式和典型场景都是形式，前者是一些传统的程式化句法，包括韵律群、重复语词、句法的平行式等；后者与程式密切相关，是一个比程式更大的程式化叙事模式。主题是叙事的思想内容，是一种框架，具有语篇组织功能。Boas（2016）指出，语法程式就是一个形义匹配体，其形式极具有多模态性，包括韵律和句法等。Bonifazi（2016）也指出，语法形式中的语言手段和非语言手段对口头诗歌具有构建性。因此，认知视角下的程式是一个构式，其形式极为传统的程式化句法（包括韵律群、重复语词和句法的平行式等）和故事模式（典型场景），后者由前者组成；语义极为主题思想框架和语篇功能特征。依照构式的形式和语义匹配关系（见图 3.1），程式的形义匹配性如图 3.2 所示。

综上所述，基于语法的形义匹配思想，程式是一个象征单位，是形式和语义（功能）的匹配体。口头传统的一个重要特征就是集体性，即口头传统创作不归属于个人，而是特定地区人民的集体智慧结晶。歌手的创作诉诸"传统"，即程式，它本是一个形义匹配体，即通过特定的程式化句法表达特定的主题思想内容。口头传统的创作建立在歌手每一次集体表演的基础上，即表演中的创作。歌手在表演中依据观众的即时反应可能会做出一些相应的调整。正如洛德所言："对口头诗人来说，创作的那一刻

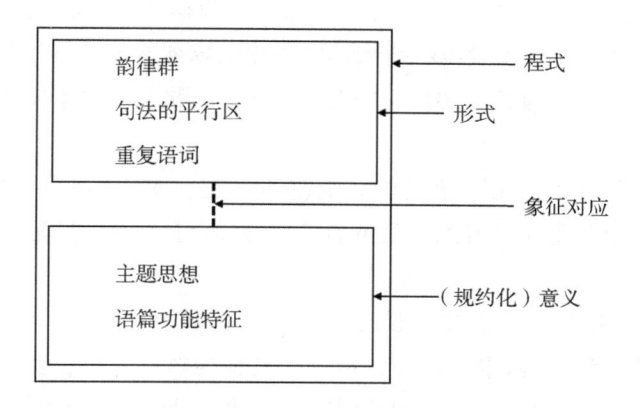

第3章 "花儿"语篇构式的语义特征、结构及其认知动因　　59

```
┌─────────────────┐
│ 韵律群           │←──── 程式
│ 句法的平行区     │←──── 形式
│ 重复语词         │
└────────┬────────┘
         ┊         ←──── 象征对应
┌────────┴────────┐
│ 主题思想         │
│ 语篇功能特征     │←──── （规约化）意义
└─────────────────┘
```

图3.2　程式的形义匹配性

就是表演"（洛德，2004：17）。有鉴于此，口头传统的形成是基于使用（表演）基础上抽象化概括的再创造过程。当口头传统经歌手集体表演形成抽象结构，即程式形成之后就会被固化（entrenched），一些新的创作都是在已固化程式基础上的一种再创造，即程式创造（Antović & Cánovas，2016c：70）。

3.2.2　"花儿"语篇构式的形义匹配性

鉴于"花儿"也是一种口头传统，它遵循程式这一基本语法特征。基于上一小节关于程式的构式理论新描写：程式是一种形义匹配的构式，它用特定的传统程式化句法表达特定的主题思想内容，形式极为韵律群和句法的平行式等，语义极为主题思想框架。依照 Östman（2005）首次提出的语篇构式概念（参见第2章2.3.1小节），本书将"花儿"语篇也可看作是一种语篇构式，它是其语篇类型和语篇样式的形义匹配。"花儿"语篇类型为记叙文，它通过句法的平行式、语词重复、韵律群和故事（叙事）模式等以程式为基础的"语法"进行口头叙事。"花儿"语篇样式为歌谣。"花儿"语篇通过句法的平行式、语词重复、韵律群和故事（叙事）模式等信息前景化方式实现歌谣传唱功能。Rubin（1995：304—307）指出，口头诗人并没有接受正式的教育，他对语篇样式习得的主要途径就是重复演唱。一些文学手段（如押韵等）是辅助歌手长时记忆（long-term memory）储存的基本手段。据此，Hoffmann 和 Bergs（2018）认为，特定歌谣构式的固化（entrenchment）源自歌手不断地演唱同样的歌。作为一种口头传统，"花儿"语篇构式是"花儿"歌手传承下来的一种借助诗性手段传唱情歌的已固化的歌谣构式，即以歌为体，诗为用（马俊杰、王馥芳，2017），它是"花儿"歌手经频繁使用而提炼的一种抽象性图式结构。

基于以上对"花儿"语篇构式的基本界定，本小节将从语篇构式的形式极、语义极及其二者的象征对应三个方面对"花儿"语篇构式进行分析。

（1）"花儿"语篇构式的形式极

"花儿"是一种叙事性语篇，以歌唱爱情为核心主题，其语篇的基本组织为四小句或者六小句，四小句占绝大多数，具有很强的程式化传统句法特征（朝戈金，2000）。依照语法的认知研究基本理论思想（Goldberg, 2006; Langacker, 1987），韵律群和句法的平行式等传统程式化句法构成了"花儿"语篇构式的形式极，见图3.3。

在音步上，"花儿"语篇构式以三音节词八言为特色，占比最大。武宇林（2008：99—101）在对西北"花儿"的两大类型——河州型"花儿"和洮岷型"花儿"——步格统计分析的基础上，她指出，"花儿"语篇以三音节词多见，即在形式上呈"三言/二言/三言"的八言句，节奏为三言一顿，占85%以上。在韵式方面，曹强和荆兵沙（2016）在《花儿语言民俗研究》一书中开辟专章，采用专业化的押韵标注法对"花儿"语篇构式的韵式进行了详细的统计和分析。概括来讲，"花儿"语篇构式常见的押韵形式主要有五种：（1）句句押韵，一押到底；（2）一二句押，三四句押；（3）偶数句押；（4）奇数句押；（5）交叉押韵。在句法的平行式上，"花儿"语篇构式上下两半段一般共享同一抽象性图式结构。值得注意的是，这种句法的平行式由一些程式化语词或句法表达引出，甚至有些句法表达式中的语词重复使用。音步、韵式和句法的平行式等语法程式特征使得"花儿"语篇构式在上下两半段这一基本构造的基础上，呈现出了ABAB和AAAA两种基本结构形式（武宇林，2008）。例如：

（12）尕妹是/高山/一枝花，
谁是个/灵芝草/儿？
阿哥是/画眉/叫喳喳，

谁是个/百灵鸟/儿？

（《六盘山花儿两千首》，第8页）

（13）牡丹/花儿/开红了，
莲花儿/长的/高了；
尕妹妹/越看/越漂亮了，
我连你/一处儿/乐了。

（《六盘山花儿两千首》，第50页）

从语篇类型来看，这两首"花儿"是一种叙事性语篇；从语篇组织来看，前两句描写事物，后两句描写情感；从语篇内部句子与句子之间的关系来看，例（12）前两句和后两句采用了同样的句式结构"X是Y，谁是个Z"，例（13）上下两半段也共享同一个图式结构"X~了，Y~了"；从韵式来看，例（12）采用了交叉押韵，例（13）采用了一押到底；从音步①来看，例（12）一、三句为八言，二、四句为七言，例（13）则七言、八言和九言混用。从整体构造上来看，例（12）是一种典型的ABAB式，无论在句式上，还是押韵和音步上都展现出ABAB的对应关系。例（13）则在句式和音步上不对称，这类"花儿"语篇构式仅仅是为了押韵的需求，采用一押到底，是典型的AAAA式。

（2）"花儿"语篇构式的语义极

"花儿"语篇构式的语义极为它的主题框架，即语篇样式。主题是口头诗学中一个核心概念，它与程式密切相关。洛德将主题界定为："在以传统的、歌的程式化文体来讲述故事时，有一些经常使用的意义群……"（洛德，2004：96）换言之，主题就是程式化故事中一些重复出现的意义群。洛德特别强调主题是意义不是固定的词："主题是用语词来表达的，但是，它并非是一套固定的词，而是一组意义。当然，有些歌手在数次的演唱中并没有改变他们的词语，尤其是他们经常演唱的歌"（洛德，2004：97）。就"花儿"语篇构式而言，主题和话题重复，大多以歌唱爱情为主题，也有一些歌唱时政的"花儿"，但数量很少。一般整首"花儿"仅有一个主题。

---

① 本书采用斜线标注音步。

从认知角度来看，主题就是整首"花儿"的框架。一些口头传统的认知研究文献已经证实了类似的观点，如 Antović 和 Cánovas（2016a）利用框架理论（Fillmore，1982）对荷马史诗中的主题进行了理论探究。他们认为，主题就相当于整个故事的框架。"所有口头诗人都或多或少拥有相同或相似的主题，且主题在大多故事模式中被反复使用"（Boas，2016：108）。Boas（2016）从框架角度对荷马史诗进行了研究。他认为，框架语义学（frame semantics）为分析口头诗人在表演时激活不同种类知识提供了一个重要路径，一个特定框架会被一个特定主题所激活。Gintsburg（2019）对摩洛哥北部的活态口头诗歌"ayyu"进行了田野调查和认知分析。他指出，框架与一些程式性表达密切联系，框架由程式性句式实现，因为这有利于歌手的即时创造。有鉴于此，"花儿"语篇构式的语义极为它的语篇样式，即主题框架。

（3）"花儿"语篇构式形式极和语义极的象征对应

以上两小节分别对"花儿"语篇构式的形式极和语义极进行了分析。概括来讲，主题就是故事表达中重复出现的意义群，这个意义群通过一些程式化句法得以实现。主题是思想内容，为一种知识框架，程式化句法是表达主题的语法形式手段，二者相互密切关联（洛德，2004：67）。尹虎彬（2002：116—117）指出："程式……它反映了史诗文体结构背后的口述世界的叙事现实，以及口述的心理结构。……程式和主题这一对概念，它们反映了传统的形式和传统的内容之间的关系"。因此，主题和程式密切相关，正如鲜益（2004：128）所言："主题不仅属于作品思想的范畴，也同样属于审美样态的范畴，而且程式语词、句行、音韵对史诗的主题表达至关重要。"由此可见，口头诗学将二者看作形式和内容的关系。从认知角度来看，主题的程式化是形式和意义（功能）的匹配过程，它们之间具有象征对应性，反映了史诗文体结构背后口述世界的叙事现实以及口述的心理结构。例如：

(14) 老虎/卧在/森林里，
　　　要吃个/过路的人/哩；
　　　花儿/就在/村子里，
　　　要送个/金子的情/哩。
　　　（《中国歌谣集成·宁夏卷》，第79页）

以上这首"花儿"表达爱情主题，在语篇形式上展现出一种程式化非常高的传统句法特征。奇数句和偶数句在步格、韵式和句式上呈现一种程式化对应现象。若不考虑这些程式化句法，这首"花儿"上下两半段所描述的对象之间似乎不存在直接关系，如上半段描写"老虎"和下半段的"花儿"，但若将其放在整个程式化句法结构中，上下两半段之间就会产生某种语义上的关联性。"老虎"的行动目标："吃个路人"，同"花儿"的行动目标："送金子般的情"，在语义上的关联性是通过程式化句法结构得以建立，即"老虎"和"花儿"在行动目标上具有了关系性结构的相似性。因此，在"花儿"语篇构式中，程式和主题之间的关系非常紧密，主题的实现需要程式化的句法表达手段，即程式化的主题（洛德，2004：96）。从认知的角度来讲，主题的程式化过程就是"花儿"语篇构式的形式极和语义极的匹配过程。

综上理论和实践分析，"花儿"语篇通过句法的平行式、语词重复、韵律群和故事（叙事）模式等信息前景化方式实现歌谣传唱功能，具有很高的规约性。"花儿"语篇是一种语篇构式（Östman，2005），它是其语篇类型和语篇样式的象征性匹配。

3.2.3 "花儿"语篇构式的表征方式

Östman（2005）从宏观语篇的架构角度出发认为，语篇构式的形式极为语篇类型，语义极为语篇样式。他将语篇构式的理解和表征方式称为语篇模式（Östman，2005：135）。就"花儿"语篇构式而言，它是一种歌谣，在 Östman 所讲的语篇样式范围内，其语篇类型为记叙文。因此，"花儿"语篇构式的形式极为其语篇类型的组织形式，即口头诗学所讲的故事模式或曰叙事模式：先描写景物，后描写主题，分为上下两半段，一般每半段包含两个小句，由一些程式化传统句法组成；其语义极为"花儿"语篇构式的主题或者话题，即框架。依据"花儿"语篇构式的基本特征，借鉴 Östman（2005）语篇构式的 dp 表征方式（见图2.1），我们将"花儿"语篇构式的形义匹配标示如图3.3所示。

图左边的大方框与 Östman（2005）的表征方式基本一致，里面的小方框分别表示组成"花儿"语篇构式中的小句数；中间的大方框表示"花儿"语篇构式的情境框架，由"花儿"语篇构式的主题组成，主题一般为爱情或时政，其中"爱情"这一主题占比接近90%。这一主题框架

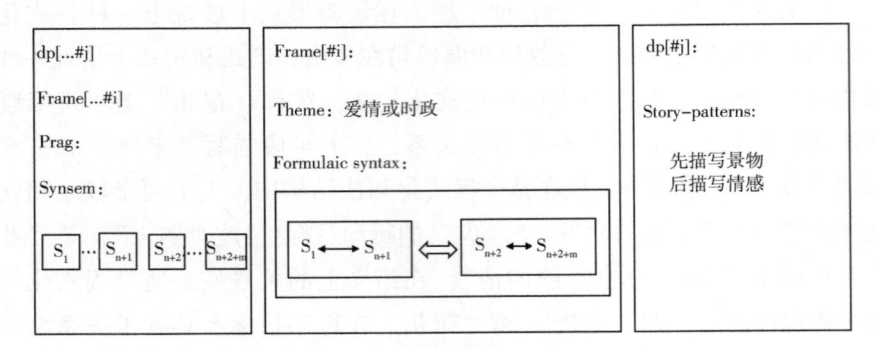

```
┌─────────────────────┐  ┌──────────────────────┐  ┌─────────────────────┐
│ dp[...#j]           │  │ Frame[#i]:           │  │ dp[#j]:             │
│ Frame[...#i]        │  │ Theme: 爱情或时政     │  │ Story-patterns:     │
│ Prag:               │  │ Formulaic syntax:    │  │ 先描写景物          │
│ Synsem:             │  │                      │  │ 后描写情感          │
│                     │  │ S₁ ↔ S_{n+1} ⇔      │  │                     │
│ [S₁]...[S_{n+1}]    │  │ S_{n+2} ↔ S_{n+2+m} │  │                     │
│ [S_{n+2}][S_{n+2+m}]│  │                      │  │                     │
└─────────────────────┘  └──────────────────────┘  └─────────────────────┘
```

图 3.3 "花儿"语篇构式的 dp 表征方式

由一些程式化句法（formulaic syntax）组成，双向实心箭头表示上半段（S_1 到 S_{n+1}）和下半段（S_{n+2} 到 S_{n+2+m}）内小句之间的语义关系，双向空心箭头表示上半段和下半段之间的语义关系。右边大方框表示"花儿"语篇构式的语篇类型，即故事模式，在形式上具备先描写景物，后叙述情感，呈现为"起兴句—主题句"的基本形式构造。中间和右边大方框分别代表了"花儿"语篇构式语义极和形式极的详细信息。

综上理论与实践分析，"花儿"语篇为一种语篇构式（Östman，2005），它是形式和语义（功能）的配对体（Goldberg，1995，2006；Langacker，2012b，2016a），即它用传统程式化句法表达了特定的情感主题思想内容。形式极为语篇类型，即叙事模式，语义极为主题框架。作为一种语篇构式，它是一种固化的图式性心理结构，为"花儿"歌手在每一次表演中的创作（洛德，2004）时所激活使用。Goldberg（2019：7）认为"构式可理解为具有信息量减损性的记忆印记（lossy memory traces）的层创性聚群（cluster），它们具有共享的形式、功能和语境维度，并在此基础上以聚群方式排列在我们的高维度概念空间（high-dimensional conceptual space）内"。由此可见，构式是在语言使用过程中，人类经一定程度的使用频率而提炼获得的一种抽象图式性结构。它在人类大脑中留下一种记忆印记，可为语义浮现奠定基础（Taylor，2012；Langacker，2016a；张韧，2018）。"花儿"语篇构式建立在对众多示例抽象化概括的基础上，它们具有共享的形式、功能和语境维度，是"花儿"歌手经频繁使用而提炼获得的一种抽象图式结构，并在其大脑中留下一种记忆印记，即一种模式。Langacker（2016a，2017b）指出，已固化的模式容易被固化为激活单位，即加工常规（processing routines）。因此，这种使用印记或模式在"花儿"歌手每一次创作中都会被再次提取和激活，以便于其在表演中创作时加以创造性使用。本章将主要分析"花儿"语篇构式义，为第 4 章"花儿"语篇构式语义构建的理论阐释模型的构建以及第 5 章对其语义提取与激活的认知加工过程分析奠定基础。

3.3 "花儿"语篇构式的语义特征

上一小节在对程式进行构式理论新描写的基础上，实现了对"花儿"语篇构式形义匹配及表征方式分析。根据上文的理论描写和分析，本小节重点分析"花儿"语篇构式的两个基本语义特征：片段性和类推性。

3.3.1 片段性

"花儿"语篇构式义的语义片段性体现为一个完整的语义事件被分割成两个语义片段（fragment），如同看电影一样，随着时间的推移，两个画面依次切换。认知语言学家 Talmy（2000a，2000b）将这种语言现象称作概念分割（conceptual partitioning）。这体现了随着时间的推移和事件的进展（progression），完整事件概念语义形成的动态性。Bakker（2018/1997）指出，语义的片段性是口头诗歌区别于书面作品的重要特征，反映了创作者随着时间推移依次进行概念化和创作的过程。这一语义特征在"花儿"语篇构式上下两半段都有极其明显的体现。一般上下两个半段中的完整语义事件被分割为两个语义片段，每一个片段由一个小句表达组成。如例（15）—（17）：

(15) 枣红的公鸡大冠子，
　　 墙头上把鸣给叫了；
　　 尕妹妹穿下个花衫子，
　　 大门上把人给耀了。
　　（《六盘山花儿两千首》，第 22 页）

(16) 马奶子葡萄一串串，
　　 这葡萄酸的么甜的？

人都说咱二人有姻缘，
这姻缘散哩么缠哩？
（《六盘山花儿两千首》，第49页）

(17) 河里的石头翻三翻，
水小者翻了两翻；
转娘家去者站三天，
想你者站了两天。
（《花儿集》，第207页）

例（15）中，上半段表达一个完整的事件"枣红冠子公鸡在墙头上打鸣"，这一完整语义事件被分割为两个片段，第一片段描写公鸡的外形特征：枣红的大冠子，第二片段描写"公鸡在墙头打鸣"这一动作事件。下半段表达"穿着花衫子的尕妹妹在大门上惹人眼花"这一语义事件，"耀"为方言词，意为"惹人眼花"。这一事件也被分割为两个片段，第一片段描写"穿花衫子的尕妹妹"，第二片段描写"尕妹子在大门上惹人眼花"这一语义事件。例（16）中，上下两半段都通过选择疑问句的形式针对一个完整语义事件进行询问。上半段询问"马奶子葡萄是酸还是甜"，第一片段描写马奶子葡萄的外形"一串串"，第二片段询问马奶子葡萄是酸还是甜。下半段询问"二人姻缘是散还是缠"，"缠"为方言词，意为"在一起"，为"散"的反义词。第一片段描写二人有姻缘的传言，第二片段询问二人姻缘是散还是缠。例（17）中，上半段表达"河里石头本应该翻三翻，因为水小却只翻了两翻"事件，这一完整语义事件分割为两个片段，第一片段描写"河里石头翻三翻"这一基本景象，第二片段描写"因为水小却只翻了两翻"的事实。下半段表达"去娘家打算站三天，因为思念对方，只站了两天"事件，这一完整语义事件也被分割为两个片段，第一片段描写"去娘家打算站三天"这一计划，第二段描写"因为思念对方，只站了两天"的事实。

综上分析，"花儿"语篇构式语义的片段性体现为对完整事件的切割，这种切割的一个重要影响因素就是时间。时间是歌手即时表演时必须面对的事情，不同于书面创作，因为后者没有严格的时间要求。即时表演面对观众的压力，必须在有限的时间内进行即兴创作。"花儿"语篇构式语义的片段性特征体现了时间对其创作的影响作用，这一语义结构特征反映了"花儿"歌手创作进程（progression）的时间性和动态性。Bakker（2018/1997）在分析荷马史诗时，也指出时间是荷马史诗创作的一个重要影响因素，具体体现为语言表达式的片段性、顺序性与时间推移的一致性。Chafe（1994，2018）也指出，较书面话语而言，口头话语以更加直接的方式代表了讲话者的意识，可观察的、具有物理特征的话语过程可被阐释为其反映了讲话者随时间的意识流动特征。基于这一基本认识，Chafe 进一步认为，意识的流动（the floating of consciousness）是一个随着时间进程的概念激活（activation）问题。因此，话语流动是一个概念随时间进程依次提取和激活问题。鉴于此，"花儿"语篇构式的语义片段性特征表明，在同一时间段（time scale），"花儿"歌手对概念的激活和加工是有限的、部分性（partial）的（Chafe，1994；Langacker，2012b）。

3.3.2 类推性

"花儿"语篇构式义的另一个基本语义特征为类推性，主要体现为上半段和下半段之间的语义类推关系。这一语义特征在"花儿"语篇构式中极其普遍，几乎每一首"花儿"上下两半段之间都会存在某种语义上的类推性。类推（analogy）在人类认知中极其普遍，是人类的一种基本认知能力（Gentner，1983）。正如 Gentner 所言，"类推能力即获取不同语境中关系性结构的能力，它是人类认知的基本机制"（Gentner，1983；Gentner & Smith，2013：668）。类推的关键在于不同语境中关系性结构的相似性，这是进一步推理的基础。在典型的类推中，"一个熟悉的、具体的域作为一个模型，人们以此作为基础（base）或始源来理解和推理相对不熟悉或抽象的目标域"（Gentner & Smith，2013：669）。在这一理解和推理过程中，始源域和目标域中的对应实体不需要具有相似性，重要的是这些对应实体所匹配的关系性结构一定要具有相似性。因此，寻找不同语境中关系性结构的相似性是一个图式抽象（schema abstraction）的过程（Gentner & Smith，2013：673-674）。"花儿"语篇构式上下两半段即为两个不同的语境，上半段一般描写人们熟悉的、具体的事物关系，下半段一般描写相对抽象的情感关系，上下两半段中的关系性结构具有类比性相似。因此，"花儿"语篇构式的语义结构具有典型的类推性，以上半段为基础或始源来理解和推理下半段的目标。从本质上讲，这是一个关系性结构的图式抽象过程。如例（18）—（20）：

（18）人老了么眼花了，
　　　认不得汉汉吗回回；
　　　一见花儿糊涂了，
　　　摸不着东南吗西北。
　　　（《六盘山花儿两千首》，第 29 页）

（19）吃葱要吃个白葱哩，
　　　红骚葱吃起（是）辣哩；
　　　维人要维个真心哩，
　　　维他个假心（者）咋哩。
　　　（《六盘山花儿两千首》，第 3 页）

（20）杞子开花圆又圆，
　　　丢了丢了么又要缠；
　　　尕妹子好比大麦酒，
　　　酸了酸了么又要甜。
　　　（《六盘山花儿两千首》，第 52 页）

例（18）这首"花儿"以人们熟知的"眼花"经验事件来理解和推理较为抽象的感情事件。上半段描写老年人眼睛变花了，认不清楚一个人是汉族还是回族，下半段描写自己见到"花儿"时一时间高兴糊涂了，"花儿"喻指漂亮的女孩，连东南西北的方位都摸不着了，这里的"摸不着东南西北"喻指高兴得迷失了自我。上下两半段处于两个不同的语境，它们之间的关系性结构具有相似性，即老年人眼花认不出一个人是汉族还是回族与自己见到漂亮姑娘时辨别不出东西还是南北共享一个关系性结构。例（19）中，以人们的生活经验事件"吃葱"来理解和推理"维人"这一较为抽象事件。上半段描写吃葱的经验，即要选择吃白葱不要吃红骚葱，因为红骚葱味道辣。下半段描写对"维人"的认识，即要选择交往真心的人，不要交往假心的人，"维"为方言词，意为"交往"，一般指男女的情感交往。与例（18）一样，例（19）上下两半段之间也具有关系性结构的相似性，即"选择吃葱"和"选择维人"两个事件的关系结构共享一个抽象的图式。例（20）以"杞子"开花的样貌变化状态来理解和推理"尕妹子"对待感情时的变化状态。上半段描写杞子开花时圆又圆，丢了之后又缠在一起的样貌状态。下半段将尕妹子比喻成大麦酒，形象地描述了她在感情中的变化状态就像大麦酒的味道变化一样：先变酸，后又变甜。"杞子"开花的样貌变化状态和尕妹子在感情中的变化状态共享一个抽象的图式。

3.4 "花儿"语篇构式的语义结构

上一小节对"花儿"语篇构式的语义特征——片段性和类推性——进行了分析。语义的片段性具体体现在：上下两半段之内一个完整语义事件被切割成了两个小片段；语义的类推性体现为：上下两片段之间关系性结构具有相似性，以上半段的关系性结构为基础来理解和推理下半段，两半段之间共享了一个抽象性图式结构。总体来看，语义的片段性体现在上、下两半段之内，而语义的类推性体现在两个半段之间。据此，"花儿"语篇构式义为一种隐喻性语义结构，类推为其形成的基础。首先，本小节分析"花儿"语篇构式的隐喻性语义结构及其背后的认知机制：概念隐喻；其次，在分析隐喻概念组织层级性的基础上，分析指出"花儿"语篇构式中隐喻概念组织的层级性特征。

3.4.1 "花儿"语篇构式的隐喻性语义结构

"花儿"语篇构式的语义结构具有隐喻性，其背后的认知机制为概念隐喻。"花儿"语篇构式义体现为上下两半段之间的一种语义类推关系，即上半段为始源域，下半段为目标域，从始源域到目标域的映射是一种基于比较和范畴化原则的结构性映射（structural projection）（Kuzmikova, 2018：36；Evans & Green, 2006）。这一结构性映射主要基于两个域之间关系性结构的相似性，即类比推理（analogical inference）所共享的抽象性图式结构。因此，类比是"花儿"语篇构式隐喻性语义结构构建和理解的基础（Gentner, 1983；Fauconnier, 1997；马玉蕾，2003；Bowdle & Gentner, 2005）。随着语篇的展开，"花儿"语篇构式将完整语义事件信息分割成相关联的片段，这是出于语篇发展（continual discourse）的需要

(Kuzmikova，2018)。在概念隐喻映射机制的作用下，上半段所构建的心理空间是基础，起始点；下半段的心理空间为目标，是信息的焦点（informational focus）。基于类比推理的关系性结构的相似性也很好地说明了概念隐喻的不可逆性（Lakoff & Johnson，1980）。现结合语料分析如下：

(21) 花椒树儿你不要上，
上了时碎刺儿扎哩；
心中的花儿你不要唱，
唱了时阿訇爷骂哩。
（《六盘山花儿两千首》，第13页）

(22) 清朝的皇帝下软蛋，
把江山割成了片片；
维下的阿哥衣裳烂，
浑身上下是眼眼。
（《六盘山花儿两千首》，第34页）

(23) 骆驼走路链着哩，
不链是满山跑哩；
我把花儿惯着哩，
不惯是不连我好哩。
（《六盘山花儿两千首》，第66页）

例（21）这首"花儿"上半段所表达的完整语义事件"你不能上花椒树，因为碎刺会扎"被分割成两个片段"你不要上花椒树"和"上花椒树碎刺会扎"，下半段所表达的完整语义事件"你不要唱心中的花儿，因为阿訇爷会骂"被分割成两个片段"你不要唱心中的花儿"和"唱了心中花儿，阿訇爷会骂"。上下两半段中，第二片段是对第一片段语义内容的进一步详述。例（21）这首"花儿"的基本概念隐喻义（primary conceptual metaphor meaning）为"爱是攀爬植物"，以攀爬花椒树来喻说表达爱情受限的境况。上半段建构了事件域"上花椒树"，下半段建构了事件域"唱花儿"，意为"唱情歌"。两个事件域之间的映射关系建立在类比的基础上,即两个事件共享一个图式性关系性结构。同样,例(22)也是上半段所表达的完整语义事件"软弱无能的清朝皇帝把江山分成了一片一片"被分割成两个片段:"清朝的皇帝软弱无能"和"他把江山分成了一片一片",下半段所表达的完整语义事件"她维的阿哥浑身上下穿着有窟窿的烂衣裳"被分割成两个片段:"她维的阿哥衣裳烂"和"阿哥浑身上下都是窟窿"。例(22)这首"花儿"的基本概念隐喻义为"爱人的外貌是江山的样貌",以清朝江山被分割的片状来喻说自己爱人的外貌。两个事件域分别为"清朝的江山"和"阿哥的烂衣裳",它们之间的映射关系也是基于共享抽象关系性结构的类比推理。例(23)中,上半段的完整语义事件"骆驼走路链在一起,如果不链就会满山跑"被分割成两个片段"骆驼走路链在一起","不链就会满山跑",两个片段之间的语义关系为因果关联。下半段所表达的完整语义事件"我惯养着花儿,因为不惯,花儿就不会和我在一起",这里的"惯"为方言词,意为"哄","花儿"喻指女孩。这一完整事件被分割成两个片段"我惯着花儿"和"不惯着她,就不会和我在一起",两个片段之间的语义关系也为因果关联。上半段和下半段共享一个图式性关系结构,例(23)这首"花儿"的基本概念隐喻义为"爱是动物的行走状态",以骆驼的行走状态来喻说他和爱人之间的关系。

综上分析,"花儿"语篇构式的语义结构具有隐喻性,其背后的认知机制为概念隐喻,"花儿"语篇构式义的生成和构建受到其允准和制约。"花儿"语篇构式上半段为隐喻的始源域,下半段为目标域。始源域多为一些具体自然事物事件经验,目标域多为表达抽象的爱情事件经验,少量为时政事件经验。始源域提供了目标域构建和理解的背景和基础,具有优先性,目标域是整首"花儿"的信息焦点所在,体现了隐喻的不可逆性特征(Lakoff & Johnson,1980),这在"花儿"语篇构式的形式构造上也是先表达始源域,后表达目标域。依照象似性(iconicity)原则(Givón,1991;Haiman,1985),"花儿"语篇构式的隐喻性语义结构和程式化语言表达具有象似性(Hiraga,2005),是一种诗学象似性(Freeman,2009)。

3.4.2 "花儿"语篇构式中隐喻概念组织的层级性

在明确"花儿"语篇构式的语义结构及其背后认知机制——概念隐

喻——的基础上，本小节基于隐喻概念组织的层级性，对"花儿"语篇构式中隐喻概念组织的层级性进行分析。

(1) 隐喻概念组织的层级性

Lakoff 和 Johnson（1980）将隐喻分为三大类：本体隐喻（ontological metaphor）、结构隐喻（structural metaphor）和方位隐喻（orientational metaphor）。Lakoff 和 Turner（1989）在原有三类的基础上又增加了意象隐喻（image metaphor）。隐喻概念组织的层级性问题一直没有得到系统论述。鉴于此状，Grady（1997a，1997b，1999）从类型学（typology）角度出发对隐喻形成的动因和结构组织重新进行了思考。Grady（1997a，1997b）提出"基本隐喻"（primary metaphor）这一概念，如"GOALS ARE DESTINATIONS"就是一个基本隐喻。之所以冠名"基本隐喻"，其原因在于这些隐喻都直接来自人类的感觉肌动经验（sensorimotor experience）。实际上，"基本隐喻"是一种"相关隐喻"（correlation metaphor）。相关（correlation）是基本隐喻理论发展的动因之一。一些基本的、低层性隐喻性对应关系（low-level metaphorical correspondences）具有优先地位，它是其他隐喻性表达和概念化的基础（Grady et al., 1999；Grady, 1997a；Hampe, 2017）。同样，这些基本的概念联系（conceptual associations）也是一些根植于我们经验的、最明显的隐喻（Grady, 1997b）。Grady（1999：82-84）以"DEATH IS A THIEF"（Turner, 1991）这一概念隐喻为例，进一步分析指出："DEATH IS A THIEF"不算是一个"基本隐喻"，其概念化背后还有隐喻"VALUED ASPECTS OF EXPERIENCE ARE PRECIOUS POSSESSIONS"。

依据意象图式（image schema）、域（domain）、框架（frame）和心理空间等概念结构之间的图式性层级（schematicity hierarchy）（Dancygier & Sweetser, 2014），Kövecses（2017, 2020）对隐喻的层级性进行了分析。他认为，诸如"VALUED ASPECTS OF EXPERIENCE ARE PRECIOUS POSSESSIONS"和"DEATH IS A THIEF"这些隐喻之间是一种图式性层级关系，前者为意象图式层隐喻（image schema level metaphor），后者为域或框架层隐喻（domain or frame level metaphor）[①]，后

[①] Kövecses（2017：336-338，2020：70）将隐喻分为：意象图式层隐喻、域层隐喻、框架层隐喻和心理空间层隐喻（mental space level metaphor）。

者是对前者的一种具体化或者详述（elaboration）（Kövecses，2017：336-338，2020：51-56）。基于始源域和目标域之间的直接联系，意象图式层隐喻"VALUED ASPECTS OF EXPERIENCE ARE PRECIOUS POSSESSIONS"更具普遍性和类比性，为一种类比性结构（analogue structure）（Kövecses，2017，2020），它与人类特定的复现经验类型（certain recurring types of experience）紧密相关，如生活、希望、幸福和死亡等，人类在情感上将其识解成珍贵之物。由此可见，我们经验的物理性和情感性方面之间具有很强的复现性相关（recurrent correlations）。一个复现的"基本场景"（primary scene）包含两个经验层面之间的紧密相关（Grady，2002；Hampe，2017）。因此，经验性相关（experiential correlation）是基本隐喻的动因之一（Grady，1999：84）。但并不是所有隐喻的动因都是经验性相关，如"Achilles is a lion"（Lakoff & Johnson，1980）的理解基于人和狮子在"勇敢"这一特性上的相似性。基于此，Grady（1999）对"基本隐喻"和"相似隐喻"（resemblance metaphor）进行了区分：前者基于经验相关，后者基于跨域相似性。

与Grady（1997a，1997b，1999）的基本思想相一致，Ruiz de Mendoza（2021）主张隐喻的概念组织有低层和高层（lower and higher levels of conceptual organization）之分。隐喻可以基于实体的低层属性（low-level attributes of objects）和情景或事件的类属层或高层特征（the generic or high-level properties of situations and events）的相似性感知。如"Her eyes are an ocean of blue"的隐喻义基于"眼睛"和"大海"低层相似性属性"蓝"；"DISEASE IS A JAIL"和"DEATH IS A THIEF"这两个隐喻基于始源域和目标域的情景或事件在高层的相似性特征。对于Grady（1999）隐喻的相关性和相似性区别，Ruiz de Mendoza（2021）进一步认为，二者的区别相当于隐喻的高层性和低层性之区别。如"MORE IS UP"是一个"相关隐喻"，它基于观察实体累加（seeing objects accumulate）和观察实体达到更高位置（seeing an object reach a higher position）二者之间的相似性经验："增加"。因此，"相关隐喻"是隐喻的高层概念组织，是情景或基于事件隐喻（situation and event-based metaphors）的一种特例，它与隐喻的低层概念组织相对。隐喻的低层概念组织一般基于实体特征的低层相似性（low-level property-based resemblance），其相似性判断基于"A is B"形式，其中A和B有一个共同的特征 C。另外，还存在隐喻的低层性结构相似性（Low-level structural resemblance），其相似性判断基于"A is to B as C is to D"的形式类推（analogy），由此推知"A is C"。如"心脏是泵"的推理基于：心脏对循环系统（circulatory system）如同泵对液压系统（hydraulic system）。综上所述，隐喻的概念组织具有高层和低层之分，我们将其图示化如图 3.4 所示。

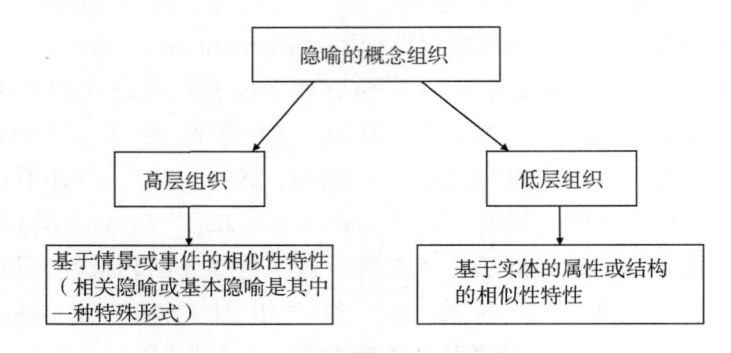

```
              隐喻的概念组织
              /          \
         高层组织          低层组织
    基于情景或事件的         基于实体的属性或结构
    相似性特性             的相似性特性
    （相关隐喻或基本隐
    喻是其中一种特殊形式）
```

图 3.4 隐喻概念组织的层级性

（2）"花儿"语篇构式隐喻概念组织的层级性

前文分析表明，隐喻的概念组织有高、低层之分，类推在这两个层面都起作用。在高层组织上，基于情景或事件的相似性特征构建的隐喻或相关隐喻都源于始源域和目标域所共享的类属性图式结构，这一结构具有复现性和类推性，它是人类经验的最直接体现。在低层组织上，基于实体结构相似性构建的隐喻，其结构相似性判断基于"A is to B as C is to D"的形式类推。又鉴于"花儿"语篇构式的隐喻性语义结构形成基于类推这一人类基本认知能力（参见 4.3.1 小节分析）。这一类推能力在"花儿"语篇构式中体现为事物情景（事件）与感情情景（事件）之间的经验性相关性，即二者在关系性结构上具有相似性。依照 Kövecses（2017，2020）的观点，这是一种意象图式层隐喻，它的结构具有类推性，是人类经验的最直接体现。因此，"花儿"语篇构式中隐喻的概念组织为一种高层组织。高层概念组织基于上半段事物与下半段人物事象之间结构的关系性相似性，如例（24）：

（24）关公曹营里十二年，

难心者愁眉儿没展；
好话说给了千千万，
尕妹的铁心儿没软。
（《西北花儿精选》，第 250 页）

例（24）以上半段的历史事件来喻说尕妹对阿哥情变这一事件，为一种高层概念组织性隐喻。上半段的历史事件和下半段的情感事件共享一个相似性关系结构特征，即没有好转，这一相似性特征源于上半段和下半段所共享的类属性结构："关公愁眉未展"和"尕妹铁心未软"。"愁眉"和"铁心"是人类基本经验，二者具有关系结构的相似性，即"没有好转"或"未发生变化"。

(25) 黄河沿上的嫩白菜，
　　　得多少清油者拌呢；
　　　跟前跟后者不给话，
　　　得多少日子者缠呢？
（《中国歌谣集成·宁夏卷》，第 68 页）

另外，尤为值得注意的是，与一般的概念隐喻构建有所不同，"花儿"语篇构式往往将其隐喻构建的相似性特征通过程式化句法表达予以展现，如例（25）上下两半段中"得多少 X 者 V"这一程式性句法表达对"拌菜所需清油量"和"得到对方答应恋爱关系所需时日"之间的程度相似性描绘。"变化""目的"和"程度"都是人类基本的经验，具有很强的复现性相关，即类推性。Freeman（2009：3）认为，这是一种诗学象似性，是"一种审美象似性，它的获得来自于运用完整的符号表征，以便抓住并表现意义与形式在创造前范畴现实的相似性中的关系"（转引自熊沐清，2015：8）。

3.5 "花儿"语篇构式隐喻义的多维度性

上文分析发现，"花儿"语篇构式的语义结构具有隐喻性，其背后的认知机制为概念隐喻，它的概念组织为一种高层性组织，即基于经验的相关性。又鉴于"花儿"语篇构式义的认知来源为"花儿"歌手身体、大脑与其所处原生态环境之间互动所获得的原生态经验。据此，本小节将从意义产生的根源：体验互动角度出发，在对隐喻义生成与构建研究反思的基础上，构建隐喻义生成和构建的认知模型，结合上一小节"花儿"语篇构式的隐喻性语义结构分析，进一步分析"花儿"语篇构式隐喻义的多维性，旨在明晰"花儿"语篇构式隐喻义的基本类型。

3.5.1 隐喻义生成和构建的多维度性

概念隐喻理论（Lakoff & Johnson, 1980）自提出以来，学者们围绕概念隐喻理论进行了大量有益的理论性与实践性探索与研究，资料可谓汗牛充栋。主流研究主要以概念隐喻的应用研究、概念隐喻理论的赞赏与批评（如 Haser, 2005; Murphy, 1996 等）和概念隐喻理论的拓展性研究（如 Steen, 2011; Kövecses, 2017, 2018, 2020 等）等为主。最近几年，Kövecses（2017, 2018, 2020）在回应批评者的同时，提出了隐喻的层级性（level of metaphor），并认为，这是造成概念隐喻理论遭到批评的主要原因。Kövecses 认为，隐喻有三个基本层级：超个体层（supra-individual level）、个体层（individual level）和次个体层（sub-individual level）（Kövecses, 2018: 2）。前两个层面分别对应概念隐喻义和语言隐喻义，前者具有类属性，是一种去语境化的（de-contextualized）隐喻性表达，后者具有语境化特征，是真实语境中真实性隐喻性语言表达。最后一个层面指前两个层面隐喻存在的动因。我们认为，已有的这些隐喻研究都是从某个特定的理论维度来看待隐喻义的生成和建构问题，未能把隐喻意义生成和建构的多维向度理论本质及向度之间相互的内在关联性考虑进来。虽然 Kövecses（2017, 2018, 2020）看到了隐喻的层级性，但他并未考察人类身体与其所处环境之间的多维互动性。基于此，基于概念隐喻的哲学基础——具身体验，我们将建构隐喻义生成和构建的认知模型，并据此对"花儿"语篇构式隐喻义进行多维度分析。

基于 Lakoff（1987）的理想化认知模型理论（Idealized Cognitive Model，简称 ICM），王馥芳（2017: 47）提出了意义来源的"人类身体—环境"元互动 ICM：在这个 ICM 中，有一个有意义的人类世界，且人类世界的意义主要源自人类身体与其所处环境之间的互动。结合王馥芳（2015: 11—14）的互动 ICM 分类体系，她认为，元互动 ICM 并不契合真实世界的运转，只是代表世界运转过程中的一个原型元互动认知模型。考虑到 ICM 的层级性本质，她将"人类身体—环境"元互动 ICM 次范畴化为三个基本的互动 ICM：主—客互动 ICM；主—主互动 ICM 和客—客互动 ICM，它们对世界认知和理解具有互补联结性（王馥芳，2017：47-48）。基于此，我们建构了隐喻义生成和构建的认知模型，具体见图 3.5 所示。

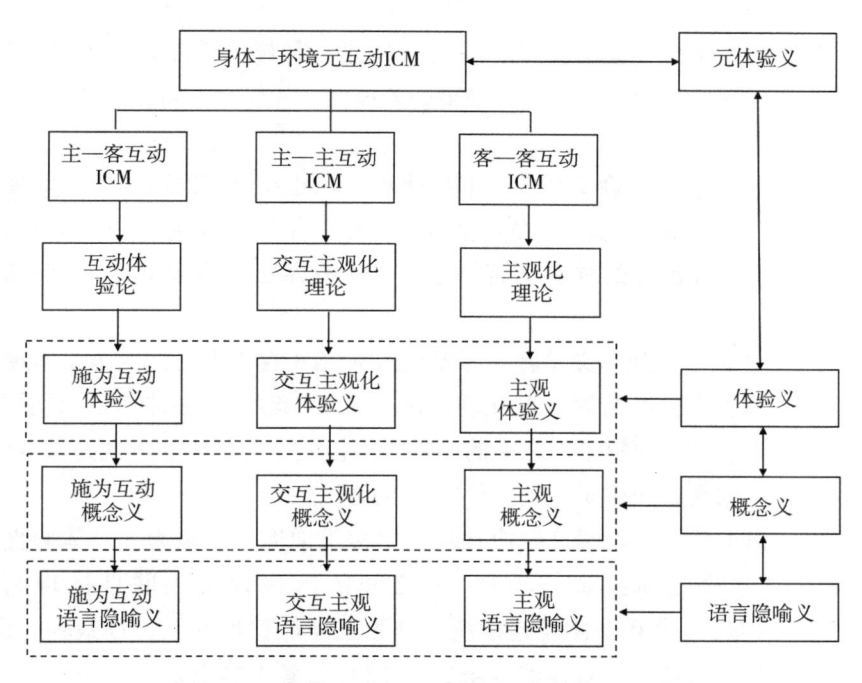

图 3.5　隐喻义生成和构建的认知模型（马俊杰、王馥芳，2018）

该模型的基本理论解读为：语言隐喻义生成和构建的元认知基础是元体验义。从元体验义生成和构建的认知基础——元互动 ICM——出发，通过对元互动 ICM 的次范畴化（subcategorization）操作，可得到三个基本互动 ICM：主—客互动 ICM、主—主互动 ICM 和客—客互动 ICM。这三个基本互动 ICM 是三种基本意义类型——施为互动体验义、交互主观体验义和主观体验义（因三者是元体验义的意义示例，故用虚线方框将其框定）——生成和构建的认知基础。有鉴于概念隐喻义是意义的一部分，因此，从施为互动体验义、交互主观体验义和主观体验义这三种意义类型出发，可区分出三种基本（primary）概念隐喻义：施为互动概念隐喻义、交互主观概念隐喻义和主观概念隐喻义。又有鉴于语言隐喻义受到概念隐喻义的允准和制约，又可区分出三种基本的语言隐喻义：施为互动语言隐喻义、交互主观语言隐喻义和主观语言隐喻义。

基于该理论模型，隐喻意义生成的多维向度性理论根源为"人类身体—环境"元互动 ICM 的次范畴化在语言层面的语义实现。具体来讲，隐喻意义生成之多维向度性的理论根源体现在三个方面。

（1）施为互动隐喻义是主—客互动基本 ICM 在语言层面的语义实现。从理论本质上来说，主—客互动基本 ICM 是一种施为性互动，主要体现为作为主体的施事对作为客体的受事的管控性、操纵性或者役使性，是一种"强互动"。

（2）交互主观隐喻义是主—主互动基本 ICM 在语言层面的语义实现。主—主互动基本 ICM 是一种交互主观性互动，主要体现为人与人之间的交流互动。就互动性的强弱而言，它介于主—客互动基本 ICM 和客—客互动基本 ICM 之间。

（3）主观互动隐喻义是客—客互动基本 ICM 在语言层面的语义实现。鉴于人类不能直接参与客—客互动，因此，客—客互动基本 ICM 本质上是一种基于主观化识解基础之上的心理投射性互动，其主要体现为人类对客—客互动的观察和认识，是一种"弱互动"。

基于以上认识，隐喻义生成和建构之多维向度——施为互动体验性、交互主观体验性和主观体验性——之间的内在理论关联性体现为：（1）三者构成一个互动体验连续统：施为互动体验性的互动性最强、交互主观体验性次之，主观体验性最弱。（2）三者本质上是三种不同的体验类型，它们代表意义生成和构建的三个不同来源，产生三种不同的意义类型。

3.5.2 "花儿"语篇构式隐喻义生成的认知动因

认知语言学的哲学基础为体验现实主义（embodied realism），它的理论基础为"心智体验说"（Lakoff & Johnson，1999）。该假说的核心思想为"心智、理智、意义和概念不但根本上源于而且本质上是通过我们的身体和所处的环境之间的互动所产生的。它们主要是依赖体验，特别是依靠视觉和运动能力产生的"（王馥芳，2014：114）。因此，在认知语言学看来，人类身体、大脑和环境之间的体验互动是意义产生的根源。据此，构式语法认为"每个构式体现了人类经验中的一种情景，都是对人类经验中情景的编码"(Goldberg,1995:39)。有鉴于此,"花儿"语篇构式的语义来源为"花儿"歌手身体、大脑与其所处原生态环境之间互动所获得的原生态体验性经验。

本章上文(3.4.1小节)已分析指出,"花儿"语篇构式的语义结构具有隐喻性,其背后的认知机制为概念隐喻。Lakoff & Johnson(1980:19)指出:"经验基础在理解隐喻时发挥着重要作用,因为隐喻的建构基于不同的经验"。因此,经验基础,即体验对隐喻意义的建构具有基础性作用。Kövecses(2017,2018,2020)认为,概念隐喻有三个基本层级:超个体层(supra-individual level)、个体层(individual level)和次个体层(sub-individual level)(Kövecses,2018:2)。其中,次个体层指前两个层面隐喻存在的动因(motivation),这个动因可能是身体性的(bodily),即体验(embodiment),也可能是文化性的,二者可能在某些场景的概念化中会产生竞争(Kövecses,2018:3、12)。对于"花儿"语篇构式而言,其隐喻义来源于"花儿"歌手身体、大脑与其所处原生态环境之间互动所获得的原生态体验性经验。这也是其隐喻义产生的认知动因。原生态互动属于人类的基本层互动,经互动所获得的原生态经验与人类身体最直接相关,具有意象图式性,是一种前概念结构(Evans,2019:226),具有类推性和复现性(Grady,2002;王馥芳,2014)。依照Lakoff(1987:93)提出的"经验域原则"(domain-of-experience principle),特定的体验互动基于特定的经验域会产生特定的意义。因此,"花儿"语篇构式隐喻义的认知来源基于原生态体验性经验域,这种原生态体验性经验可以是"花儿"歌手身体、大脑基于物理环境的,可以是基于心理环境的,也可以是基于社会文化环境的体验互动,但都是人类最基本层次的体验互动。如例(26)—(28):

(26) 贝母开的是铃铛花,
　　　花开时虚溜溜儿的吊下;
　　　出门的阿哥孽障大,
　　　霎嫌日鬼者要下。
　　　(《六盘山花儿两千首》,第174页)

(27) 天上的咕噜雁向南飞,

要有个头雁者领哩；
咱两个再好白着哩，
要有个红线者扯哩。
（《六盘山花儿两千首》，第 81 页）

(28) 姜子牙钓鱼渭水河，
风大者起波浪哩；
一晚息想你照没瞌睡，
五更天哭你照亮哩。
（《中国歌谣集成·宁夏卷》，第 85 页）

　　例（26）—（28）这三首"花儿"的基本概念隐喻义分别为"爱是植物样貌状态""爱是头羊效应"和"爱是历史人物行为借鉴"。例（26）中，"花儿"歌手采用自己对"贝母"开花的观察体验，"虚溜溜儿的吊下"喻指阿哥的模样"孽障"，"孽障"为方言词，在这里意为落魄、垂头丧气的样子。这首"花儿"歌手的体验是基于物理环境中花卉"贝母"开花样状的观察体验。例（27）中的"咕噜雁"是民间文学的常见意象，用以烘托深秋的凄凉或者"白头偕老"的情感期盼。这里的"头雁"对整群大雁的迁徙起着头羊效应，就如同红娘对两个相爱之人的"牵线搭桥"作用。"咕噜雁"的意象体验是一种基于心理的体验。例（28）则借用"姜子牙钓鱼"之历史人物行为来喻说两人相爱所遇到的波折。历史典故是一种基于阅读或者其他媒介途径所获取的一种间接的社会文化体验。

　　综上分析，"花儿"语篇构式语义的认知来源为"花儿"歌手身体、大脑与其所处原生态环境之间的体验互动所获得的原生态经验，这是其语义来源的基础，也是其语义产生的认知动因。

3.5.3 "花儿"语篇构式隐喻义的多维度阐释

　　"花儿"语篇构式作为隐喻义的一种特殊语言范例，其隐喻义来源于"花儿"歌手身体、大脑与其所处原生态环境之间的体验互动（马俊杰，2019），其隐喻义也具有多维性。基于此，本部分对"花儿"语篇构式中三种基本概念隐喻义：施为互动隐喻义、交互主观隐喻义和主观隐喻义分别进行示例性分类阐释。

(1)"花儿"语篇构式的施为互动隐喻义

Lakoff 和 Johnson（1980：118）指出："自然经验是'人性'的产物"。"经验、意义和思维的中心是连续而系列性的各种体验性有机体和环境互动，这些互动构成了我们对世界的理解"（Johnson & Lakoff, 2002：249）。因此，体验的互动性在本质上决定了理智和意义的互动性（王馥芳，2017：46）。Lakoff 等人所强调的互动性本质上是宏观互动，原因在于他们所探讨的互动性和体验性是基于"人类身体—环境"这一元互动 ICM（王馥芳，2015，2017）来得以界定的。有鉴于微观意义是宏观意义的一部分，因此，在本质上，意义的生成和建构从宏观到微观都具有互动性和体验性。"花儿"语篇构式的施为互动体验义主要建立在主—客互动这一基本互动 ICM 的基础之上，其本质语义特征是主体对客体具有施为性（agency）。如例（29）—（31）：

(29) 骑马要骑营盘的马，
万马里头个跑马；
搁花儿要搁个人梢子，
万花里头的个牡丹。
(《六盘山花儿两千首》，第2页)

(30) 翻山不翻倒对山，
倒对山山高者路远；
维人不维有钱汉，
有钱汉心瞎者义短。
(《中国歌谣集成·宁夏卷》，第75页)

(31) 吃水不吃冰凌水，
冰凌水要火（者）化哩；
维朋友不维机灵鬼，
机灵哥要机灵妹嫁哩。
(《六盘山花儿两千首》，第5页)

例（29）这首"花儿"的基本概念隐喻义为"爱是选马的体验"，阿哥依据自己"选马"的经验来喻说自己选择尕妹的标准：人梢子。例（30）的基本概念隐喻义为"爱是生活体验"，歌手依据自己对"翻山"这一生活体验来喻说自己对恋人的选择标准：不和有钱人交往。例（31）的基本概念隐喻义为"爱是饮食的选择体验"，尕妹依据自己对"饮水"的体验与选择来喻说自己对阿哥的选择标准：不是机灵鬼。例（29）—（31）中，对驾驭牲畜的体验、对生活中"翻山"的体验和对"饮食"的体验都是一种具有施为性（agency）的强互动性体验。

（2）"花儿"语篇构式的交互主观隐喻义

Verhagen（2005：4）指出："语言不仅是交换世界信息的工具，且在本质上起着联结、区分和'调整'彼此所持看法和观点之内容（而不是联结世界）的作用"。也就是说，语言在交际中具有"交互主观性"功能。这一"交互主观性"涉及说话人对听话人的"自我"关注。国内现有的研究对隐喻的交互主观性研究大都停留在隐喻的认知语用层面，强调语境对隐喻意义形成的重要性。宋健楠（2016）在对情感评价隐喻的研究中首次采用了交互主观性的概念。综合来看，隐喻意义的交互主观体验性有一个显著的特点，即强调交际互动层面的协调或者协作对隐喻意义的影响和作用。正如 Steen（2013：191）所言："隐喻不仅是一种跨域的概念结构和表达思维中跨域映射的语言事物，更是语境中对于话语双方具有特定价值的独立交际工具。""花儿"语篇构式的交互主观隐喻义主要建立在主—主互动这一基本互动 ICM 的基础之上，其本质语义特征是主体与主体之间的交互主观性行为。如例（32）—（34）所示：

（32）三站的路程你两站到，
　　　你走了捷山的道了；
　　　想你想得心飞了，
　　　给尕马儿加了料了。
（《六盘山花儿两千首》，第103页）

（33）怀里揣上油馍头，
　　　花儿好维气难受；
　　　天大的冤屈我能受，

连花儿说话说不够。
（《六盘山花儿两千首》，第 87 页）

(34) 一群鸭子游河滩，
　　　棍棍儿打不散了；
　　　我俩姻缘一千年，
　　　钢刀儿剁不断了。
（《中国歌谣集成·宁夏卷》，第 183 页）

例（33）和例（34）这两首"花儿"的基本概念隐喻义为"爱是交互行为"。例（32）以"给尕马儿加料"为喻，通过和马儿的交互互动行为来隐喻和心上人的甜蜜互动。例（33）以"连花儿说话说不够"为喻，通过"和花儿说话说不够"这种交互互动行为来隐喻对心上人说绵绵情话说不够。例（34）的基本概念隐喻为"爱是共同抗争"。例（34）以"鸭群棍子打不散"来喻说恋人们为争取婚姻自由而共同抗争的决心。例（32）—（34）这三首"花儿"充分展示了社会活动中协作或互动对隐喻意义的影响和作用，如例（32）的"给尕马儿加料"和例（33）的"连花儿说话说不够"之交互行为。这些"花儿"隐喻义的交互主观性体现了主体与主体之间的协调或交互行为。就体验性的强弱而言，交互主观性体验比施为性（agency）强互动性体验弱一些。

（3）"花儿"语篇构式的主观隐喻义

关于隐喻意义的主观性研究，国内学者魏在江（2007）对隐喻主观性和主观化进行了专题研究。他认为，隐喻除了规约性、系统性、非对称性和抽象性，还应该加上主观性。隐喻的主观性主要表现在：（1）隐喻表达说话人的情感，即所谓的"移情"现象；（2）隐喻表达说话人的视角，因视角不同就会形成不同的心理意象；（3）隐喻表达说话人的认识（魏在江，2007：8-10）。"花儿"语篇构式的主观隐喻义主要建立在客—客互动这一基本互动 ICM 的基础之上，其本质语义特征是主体对客—客互动的主观性识解，如例（35）—（37）所示：

(35) 红心柳树两根杈，
　　　我连你姻缘么紧扎；

缠住你哈不回家,
像蜜蜂缠住了黄蜡。
(《六盘山花儿两千首》,第76页)

(36) 三垅沟麦子两垅沟草,
黑燕麦锄不净了;
咱俩的名声出去了,
黄河里洗不净了。
(《中国歌谣集成·宁夏卷》,第178页)

(37) 千年的柏树万年的松,
铁树开花没年成。
哪怕海枯石头烂,
阿妹终久是你的人。
(《六盘山花儿两千首》,第162页)

例(35)—(37)这三首"花儿"的基本概念隐喻义分别为"爱是植物生长样态""爱是动物生存行为"和"爱是植物长时生长过程"。例(35)以柳树的生长样态"两根杈"喻指两人婚缘和谐的状态。例(36)以"黑燕麦地里锄草"的情景为喻来表达他们对待婚缘的决心：黄河里洗不净。例(37)以松柏树的长时生长过程和"铁树开花"的长时间孕育过程来喻说尕妹对阿哥永不变心之情：海枯石头烂。例(35)—(37)这三首"花儿"充分展示了隐喻表达说话的情感、视角和认识,这是受"花儿"创作者自我情感促使的结果,即这些隐喻表达之喻体选取是基于创作者不同情感状态促使的结果,如例(35)的"感情不和"和例(36)—(37)的"为婚姻自由而战之情",这些喻体的选择具有"自我"成分的主观融入。以上这些"花儿"隐喻义的主观性表明说话人／创作者对"爱"的识解依赖于对植物或者动物的间接性观察体验,是一种弱互动性体验。

综上所述,"花儿"语篇构式语义的认知来源为"花儿"歌手身体、大脑与其所处原生态环境之间互动所获得的原生态经验。基于体验互动的多维性,由此产生了三种基本概念隐喻义：施为互动隐喻义、交互主观隐喻义和主观隐喻义，它们是基于三种强度不同的互动性体验类型所产生的三种不同的意义类型。

3.6 "花儿"语篇构式隐喻义生成和构建的独特性

隐喻是人类基本的思维认知模式之一（Lakoff & Johnson，1980）。本章分析发现，隐喻也是"花儿"歌手的基本思维认知模式。卡西尔认为，"隐喻思维就是人类原始的诗性思维"（卡西尔，2017：109—122）。维柯在《新科学》中也指出，"人类原始时代所创造的每一个隐喻就是一个具体而微的寓言故事，他们具有'诗性的智慧'"（2008：174）。照此看来，我们不妨说"原始人类赖以生存的隐喻"（马俊杰，2019）。既然隐喻如此普遍，那么，较现代人类的隐喻性思维，原始人类的隐喻性思维有何独特性？

我们认为，解开这一问题的症结在于隐喻义产生的认知动因，即人类身体、大脑与其所处环境之间的体验互动。也就是说，现代人类和原始人类所体验互动的环境大不相同。众所周知，现代人类所体验的环境极其复杂，而原始人类所体验的环境则为一种原生态环境，是人类体验环境的最基本层，因而其范围极其有限。正如卡西尔所言："……人类知识的最初阶段一定是全部都只涉及外部世界的，因为就一切直接需求和实践利益而言，人都是依赖于他的自然环境的。……走向人的理智和文化生活的那些最初步骤，可以说是一些包含着对直接环境进行某种心理适应的行为"（卡西尔，2004：5）。因此，原生态性体验环境是原始人类隐喻思维产生的直接动因（Kövecses，2018），其也决定了原始人类隐喻思维的独特性。

根据意象图式、域、框架和心理空间等概念结构的图式性层级（Dancygier & Sweetser，2014），Kövecses（2017，2018，2020）提出了隐喻激活和构建的层级性，如图3.6所示。根据图3.6，隐喻有三个基本层级：超个体层、个体层和次个体层（Kövecses，2020：70）。其中，次个体层是另外两个层面隐喻存在的动因，这个动因既可能是身体性的，即具身体验，也可能是文化性的（Kövecses，2018：3）。处于次个体层的隐喻为一种意象图式层隐喻，其形成结构具有图式性和类推性。处于超个体层的为域或者框架层隐喻，个体层的为心理空间层隐喻，它们的形成结构为非类推性结构（Kövecses，2017）。人类两种记忆类型：长时记忆和工作记忆，次个体层和超个体层为一种离线（off-line）性的长时记忆，个体层为在线（on-line）性的工作记忆。处于个体层的心理空间隐喻在线构建（structuring）可激活（activate）长时记忆中的意象图式层隐喻、域或框架层隐喻（Kövecses，2017，2020）。

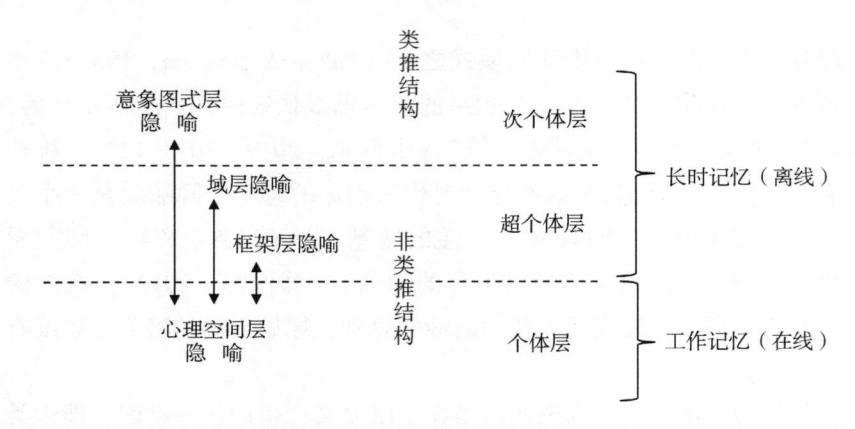

图 3.6　隐喻激活和构建的层级性（Kövecses，2020：70）

根据 Kövecses（2017，2020）对隐喻激活和构建层级的划分，依照上文分析结论，"花儿"语篇构式隐喻义的认知构建基于情景或事件关系结构的相似性，它源于"花儿"歌手身体、大脑与其所处原生态环境互动所获得的原生态经验，这种体验性经验结构为一种图式性结构，具有复现性和类推性。因此，"花儿"语篇构式隐喻义的在线概念构建是"花儿"歌手对意象图式层隐喻的直接激活，即从心理空间层到意象图式层的激活和构建（图 3.6 中从心理空间层隐喻到意象图式层隐喻之间的双向箭头表示激活和构建过程）。又鉴于意象图式是基于人类体验基础上一种有意义的前概念结构（Evans，2019：226），具有连续性类推模式（continuous analogue patterns）（Hampe & Grady，2005：1-2）。由此可推知，意象图式层隐喻的构建基于人类复现经验及其类推性结构轮廓，如人类经验的物理性和情感性方面之间具有很强的复现性相关（Grady，2002）。而这些复现经验往往为人类身体、大脑基于最基本体验互动层所获的经验，如感情和死亡。原生态性体验互动就属于人类最基本层的体验互动。因此，"花儿"语篇构式隐喻义构建的独特性就体现在原生态经验的复现和类推，即基于体验互动基础上所获得原生态经验的复现性相关而得以构建。

"花儿"语篇构式隐喻性义独特的认知构建过程反映出"花儿"歌手思维认知的图式性,因为意象图式层隐喻为一种前概念结构性隐喻,体现出原始人类对经验的加工比较粗糙和简单。正如卡西尔所言:"在原始社会条件下的原始生活中,我们几乎看不到任何抽象空间观念的痕迹。原始人的空间是一种行动的空间;而这种行动是集中于直接的实际利益和实际需要的……它仍然充满着具体的个人情感或社会情感,充满着感情的成分"(卡西尔,2004:61—62)。这也是原始人具备"诗性的智慧"的主要原因,即"最初的诗人们都凭自然本性才成为诗人"(维柯,2008:103)。与此相比,现代人的思维认知则比较复杂、抽象,缺乏想象力(见马俊杰,2019)。正如维柯(2008:160—161)所言:"我们文明人的心智已不再受各种感官的限制了,就连凡俗人也是如此。使心智脱离感官的就是与我们的近代语言中很丰富的那些抽象词相对应的那些抽象思想……人们现在用唇舌来造成语句,但是心中却'空空如也'。"因此,原始人类的隐喻思维直接源于和依赖于感官动觉,与体验性经验直接相关。现代人类的心智则脱离了感官动觉,对隐喻的构建则会涉及各个概念结构层面(见图3.6),相对比较抽象、复杂。试比较 Kövecses (2020)对例(38)中隐喻构建的层级性分析:

(38) 2005年的飓风倾覆了 Domino 的生活,尽管他不愿意承认失去社交圈之外的任何不便或痛苦……(Kövecses,2020:178)

Kövecses(2020)将例(38)中的隐喻构建分析为四个层面:意象图式层隐喻:ACTION IS SELF-PROPELLED MOTION; FUNCTIONALITY IS REMAINING ERECT。域层隐喻:LIFE IS TRAVEL。框架层隐喻:LIVING A LIFE IS JOURNEYING(LIFE IS A JOURNEY)。心理空间层隐喻:A SUDDEN, UNEXPECTED TURN OF EVENTS FOR THE WORSE IN DOMINO'S LIFE IS THE CAPSIZING OF DOMINO'S BOAT IN THE COURSE OF HIS SEA JOURNEY。

综上分析,"花儿"语篇构式隐喻义构建的独特性体现在其隐喻义产生的认知动因,即"花儿"歌手身体、大脑所体验互动的原生态环境。这种人类基本层的体验互动决定了其隐喻构建的独特性,也是其具备"诗性的智慧"的主要原因。

3.7 本章小结

本章首先简要概述了认知语言学的核心思想，厘清了程式和构式的理论关系，分析了"花儿"语篇构式的形义匹配及其表征方式。其次，本章深入分析了"花儿"语篇构式的语义特征：片段性和类比性，据此指出了其隐喻性语义结构及其背后的认知机制：概念隐喻，并分析了"花儿"语篇构式中隐喻概念组织的层级性。再次，根据"花儿"语篇构式中隐喻概念组织的高层性特征以及"花儿"语篇构式义的认知来源，本章进一步分析了其多维隐喻义。最后，本章分析了"花儿"语篇构式独特的隐喻义构建过程。

本章分析表明：(1)"花儿"语篇构式用程式化句法表达特定的情感主题思想内容，具有很高的规约性，是一种典型的语篇构式，形式极为其语篇类型的组织形式，即口头诗学所讲的故事模式；语义极为主题或者话题，即框架。"花儿"语篇构式建立在对众多"花儿"示例抽象化概括的基础上，是"花儿"歌手经频繁使用而提炼获得的一种抽象性概念结构，并在大脑中留下一种使用印记，这种使用印记在"花儿"歌手的每一次创作中都会被再次提取和激活，以便于其在表演中创作时加以创造性使用。(2)"花儿"语篇构式的语义特征呈现出片段性和类推性，其整体性语义结构具有隐喻性，其背后的认知机制为概念隐喻。隐喻在"花儿"语篇构式中的概念组织基于类推这一人类基本认知能力，它的构建基于情景或事件关系性结构的相似性，这种相似性源于始源域和目标域所共享的类属性图式结构。这一前概念结构具有图式性和类推性。(3)"花儿"语篇构式语义的认知来源为"花儿"歌手身体、大脑与其所处原生态环境之间互动所获得的原生态经验，在此基础上产生了三种基本概念隐喻义：施为互动隐喻义、交互主观隐喻义和主观隐喻义。(4)"花儿"语篇构式隐喻义构建的独特性体现在原生态经验的独特性，即"花儿"语篇构式背后概念隐喻产生的认知动因。

需要强调的是，本章在对"花儿"语篇构式义进行系统分析的基础上，简要分析了"花儿"语篇构式隐喻义构建的层级性特征，即"花儿"语篇构式隐喻义的在线概念构建是"花儿"歌手对意象图式层隐喻的直接激活，即从心理空间层到意象图式层的激活和构建（参见3.6小节分析)。本章并未进一步分析其隐喻义的动态认知构建过程及其所关涉到的认知操作机制。鉴于此,在本章的基础上,下一章将构建"花儿"语篇构式语义构建的理论阐释模型(见图4.12),提出"花儿"语篇构式英译的翻译观,并据此在随后章节(第5、6和7章)进一步探析"花儿"语篇构式语义的动态构建过程及其所关涉到的认知操作机制,并据此探究其对英译"花儿"语篇构式的理论启示。

第 4 章 "花儿"语篇构式的理论阐释模型及英译路径

本章的核心目标为：在第 3 章"花儿"语篇构式语义结构及其认知动因阐释的基础上，基于认知语言学的语义构建观，搭建"花儿"语篇构式语义构建的理论阐释模型；并据此从认知视角出发探索英译"花儿"语篇构式的理论进路。为全书提供统一性的理论分析框架。

首先，本章阐述认知语言学的语义构建观，结合语篇构式的研究现状（第 2 章），提出本书所采取的语义构建分析路径，即基于认知语法的构式语义分析路径。为架构"花儿"语篇构式语义构建的理论阐释模型提供理论前提和基础。其次，本章简要概述了认知语法的基本理论思想，分析了认知语法语篇观之不足及其在语篇研究层面的可拓展性，并介绍了本研究所关涉的主要理论分析工具：认知识解、认知参照点和概念整合等。再次，在认知语法语篇观的指导下，结合以上这些理论分析工具，本章架构全书的理论分析框架："花儿"语篇构式语义构建的认知阐释模型（见图 4.12），以便于在接下来的章节中基于该理论模型系统阐释"花儿"语篇构式的语义构建问题。最后，基于"花儿"语篇构式语义构建的理论阐释模型，从认知视角出发，论述认知语言学的哲学观和语义构建观对英译"花儿"语篇构式的理论启发，为选择"花儿"语篇构式英译研究的基本理论路径奠定基础。

4.1 认知语言学的语义构建观

4.1.1 认知语言学所倡导的语义构建观

认知语言学认为，语义构建是概念化（Evans & Green，2006）。在认知语言学看来，语义不是自在的，而是建构的。因此，认知语言学视角下的语义研究便是对语言现象的语义构建问题进行探索。Evans 和 Green（2006：162）认为语义构建是"一个动态过程，语言单位在此过程中充当提示器（prompts），它可使语言使用者调用一系列背景知识，并激活一系列概念操作"。据此，语义构建具有动态性（dynamicity）。在语义构建过程中，语言结构只是一个"提示器"，用于激活概念层面的操作。Sweetser（1999）也曾指出，语言帮助语言使用者调用百科知识，并基于推理策略展开语义构建活动，这些策略与概念结构、组织或概念包装（packaging）的不同方面有关。Fauconnier（1985/1994，1997，1998）和 Fauconnier & Turner（2002）的心理空间理论和概念整合理论也持有相类似的观点。因此，从本质上讲，语义构建发生在概念层面，语义结构等同于概念结构，概念结构允准和制约语义结构在语言层面的多样化实现形式。正如 Evans 和 Green 所言："语义构建在本质上是概念性的，而非语言性的"（Evans & Green，2006：214）。他们直接将语义构建等同于概念化（Evans & Green，2006：157-162）。概念化过程涉及一个最基本的因素就是时间（Langacker，1987，2008）。正如 Langacker（2008：501）所言："在概念化过程中，认知主体对语言表达每个侧面（profile）的激活操作都是在连续不断的时间片段中依次完成的"。因此，概念化过程随着时间推移展开，概念结构得以激活并得到有序加工。根据认知语言学所倡导的语义构建观，本书已在第 1 章对语义构建作出了基本理论界定（详见 1.3.2 小节）。

从对认知语言学基本理论假设和语义构建观的介绍，便可发现，语义结构的语义内容和概念认知识解操作是语义构建中两大块核心内容。前者关涉语义的概念内容来源问题，后者关涉认知主体对概念内容的认知识解操作方式。鉴于此，基于本书对"语义构建"的理论界定（详见第 1 章 1.3.2 小节），本书聚焦于考察"花儿"语篇构式的语义结构（详见第 3 章分析），在此基础上，本书后文章节将进一步考察"花儿"语篇构式语义的动态构建过程及其所关涉的认知操作机制，并考察不同识解操作机制在语义构建过程中的作用以及彼此之间的互动关联性。

4.1.2 基于认知语法的构式语义分析路径[①]

第 2 章关于国内外语篇构式研究文献表明，现有的语篇构式研究大都

---

① 本小节为马俊杰于 2021 年发表在《外语教学》上《语篇构建研究所面临的挑战及其应对策略》一文的部分内容。

以Goldberg（1995，2006）的构式语法思想为主，因为构式语法能对语篇的整体架构做出阐释，这是其最大的理论优势，但语篇构式思想尚不能充分阐释语篇构式形成的认知操作机制，导致对语篇与句法、句式与句式之间的互动关系分析语焉不详（Peng，2018：211）。互动构式语法尝试探索构式语法和会话分析的融合性，但现有研究大多关注会话中一些语言现象的形式和语义匹配性，如Fired和Östman（2005）对语用小品词的分析和Fischer（2015）对"oh"的形义匹配性分析。因此，将构式语法真正拓展到宏观语篇层面的研究当属Östman（2005）的语篇构式思想。国内学者（许宁云，2010；李天贤，2012；袁野，2011，2012a，2012b，2013，2017；徐永，2019；等）在此基础上作出了有益性探索，值得肯定和借鉴。总而言之，语篇构式思想的理论优势在于对语篇的宏观构架阐释，能较好地分析语篇类型和语篇样式的匹配性关系，得到了国内外学者的广泛关注和研究。

与此相比，认知语言学中认知语法的语篇观却尚未得到学者的足够重视。近几年，只有零星学者（Zima，2013；Fischer，2015；Langalotz，2015）开始作出尝试性探索。如Zima（2013）基于认知语法语篇观——当前话语空间（current discourse space，简称CDS）模型——与对话句法学关注先前话语资源的共性特征，分析了奥地利议会辩论话语。他发现，尽管两个理论拥有不同的理论关注点、概念和方法，但可以将二者结合用于分析话语中固化语义的互动、意义的在线识解和交互主观性。Langalotz（2015）对局部意义协商、言语活动类型和CDS模型之间理论关系的探究。通过对旅游会话语料的分析，Langlotz认为，在旅游信息活动框架内要实现成功沟通，旅游信息中心人员和旅游人员双方需要建立共享的概念化。他将实现这种共享概念化的触发因素称为"样式模拟器"（genre-simulator），如预订房间。模拟器的作用在于：随着言语活动的序列推进，通过对特定活动样式中意义协调的概念化来达到对话语互动的调节。为了解决在线与固化两个视角之间的内在差异性，Langalotz将Langacker（2001a，2008，2012b）的CDS模型和Barsalou（2005）的情境概念化模型（situated conceptualization-model）整合起来，提出了互动性话语分析的"社会认知话语模型"。该模型为分析话语交互中意义构建、协商以及话语参与者灵活而创造性地管理共享概念化和知识提供了一个有用的工具（Zima & Brône，2015：493）。值得注意的是，基于认知语法语篇观的语篇分析也认识到了语篇样式的整体作用,如 Langalotz（2015）试图对 CDS 模型进行修补,而语篇样式的整体作用则是 Östman（2005）语篇构式研究核心之所在。因此,二者的互补性已"初见端倪"。

与构式语法的语篇观相比,认知语法将语篇看作是使用事件的推移,它采取自下而上的研究路径,基于"基于使用"的研究思想,强调语言结构之间的组构性（Langacker,1987,2008）,其理论优势在于:根据使用事件的推进关系能对语篇与句法、句式与句式之间的互动关系做出充分的阐释,并可有效洞悉语篇构建过程中所涉及的基本认知能力或认知操作机制,如隐喻对语篇空间的"图绘"作用（邢嘉锋、李健雪,2015）,经比较和范畴化操作,连续推进的语篇空间组构形成语篇构式的语义构建（Langacker,2020）。基于以上分析,我们认为,构式语法和认知语法互补可以实现对语篇的整体性阐释。前者可有效阐释语篇的宏观性构架,后者可以揭示语篇形成的认知机制。

需要强调的是,目前,虽然这两种研究路径的互补思想在语篇层面尚未出现,但在其他语言结构研究方面已得到了一些研究文献的支持。如张韧（2007）从认知语法视角出发对构式研究存在的不足进行了详细论证。他认为,认知语法提出的一系列概念术语可为构式在阐释上的不足提供补充。Harder（2010:259）指出,语言分析要注意自上而下和自下而上路径相结合。鉴于构式义的不可完全预测性,Hummel（2018:419）主张在分析具体语言现象时采用一种辩证的方法,即把具有高产性、自下而上的认知语法思想与给定构式的自上而下实现过程联系起来。在 Hummel 看来,构式语法和认知语法思想是两种不同的语义实现过程,二者可以实现语义阐释上的互补性。又鉴于认知语法和构式语法对语篇研究并不设置专门的分析框架,它追求所有语言结构的统一性分析（参见 Langacker,2012b,2016a; Östman,2005;等文献讨论）。基于此,本研究尝试采取基于认知语法的语篇构式研究路径,探究"花儿"语篇构式的语义构建问题,并据此从认知视角出发选择英译"花儿"的翻译观,为"花儿"英译实践提供理论指导。

4.2 认知语法理论概述

4.2.1 认知语法的核心思想

认知语法创立于 1987 年,以 Langacker（1987）的《认知语法基础:

理论前提》（卷Ⅰ）为标志，它是认知语言学理论的核心组成部分之一。在所有认知语言学理论中极具影响力，受到了国内外语言学界的广泛关注、热议和研究。Langacker（2016a）在《走向结构、加工和语篇的整合视角》一文和 Langacker（2017a）在《剑桥认知语言学手册》第17章"认知语法"中简要地回顾和总结了认知语法40余年的发展历程。他将认知语法的发展历程分成两个阶段：第一阶段（Langacker, 1987, 1991a, 1991b, 1999）主要目标在对生成语法将语言作为一个独立认知系统之观点的"革命"，对词汇、形态和句法这些在本质上是象征性（symbolic）的意义单位做出了统一性（unified）解释；第二阶段（Langacker, 2001a, 2008, 2009, 2012b, 2016a, 2017c）旨在寻找结构、加工和语篇的统一性阐释。认知语法这两个发展阶段不是"转折"，而是"直线前行"（Langacker, 2016a）。在40余年的发展中，认知语法的研究目标并未发生转化（请对比 Langacker, 1987：1 与 Langacker, 2016a：23 对认知语法目标的论述）①，它在围绕其研究目标不断地走向完善，从未有过根本性的改变，旨在从整体上对语言各个层面做出统一性阐释（Langacker, 2017a：262）。

　　Langacker（1987, 2008）指出，语法是一组有组织的规约化语言单位的清单，语法单位是形—义配对体，词、词汇短语和句子形成一个由象征系统构成的词汇—语法连续统（lexicon-grammar continuum）。认知语法把语法看作为一个象征结构或形义配对体，意味着形式不能独立于意义，而且意义起着核心制约作用。如果不考虑意义，表达式本身没有意义，表达式只是我们建构意义的提示符（prompts）（Turner, 1991：206）。因此，语言结构这一符号形式是形式和意义的匹配体。这一符号形式的编码过程涉及人类复杂的认知加工过程，而且符号形式和意义之间的表征只是对概念结构的部分（partial）的和不完整的表征，因为由经验表征所组成的我们概念系统（框架、认知域、理想化认知模式、概念隐喻等）相比感知经验本身在细节上是远远不充裕的，而语言结构的编码还会在细节上进行进一步的简化（Evans & Green, 2006：366）。

---

① Langacker（1987：1）对认知语法目标的论述："a comprehensive and unified view of linguistic organization characterized in terms of cognitive processing"。Langacker（2016a：23）对认知语法目标的描述："a coherent theoretical synthesis based on detailed analysis of many phenomena in multiple language"。

结合本书研究实际，认知语法理论核心思想和假设可归纳为以下三点。

第一，语法是有意义的（Goldberg，1995，2006；Langacker，1987，1991a，2008）。认知构式语法研究以意义为核心。构式语法认为，语言形式是一个形义匹配体（Goldberg，1995，2006）。Langacker（2008：5）认为"语法的本质是象征性的"，它是语义结构（semantic structure）和音系结构（phonological structure）的配对。另外，认知语法认为词汇和语法构成一个连续统（Langacker，1987，2017b）。词汇与语法的区别在于意义的抽象程度，词汇的意义相对具体，语法的意义相对抽象。因此，在认知构式语法看来，语法是有意义的，语法是概念内容的符号化，语法与意义密切关联。认知语法还主张，意义不仅涉及概念内容，还关涉人类的识解。识解指我们人类具备对同一情境具有不同构想和描写的能力（Langacker，1987，2015a，2017b；又见 Croft & Cruse，2004；Evans & Green，2006；Evans，2019）。因此，在认知构式语法看来，所有语言形式都有概念基础，它是人类大脑的一种神经活动模式（Langacker，1987，2016a）。语法是我们理解和建构概念系统的重要工具，语法不但具有意义，而且可以折射出我们人类对经验的认知加工，语法背后即为人类对基本经验的鲜活的认知识解操作。

第二，意义即概念化（Langacker，1987：5）。概念化依赖于我们所生存的世界。Langacker 指出"我们谈论世界，尽管根植于直接经验中，但却有一个心理建构体，其建构是通过抽象化、概念整合及主观化（subjectification）实现的"（Langacker，2008：chap.14，2016a：24；马俊杰，2019）。因此，人类的概念化具有"两性"：具身性和离身性。我们的概念化不仅根植于具身体验，而且还依赖于自我的心理建构。Evans 和 Green（2006）认为，"人类通过自身的感知器官与外部环境产生感知互动体验，感知体验经认知加工形成意象图式，再经进一步的认知加工，提炼形成概念（意义），概念最终转化成为语言意义"（又见王馥芳，2014：201；秦洪庆、王馥芳，2019：49）。依照这一意义生成路径，意义来源于人类身体与其所处环境之间的体验互动。概念或意义主要源于"人类体验互动过程中的各种经验图式、视觉—空间模式、心理意象、理解的前概念或者体验方式等"（王馥芳，2014：201），也源于人类在体验互动基础上通过抽象化、概念整合及主观化等心理建构体实现的自我心理建构

(Langacker，2008，2017b）。

第三，概念化的动态性（Langacker，2012b，2016a）。认知语法认为，语言结构在本质上是动态的，是一种加工活动（processing activity）（Langacker，1987），任何语言单位都是一个已经建立的活动模式（established pattern of activity）（Langacker，2017b）。换言之，语言是一种大脑的认知加工活动，可以被固定下来作为模式（pattern）。虽然头脑中的语言知识是人在处理语言过程中固化（entrenched）下来的一种模式，但其在本质上具有动态性（Langacker，2016a）。因此，认知语法强调概念化具有动态性，有序激活与加工是人类经验的基本组成部分（Langacker，2012b，2016a，2017b）。另外，概念结构源于人脑神经连接，概念激活围绕神经连接。因此，概念之间具有一定的交叠性（overlapping），在语言表达上就会体现为语言结构之间各种不同的连接关系，不可能彼此之间没有关联。已经固化的语言单位也可以被再次激活使用。所以，从这个角度来讲，人类对语言结构的建构和理解反映了一个动态提取与激活的认知加工过程（Langacker，2012b，2016a，2017b），因为"语言寄居于（reside in）人类的各种认知加工活动中"（Langacker，2016c：465），是在人类经验基础之上的一种语言概念化活动（王馥芳，2014：20-21）。因此，认知语法主张，语言既是认知的，也是互动的，它致力于寻求结构、加工和语篇的统一分析和阐释（Langacker，2001a，2012b，2016a）。

4.2.2 认知语法的语篇观

认知语法的研究目标一直是追寻对语言各个层面的统一描写和阐释（Langacker，1987，2016a），语篇自然是其研究对象之一。认知语法语篇观以CDS模型的提出为"雏形"，Langacker（1991b：97-101）在分析限定冠词（definite article）时首次提出CDS这一概念，Langacker（2001a）首次论述了认知语法语篇观。之后在Langacker（2008）专著中辟专章进行了论述，Langacker（2012b，2016a，2017c）又在此基础上不断地对其进行修正和完善。近几年，认知语法尝试走向结构、加工和语篇的统一阐释（Langacker，2016a，2017c）。Langacker（2008：281）将CDS界定为："在特定时刻，假定为言者和听者所共享的一切东西作为语篇的基础"。随着语篇空间的展开（unfold），CDS不断得以更新，为后续语篇提供构建和解释的基础。只有CDS的某些部分才会被明确唤起，作用于对每一句话的解释。在语篇特定阶段的关注范围内，这些部分构成了一个语篇框架（discourse frame），语篇的展开过程就是交际双方就一系列语篇框架进行协商的过程（Langacker，2008：281）。CDS 的基本组织框架如图 4.1 所示。

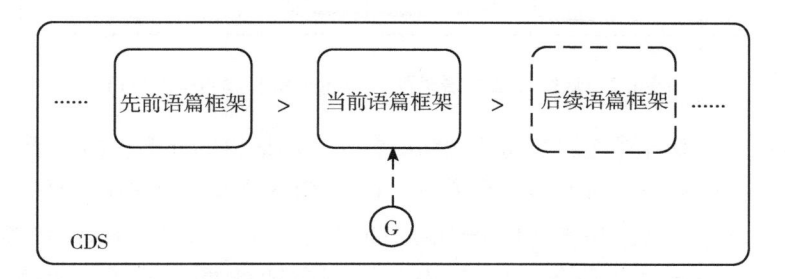

图 4.1　CDS 模型的基本组织框架（Langacker，2008：282）

在 CDS 的基本组织框架中，先前语篇框架（previous discourse frame）是被唤起用来解释当前表达式的框架。当前语篇框架（current discourse frame）是通过更新先前框架，使其与该表达式的意义保持一致而得到的。随着语篇空间的展开（">"表示语篇空间的动态推进过程），当前语篇框架又会作为先前空间对后续语篇框架（anticipated discourse frame）作出解释（参见 Langacker，2008：281—282）。在此先根据例（39）对其作出简要分析，关于 CDS 的具体运作原理详见第 6 章分析。

（39）I was talking to a handsome boy. He is the son of president.

例（39）中，先前语篇框架中"a handsome boy"是当前语篇框架构建和理解的基础，当前语篇框架中"he"是通过对先前语篇框架更新的结果。也就是说，交际双方在当前时空场景中将注意力聚焦于"台上"的"a handsome boy"，实现了协调心理指称（coordinated mental reference）。"a handsome boy"是交际双方观察和描述的目标，Langacker（2016a）将其称为"描述目标"（descriptive target）。

综合来讲，认知语法语篇观的一个核心思想为：语言单位不论大小，都是基于使用事件的抽象概括（generalization）。语篇是一系列使用事件相互衔接和连贯的整体，和其他语言单位一样，也具有双极性（具体参见 Langacker，2001a，2008；王寅，2003；贺学勤，2009）。语篇的概念

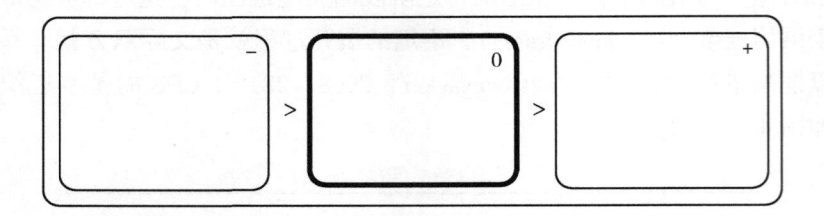

图 4.2 认知语法的语篇观（Langacker, 2001a: 151）

化包括交际双方对他们互动环境和所参与互动话语的理解，即包括话语时空场景（Ground，简称 G）和 CDS。G 和 CDS 在交际中被唤起作为语言表达式意义的概念基体（Langacker, 2001a: 144）。认知语法的语篇观可图示化为如图 4.2 所示，">" 表示语篇空间的推进关系。参照 Chafe（1994）的语调单位观，Langacker 认为，语篇中每一个小句在"台上"聚焦突显的概念内容就是交际双方所构建的注意力视窗（W）。每一个语篇至少应该包括三个基本的视窗：负窗（-）（minus frame）、零窗（0）（zero frame）和正窗（+）（plus frame）。零窗是指当前注意力的焦点语篇视窗，负窗是先前语篇视窗，正窗是后续语篇视窗。因此，在 Langacker 看来，语篇具有承前性（retrospectiveness）和启后性（prospectiveness）（王寅，2003）。

基于前期的不断探索（Langacker, 2001b, 2008, 2012b, 2012c），最近几年，Langacker（2013, 2015b, 2016a, 2017a, 2017c）对认知语法走向结构、加工和语篇的统一架构进行总体描绘，如图 4.3 所示。

认知语法主张将语篇和其他所有语言结构进行统一性分析，不设专门的语篇分析框架，这很好地体现了认知语言学研究的"一般性承诺"（generalization commitment）（Lakoff, 1990: 40; Evans & Green, 2006: 27-44; Evans, 2019: 25-41）。Langacker（2017c）认为，所有语言单位的安排（arrange）和描述都应沿着四个轴（维度）展开：个人轴（individual axis）、互动轴（interactive axis）、描述轴（descriptive axis）和语篇/话语轴（discursive axis）。在认知语法看来，语言结构的意义都不是自足的（self-contained）（Langacker, 2008）。图 4.3 中四个轴（维度）在不同程度上组成了语言结构意义的某一部分概念基底。

根据 Langacker（2017c: 104）的描述，个人轴指交际双方各自所拥有的经验；互动轴指他们之间的互动关系，即在交际中，彼此模拟对方的

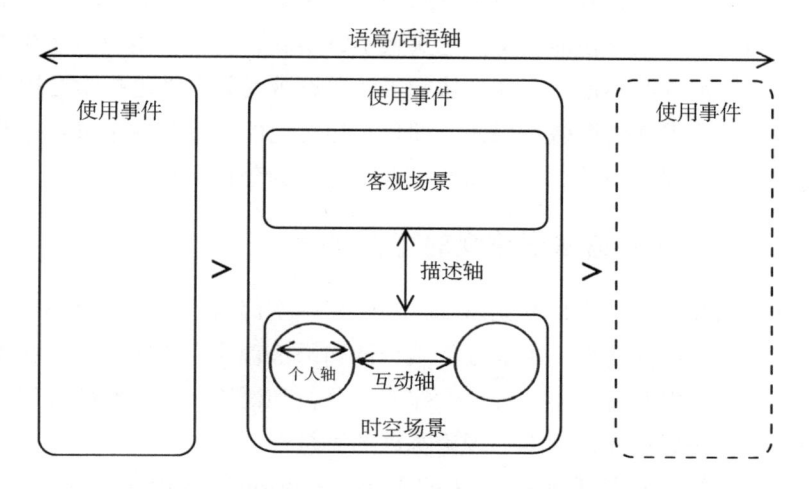

第4章 "花儿"语篇构式的理论阐释模型及英译路径

图4.3 结构、加工和语篇的统一架构（Langacker，2017c：103）

经验，以实现协同心理指称；描述轴位于时空场景（G）与客观场景（OS）之间，即交际双方像观众一样位于"台下"观看和描述"台上"的客观场景。个人轴、互动轴和描述轴组成了一个完整使用事件的概念基底。语篇/话语轴指使用事件之间的推移关系（">"表示推移关系），使用事件的连续推移就构成了语篇。Langacker（2015b：206）认为四个轴之间是一种包含（subsume）关系。语言活动都是由个人执行的，只有个人获得语言和以神经调整（neural adjustment）或认知路线（cognitive routines）的形式储存语言结构（Langacker，2017c）。如果没有社会互动，就不会有语言。而互动又需要个人的参与。描述又由交际双方共同协调实现，语篇/话语轴又蕴含着交际双方对连续推进使用事件的描述。概括来讲，这四个维度的相互作用体现了语言的两个基本功能：象征性功能和互动性功能（Evans，2019）。因此，语言结构既是认知的，也是互动的（Langacker，2016a），它具有动态性、互动性（interactivity）和内嵌性（embeddedness）的本质（Langacker，2012c：3-4）。

认知语法的语篇观展示了其较强的阐释力（王寅，2003；贺学勤，2009），但也存在理论上的缺陷（贺学勤，2009）。若仔细研读认知语法语篇观的研究文献（Langacker，2001a，2008，2012b，2016a等），便会发现，Langacker将分析重点放在句子结构中与话语相关的一些语言现象，如代词回指、言语行为和一些复杂的句子结构，即他关注的是句与句之间的关系,并未真正上升到语篇研究层面。贺学勤(2009:13-15)已指出了认知语法语篇观存在语篇单位论实践不够彻底,语篇整体与单句线性发展关系不够清晰等不足。因此,认知语法语篇观尚处在理论探索之中,实践分析的关注点在语篇微观层面,即句与句之间的关系,并未真正上升到语篇的宏观层面。当然,这与其基于自下而上的分析路径有关。

4.2.3 认知语法语篇观的可拓展性

鉴于认知语法理论自创立以来,其研究基本都以句子为研究单位,只有少量的语篇层面研究。本部分将结合认知语法理论在语篇层面的相关实践性研究文献以及近几年的理论性探究,分析和讨论其在语篇研究层面的可拓展性,确保将其作为本书理论基础的可行性。

基于认知语法语篇观所存在的不足,一小部分学者(如 Pincombe, 2014)开始质疑认知语法理论能否真正拓展到语篇层面。然而,与质疑者相比,一大批学者(如 Gavins & Steen, 2003; Stockwell, 2002, 2009, 2014; 王寅, 2005, 2011; Harrison et al., 2014; Harrison, 2017; Nuttall, 2015, 2018, 2019; Giovanelli, 2017, 2018, 2019; Giovanelli & Harrison, 2018; Browse, 2018; 等)已先后将认知语法中一些理论分析工具运用到一些宏观语篇研究之中,这些研究大多是认知诗学领域的探索性研究。值得注意的是,除了将认知语法理论运用到认知诗学研究领域外,最近几年,认知语法理论还被运用到口头传统研究中,如 Antović 和 Cánovas(2016)的《口头诗学与认知科学》;Baranyiné Kóczy(2016)利用认知参照点模型对匈牙利民歌进行分析以及 Baranyiné Kóczy(2018)的《匈牙利民歌中的文化概念化》等探索性研究。本研究对象"花儿"即为一种口头传统,这为本研究的开展提供了启示和可资借鉴之处。

2019 年,国际《认知语言学》期刊开辟专期(第二期)文章探索叙事语篇中的时间和视角(time and viewpoint in narrative discourse)。尤为值得关注的是,在本期文献中,Verhagen(2019)利用他在 Langacker(2008)识解架构基础上改进的识解架构模型(Verhagen, 2005:7)分析了叙事语篇,他将叙事看作是人类一种特殊的推理和合作交际的形式。这体现了认知语法思想在语篇研究层面的最新动向,也展示了认知语法理论在语篇层面实践的可拓展性。正如 Harrison(2017:2)所言:"如果认知语法真的是基于语言使用的,它应该可以被直接应用于文学语言,文学语言当然是一种'语言的使用',它基于作者的能力,用一种特殊的语言选择对其编码"。由此可见,认知语法理论在语篇层面的研究具有一定的可拓展性。

总而言之,以往研究并未将认知语法的语篇观运用于宏观语篇研究层面,而是尝试将认知语法中一些相关理论分析工具运用于小说、诗歌和口头诗学等不同类型语篇中,在一定程度上说明了认知语法理论在宏观语篇层面研究的可行性和可拓展性。但尚存一个基本问题,即这些研究尚不能在具体语篇分析中综合考虑所关涉的各种理论分析工具之间的理论关系,单就某个理论视角进行特定的语篇分析,并未将这些理论分析工具与认知语法语篇观联系起来。如 Baranyiné Kóczy(2018)的分析涉及认知参照点和概念整合理论,但在匈牙利民歌研究中,并未交代这两个理论分析工具各自的理论作用及它们之间的理论关系。在实际语篇分析中,这些研究所涉及的理论分析工具呈现出"单打独斗"和"各自为政"的特征,尚缺乏一个统一性的理论分析框架。近些年,认知语法对使用事件的基本构架(见图4.3)描述可为此提供启发。有鉴于此,从科学的角度来讲,应该综合考虑这些所关涉理论分析工具之间的理论关系,从整体上对研究对象作出统一性阐释,这才符合认知语言学对语言阐释的整体性原则(Evans & Green, 2006;Evans, 2019)。因此,如何处理好某一研究对象所关涉的各种理论分析工具之间的理论关系显得尤为重要。

综上所述,目前,认知语法的语篇观尚存语篇单位论的实践不够彻底等不足之处,这正是其未来研究亟待努力的方向。同时,未来研究也应重视语篇的整体性阐释。有鉴于此,本书主张在具体语篇分析中,应当通过理论建模法,恰当处理所关涉理论分析工具之间的理论关系,为特定语篇构式的语义构建研究提供一个统一性的理论分析架构。本书将基于认知语法中相关理论分析工具,采取理论建模法,为"花儿"语篇构式语义构建阐释提供一个切实可行的理论阐释模型(参见本章4.4小节)。

4.3 本书所关涉的理论分析工具

认知识解、认知参照点和概念整合是本书关涉的三个理论分析工具,三者的理论关系为:认知参照点和概念整合是概念识解过程中两个重要认知操作机制。我们将在理论模型构建部分作出分析,本部分先对这些理论分析工具进行介绍，为后文理论模型构建奠定基础。

4.3.1 认知识解

认知识解的本质内涵为"人们对同一场景的不同构想和描述能力"（Langacker，2015a：120）。Langacker 曾多次专门撰文或开辟专章对其进行详细论述，如 Langacker（1987，1993b，2008，2015a，2017c）等，足可见这一概念在认知语法中的重要性。通过仔细研读 Langacker 对识解概念的论述，我们发现，Langacker 的每一次论述都不大相同。不同之处主要体现在对识解维度的微调或增加，如 Langacker（2015a）增加了动态性和想象力（imagination）两个维度；Langacker（2017c）将聚焦（focusing）维度调整到视角（perspective）维度之下，并增加了动态性和想象力维度。在一定程度上，这也反映了这一概念各个维度之间的重合性，它们共同作用于一个表达式意义的构建（Langacker，2015a：121）。

Langacker（2008：55）曾用视觉隐喻（visual metaphor）对识解予以形象地阐释：如果将一个意义的概念内容看作是一个情景（scene），将识解看作是对这个场景观察的特定方式，那么，识解就可以分为四类：（1）详略度（specificity），观察情景的距离远近不同，详略度就不同；（2）聚焦，观察情景时选择看哪个部分，聚焦点自然就不同；（3）突显（prominence），对观察情景中某些元素给予了最大化的注意；（4）视角，从哪个角度出发观察情景。考虑到与本研究的直接相关性及其识解维度本身的重合性（Langacker，2015a）特征，我们以 Langacker（2008）的论述为主，参照 Langacker（2015a）和 Langacker（2017c）的分析，将识解分四类——"聚焦""突显""视角"和"想象力"——予以介绍和分析。

（1）聚焦

依照 Croft 和 Cruse（2004）对识解的范畴化（categorization），聚焦属于注意力（attention）范畴，它反映的是人们对概念内容的选择性（selective），在语言表达上依照"前景—背景"式排列（Langacker，2008：57）。相对于不同目的、结构的维度性和组织的层级性，聚焦是一个程度问题（a matter of degree）。Langacker（1993b，2008）认为所有的不对称现象都可以隐喻地看作是"前景—背景"，或者在更广的范围来讲，先前经验作为基线（baseline）用于充实（elaborate）后续经验，是一个"基线—充实"模式（baseline/elaboration，简称 BE）[①]（Langacker，2016b）。如范畴化、隐喻和语篇空间都可看作是"前景—背景"式排列，是一种"基线—充实"模式（Langacker，2017c：248-255）。已范畴化的单位（categorizing structure）是即将被范畴化对象的背景。隐喻的目标域构建和理解以始源域为背景。语篇中的先前话语是当前话语构建和理解的背景。下文将分析指出，本书研究对象"花儿"语篇构式，无论从其隐喻性语义结构来看，还是从其语篇空间的动态推进来看，都是一个"前景—背景"式排列模式。

聚焦的组合（composition）性。聚焦的组合性体现在语言表达式的概念层级性组构上。Langacker（2008：60；2013：60）以短语"lipstick-maker"为例分析了聚焦的组合性，"lipstick"这一表达式有两个层面上的概念组织：底层的"LIP"和"STICK"和高层的"LIPSTICK"。同样，"MAKER"也有底层"MAKE"和"-ER"和高层"MAKER"两个层面的概念组织。总体来看，底层是背景（background），高层是前景（foreground）。"LIPSTICK"与"MAKER"作为概念整体又作为前景概念"LIPSTICKMAKER"的背景。"lipstick maker"这一表达式的概念聚焦组合性如图4.4所示。图4.4中直角方框标示具有语言单位的概念，圆角方框标示新创概念。方框线条的粗细程度标示聚焦的前景化程度，连接方框之间的箭头标示范畴化关系。与 Langacker 的概念组合性相似的一个理论为 Fauconnier 和 Turner（2002）所提出的概念整合理论（CBT），Langacker（2008）将其也看作是认知语法中一种重要的理论分析工具，它也是识解想象力维度的一个重要方面。

聚焦的辖域（scope）范围。聚焦的辖域具有认知基础，即在特定时刻，我们的心智只能聚焦特定场景的一部分。从经验来讲，我们的视野限

[①] Langacker（2016b）的"基线—充实"思想，也有学者（如刘存伟、刘辰诞2019）将其翻译为"基线—阐释"。认知语法以往文献中的"elaboration"常被翻译为"阐释"，而 Langacker（2016b）关于"elaboration"的思想与以往文献有所区别。2018年9月15日在广东外语外贸大学举办的"第六届国际认知语义学研讨会"上，陕西师范大学张韧教授做了题为"Action：Dimensions and Elaboration"的主旨发言，他认为，"吃食堂"就是"吃"这一动词在其核心语义"吃东西"基础上的进一步充实。可见，动词语义可跨越不同概念维度（dimension）得以进一步充实。2018年9月26日，认知语言学公众号推送了该主旨发言，推文将"elaboration"翻译为"充实"。有鉴于此，为防止与认知语法已有"阐释"概念相混淆，本书采用"基线—充实"这一译法。

```
                    前景
                     ↑
    ┌─────────────────┐
    │ LIPSTICK MAKER  │
    └─────────────────┘
        ↗         ↖
   ┌─────────┐  ┌────────┐
   │ LIPSTICK│  │ MAKER  │
   └─────────┘  └────────┘
    ↗     ↖      ↗    ↖
  ┌───┐ ┌─────┐ ┌────┐ ┌───┐
  │LIP│ │STICK│ │MAKE│ │-ER│
  └───┘ └─────┘ └────┘ └───┘
                     ↓
                    背景
```

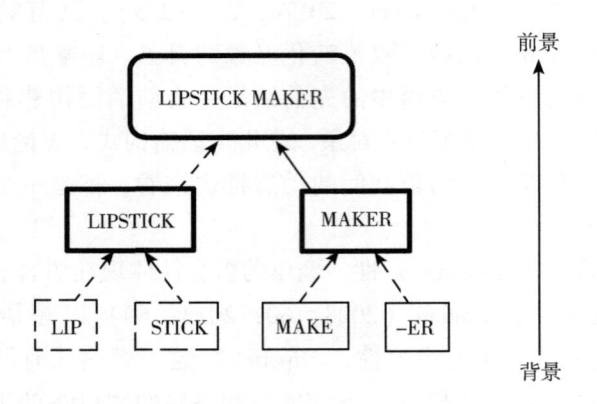

图 4.4　"lipstickmaker"的概念聚焦组合性（Langacker，2008：60）

制了我们在特定时间只能观察场景的一部分。Chafe（1994：28）曾指出："尽管我们每个人的大脑都可对现实进行建模（modeling）……但在同一时间，这个模型中只有一小部分可被激活。在任何一个特定的时刻，大脑只能专注于它所知道的一小部分（segment）。"Langacker（2008）将这一视觉经验比喻成有限的"注意框架"（viewing frame）。Talmy（2000a）将其比喻成"注意力视窗"（window of attention）。Lakoff 和 Johnson（1980）将视野概念化为一种容器（container），将所看到的背景视为一种容器，将前景视为容器内的物体。有鉴于此，我们的视野是有界的（bounded），但这并不意味着视野的边界是客观性的清晰可见，而是一种主观性的注意框架（Langacker，2008：63）。

聚焦辖域本身也以"前景—背景"的方式排列。最大辖域（maximal scope，简称 MS）和直接辖域（immediate scope，简称 IS）的区别就是"前景—背景"的排列问题。直接辖域是以最大辖域为背景的前景。Langacker（1987，2001a，2008，2012b，2017c）将直接辖域隐喻性描写为"台上区域"（onstage region），是注意力的聚焦的点之所在。以"elbow"和"hand"为例，"elbow"的直接辖域为"胳膊"，身体是其最大辖域，如图 4.5（a）所示。"hand"的直接辖域也为"胳膊"，如图 4.5（b）所示。按照辖域的大小可以形成这样一个等级：身体 > 胳膊 > 手 > 手指 > 指关节。

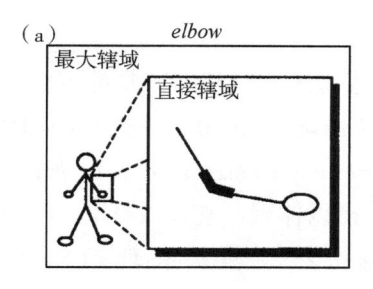

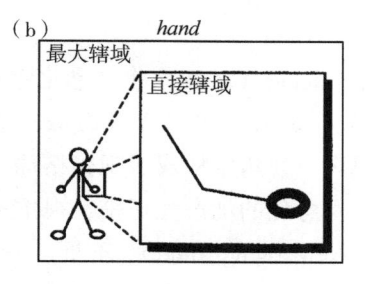

图 4.5 "elbow"和"hand"的概念聚焦辖域（Langacker，2008：64）

(2) 突显

语言结构的不对称性都可以合情合理地被看作是一个突显问题。实际上，聚焦本身也属于突显的维度，因为被选定之物较未选定之物具有突显性，前景相对于背景具有突显性（Langacker，2008：66）。聚焦突显（focal prominence）就是突显的一个重要方面。侧显①（profiling）和基体（base）是一种典型的突显性结构组织，这个概念也涉及注意力的聚焦问题，是一种高度的前景化（foregrounding）。一个表达式选择一定范围的概念内容作为其意义的基础，称为"概念基体"（conceptual base）（Langacker，1987，2008，2017c）。从狭义上来讲，概念基体是一个表达式中活跃域（active domains）的直接辖域，即置于"台上"作为注意力观察的前景化部分。在台上区域内部，观察者的注意力选定特定的次结构（substructure），即为"显面"（profile）（Langacker，2008：66；2015a：128）。如"elbow"的概念化（图 4.5a），其最大辖域是人的身体，胳膊为台上的直接辖域，在直接辖域内，表达式挑选出的次结构（加粗部分）即显面"elbow"。"elbow"和"hand"的最大辖域和直接辖域相同，但显面不同（试比较图 4.5 的 a 和 b）。因此，两个或多个表达式可激活同一概念内容，但因显面不同会造成表达式的意义有所不同。它们之间语义的差异性是一个识解问题，即将注意力导向某一特定部分并将其挑选为某一表达式的概念所指（Langacker，2008：70）。在本质上来讲，这是人类聚焦突显的概念识解方式与概念内容之间互动所导致的结果（王立永，

---

① 国内也有学者（如张韧 2012，王立永 2019 等）将其翻译成为"显影"，本书采取"侧显"这一翻译。

(3) 视角

Langacker（2008）将概念化隐喻地描述为对某一场景的观察。Chafe（1994）、Talmy（2000a）和 Lakoff & Johnson（1980）等也持有相似的观点。那么，视角则构成了观察格局（viewing arrangement），即观察场景的方式。概念化的动态性正是在视角①下得以体现，它涉及概念化沿着加工时间（processing time）开展，这也必然会涉及心理扫描（mental scanning）。因此，视角包括观察格局和时间两个维度，涉及概念化的动态性和心理扫描的方向性。

视角的观察格局。观察格局指的是观察者与观察对象之间的关系。一般而言，观察者是对语言表达式的意义加以把握的概念化主体（conceptualizer），即言者（speaker，简称 S）和听者（hearer，简称 H）（Langacker，2008：73；2017c：19）。在日常言语互动中，交际双方共处于同一固定场所观察和描述所发生的情况，这是一种默认的观察格局（default viewing arrangement）（见图 4.6）。通常情况下，这种观察格局我们不容易觉察到，但它是概念基底（conceptual substrate）的重要组成部分（Langacker，2008：74）。

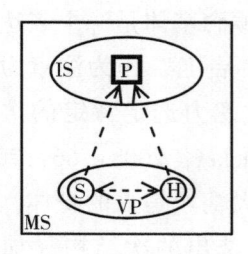

S=speaker
H=hearer
VP=vantage point
P=profile
IS=immediate scope（"onstage" region）
MS=maximal scope

图 4.6　默认的观察格局（Langacker，2017c：19）

在图 4.6 中，MS 表示一个表达式所激活的全部概念内容。概念化主体 S 和 H 共处一个场所，他们之间的互动有一个特定的观察视点（vantage point：VP），他们所谈论的概念内容处于 IS 中，表达式概念内容的一部分（次结构）在 IS 中得到了聚焦突显，即表达式的显面（P）。在这一观察格局中，观察者和观察对象分别被识解为具有主观性

---

① 本书依据 Langacker（2008）将动态性（dynamicity）纳入识解的视角维度，因它与时间因素密切相关。不像 Langacker（2015，2017b）将其单独作为识解的一个维度。

(subjectivity) 和客观性 (objectivity) (Langacker, 2008: 77), 观察者 (S 和 H) 之间具有交互主观性 (intersubjectivity) (Verhagen, 2005; Langacker, 2012b, 2016a, 2017c)。

视角的另一个基本维度为时间。Langacker (2001a, 2008, 2012b, 2012c, 2016a, 2017b) 认为, 概念化在本质上具有动态性, 它不是某种静态的存在, 而是某种发生的情况。因为概念化寄存于认知活动之中, 随着加工时间的推移而发生 (Langacker, 2012b, 2015b, 2017b, 2017c)。Langacker (1987, 2015b, 2017b) 区分了概念化所关涉的两种时间: 加工时间 (processing time) 和构想时间 (conceived time)。构想时间被视为概念客体的时间, 涉及对客体的描述过程; 加工时间指概念化的发生时间。但难以对二者做出截然的区分, 因为对事件的概念化必然是随着时间展开的 (Langacker, 2008: 79)。在对事件的感知过程中, 若其发生顺序与其概念化和描述的顺序是一致的, 即具有了时间的象似性 (temporal iconicity), 这也能体现出语言表达式的形式和意义之间的象似性 (Givón, 1991; Haiman, 1980, 1985)。如例 (40a-b) (Langacker, 2001b: 15):

(40) a. She quit her job and got married.
　　　b. She got married and quit her job.

(41) a. Your camera is upstairs, in the bedroom, in the closet, on the shelf.
　　　b. Your camera is on the shelf, in the closet, in the bedroom, upstairs.

人们通常对例 (40a) 的理解是: 她先辞职, 后结婚; 辞职发生在结婚之前。但这种象似性只是一种倾向。在对事件加以心理通达 (mental access) 和描述时, 我们采用的顺序可以与其发生顺序不一致, 甚至可以完全相反, 如例 (40b)。例 (40a) 和例 (40b) 呈现出了相反的情况, 这种差别不在于所描述的客观事件, 而在于心理通达方式, 即心理扫描方向不一致 (Langacker, 2008: 80-83)。又如例 (41) 中两类"嵌套处所构式"(nested locative construction) (Langacker, 2008: 81) 是对同一客观情景的描述, 但二者因心理扫描方向不同而具有不同的意义。例

(41a) 属于"镜头推进"（zoom in）式心理扫描；例（41b）属于"镜头推出"（zoom out）式心理扫描。

由此可见，心理扫描的方向性体现了视角转移的方向。在认知语法中，有一种富于语法意义的特殊心理扫描方式就是参照点关系，基于此，Langacker（1993a，1999，2008）提出了认知参照点模型。它是"花儿"语篇构式语义构建过程中一个非常重要的认知机制，我们将在下文单独对其进行介绍。

（4）想象力

想象力也是识解的一个重要类型。Langacker（2015a，2017c）在原有识解类型——聚焦、突显和视角——的基础上添加了想象力。Langacker（2015a：135）认为："所有认知都具有想象性（imaginative）[①]，也就是说，我们所体验的世界，包括我们所接受的'现实世界'（real world）都在心智上得以构建。""大部分我们所建构的心智世界具有想象性，是现实的虚拟版本（fictitious versions of reality），如电影（movies）、对未来的概念、过去和现在的未知方面以及其他认知主体的知识和经验等"（Langacker，2017c：35）。一般来讲，想象性概念依赖于四个基本认知能力：拓展（extensionality）、整合、离身（disengagement）和抽象（Langacker，2015a：135）。因为概念整合、离身认知和抽象化是我们建构心智世界的基本因素（essential factors）（Langacker，2017c：4）。

拓展是指"将多个实体处理为一个单一经验的能力（the capacity for entertaining multiple entities as part of a single experience）"（Langacker，2015a：135），即通过心智操作建立起实体之间的概念连接，从而最终实现它们之间的概念融合。这一过程体现为认知加工过程中连续注意力视窗之间的概念交叠（conceptual overlapping）和概念整合[②]，概念交叠性为概念整合奠定了基础，最终实现整合的概念就是描述目标，即某一时间我们心智宇宙中所构想的概念实体（Langacker，2016a，2017a）。拓展这一认知能力就是一种常见的、普遍的想象性现象：心理空间（mental space）、隐喻和概念整合（Langacker，2015a：135）。隐喻本身就具有想象性。因为隐喻的目标域参照始源域得以理解和构建，经隐喻性识解所建构的目标

[①] Langacker（2015a）这里所讲的想象性（imaginative）与 fictive 和 virtual 等意思基本一致。

[②] 这里再一次体现了识解想象力维度与聚焦组合性之间的重合性。

在现实中并不存在,它自然具有想象性。心理空间和概念整合是著名认知语言学家 Fauconnier 的重要理论①,它建立在概念隐喻理论不足的基础之上。心理空间是"人们思考、谈话为了局部理解和行为目的而建构起来的概念包(conceptual packets)"(Fauconnier & Turner,2002:40)。在整体概念(global conception)范围内每个概念包相对具有各自的地位和功能,在一定程度上,它们也具有想象性(Langacker,2015a:135),如虚拟情景(counterfactual situation)。如例(42):

(42) If Kevin had a toy car, he would break it.

在例(42)中,Kevin 对于话语双方而言,具有真实性,这是一个真实空间(reality space),但发生在 Kevin 身上的事也具有虚拟性,在虚拟空间中,Kevin 有一辆玩具车。同时,例(42)还有一个想象性事件"他会破坏掉玩具汽车",即还存在一个想象空间(imaginative space)。这三个心理空间通过对应关系(correspondence),即三个心理空间所共享的成分"Kevin",最终实现了它们之间的整合。整合永远具有想象性,因为它不同于所输入的概念(Langacker,2015a:136),隐喻就是一种典型的概念整合,它通过目标域和始源域之间的对应关系,即二者之间的映射关系,实现了最终的概念整合(Langacker,2017c:36)。第 3 章已分析指出:本研究对象"花儿"语篇构式是一种隐喻性语义结构,具有丰富的想象性,其语义构建在本质上是概念整合的过程(参见第 7 章分析)。

离身性,相对于具身性而言,它指人们脱离特定语境的认知加工活动。一般来讲,离身性表现为一种心智模拟(mental simulation)(Langacker,2015a:137)。人们在具身体验的基础上,还存在一个心理建构体,如抽象化和概念整合等(Langacker,2008)。因此,相对于具身体验所获得的经验而言,经心理建构的经验脱离了具体的体验环境,具有了一定的想象性或虚拟性,是对具身体验所获得的鲜活经验的一种心理模拟。本研究对象"花儿"语篇构式的认知构建基于具身体验,但也具有一定的

---

① 我们将在下一小节简要概述心理空间和概念整合理论,并在第 7 章做出详细的介绍和分析。

离身性（详见第 7 章分析）。

抽象指"任何一种心理表征形成过程中固有信息量的减损（the loss of information inherent）"（Langacker，2015a：137）。也就是说，"记忆、概念或语义结构相对于它所依赖的原始经验的完整、丰富和具体的细节是经过提炼的。一个抽象结构在其内部特征或其在具体语境方面是经过提炼的"（Langacker，2015a：137）。对于这一思想，Goldberg 也持有同样的看法。Goldberg（2019：7）认为"构式便可理解为具有信息量减损性的记忆印记（lossy memory traces）的层创性聚群（cluster），它们具有共享的形式、功能和语境维度，并在此基础上以聚群方式排列在我们的高维度概念空间（high-dimensional conceptual space）内"。因此，在语言使用过程，人类经一定程度的频繁使用而提炼获得一种抽象性概念结构，并在大脑中留下一种记忆印记，为语义浮现（emergent）奠定了基础（Taylor，2012；Langacker，2016a；张韧，2018）。类型（type）就具有抽象性，是一种抽象性结构，它建立在对众多示例（instances）抽象化概括（generalization）的基础上（Langacker，1991b）。因此，"类型也就具有想象性，因为它已经超越了基线经验（baseline experience）"（Langacker，2015a：137）。如例（43）就是对一定范围内真实发生事件（actual occurrences）的概括化而形成的虚拟事件（virtual occurrence），即虚拟示例的概括化（generalization by means of virtual instances）。"每个人""开"和"一辆车"都是一些想象的示例，对于话语双方而言，他们并不真正知道是具体哪个人，具体开哪一辆车。

（43）每个人都开了一辆车。

本书第 3 章已经分析指出"花儿"语篇构式建立在对众多"花儿"语篇示例抽象化概括的基础上，它们具有共享的形式、功能和语境维度。因此，"花儿"语篇构式具有想象性，它是"花儿"歌手经频繁使用而提炼获得的一种抽象性概念结构，并在大脑中留下一种记忆印记。

（5）识解类型的重合性和统一性

上文介绍了与本书相关的四个识解类型：聚焦、突显、视角和想象力。通过上文介绍，我们发现，四个类型之间确实存在重合之处。概括而言，聚焦是对概念内容的选择，在选择过程中，被选中的概念内容自然具有一定的突显性。同时，选择概念内容的过程也会涉及视角的介入。因此，聚焦识解过程会关涉突显和视角。而聚焦、突显和视角等这些认知过程又在本质上都具有想象性，即"我们所体验的世界是在心智上得以构建"（Langacker，2015a：135）。因此，识解的四个类型相互关联，彼此重合，共同作用于语言表达式的语义构建过程（Langacker，2015a）。

最近几年，认知语法（Langacker，2012b，2016a，2017c）走向结构、加工和语篇的统一性（unified）阐释。Langacker 将使用事件的基本架构（architecture）图示化如图 4.7 所示。

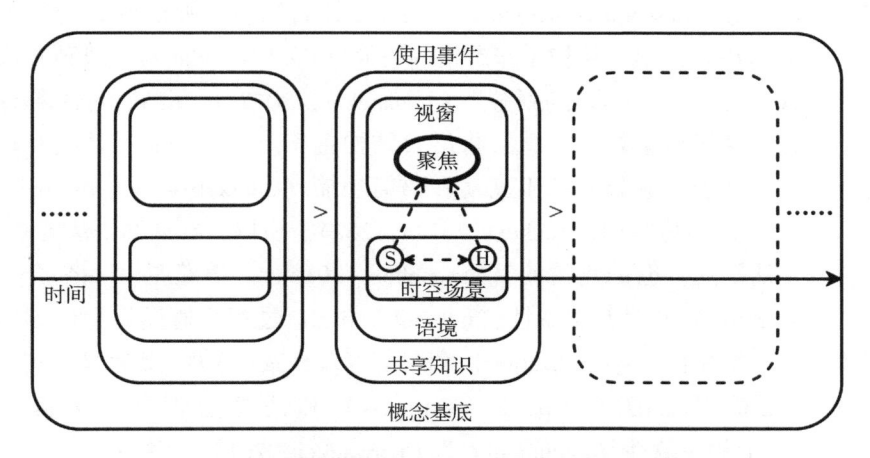

图 4.7 使用事件的基本架构（Langacker，2012c：3）

在图 4.7 中，识解的四个类型：聚焦、突显、视角和想象力构成了一个整体性架构。根据这一整体性架构，在特定的话语或语篇空间，基于一定的语境（context）和共享知识（shared knowledge），概念化主体（S 和 H）在一定的话语时空场景（G）中，以一定的视角将注意力聚焦于"台上"的概念内容，即当前所构建的注意力视窗（attention of window）或注意框架。注意力视窗中概念内容得以聚焦突显，形成语言表达式的显面。随着加工时间（T）的推进，注意力视窗依次移动，连续窗口（">"表示窗口的推进过程）中的概念内容被依次有序激活（activation），且窗口之间会出现不同程度的交叠，这正是不同窗口中概念内容得以整合的基础。由此可见，这一整体架构反映了人们建构世界所关涉的一系列认知过程：聚焦、突显、视角和整合（想象性或虚拟性）等，在此架构下，人们将所体验的经验世界在心智上得以构建，并最终在语言层面得以语码化表征。

　　Langacker（2016a，2017c）将以上所描述的这些概念内容看作是一个具有象征单位的使用事件的有机组成部分。一个使用事件可以是语言中的任何单位，如词、短语、小句和句子。使用事件的系列发生，就构成了话语或语篇。基于这一基本思想，最近几年，认知语法尝试实现对结构、加工和语篇做出统一性阐释。这一阐释进路充分体现了认知语法一直以来对语言阐释的两个基本特点①：统一性（unified）和可理解性（comprehensive）（Langacker，2017a：262）。所谓统一性是指"同样的认知能力和描述性概念（descriptive notions）可运用于语言结构的所有层面。所以，它（认知语法）对语言结构不作严格的边界（rigid boundaries）或独立成分（separate components）的划分"（Langacker，2017a：262）；可理解性是指"通过话语或语篇的形式，将语言结构置于（grounding）社会互动之中。因此，语言成分可基于互动和语篇功能（interactive and discursive function）得以描写"（Langacker，2017a：262）。所以，在认知语法看来，语言既是认知的，也是互动的（Langacker，2016a）。语篇是"一个合作性（cooperative）和交互主观性（intersubjective）过程，通过概念内容的聚焦选择、象征化（symbolization）和包装（packaging）②，交际双方实现了他们在意识范围（scope of awareness）和注意力聚焦（focus of attention）上的一致性（alignment）"（Langacker，2017a：280）。

4.3.2　认知参照点

　　认知参照点是概念识解（视角）中一个重要认知操作机制。认知参照点的概念源于心理学家 MacWhinney（1977）提出的"起始点"（starting points）思想。认知语言学家 Langacker（1991b，1993a，2008）正式将其引入语言学研究领域，重点分析了所有格构式（possessive constructions）、WH-词语、WH-问句、汉语双主语构式、代词回指关系、主题和类主题构式（topic and topic-like constructions）等有限的语言

---

①　Langacker（2017a：262）认为，认知语法对语言的阐释目标体现为三个基本特征：自然性（natural）、统一性（unified）和可理解性（comprehensive）。所谓自然性是指认知语法依赖于通用认知能力（general cognitive capacities），依赖于已知或可见的现象，寻求与其他学科研究结果的兼容性。

②　认知语言学家 Fauconnier 在其心理空间理论和概念整合理论中也强调概念内容的包装。

现象。认知参照点是普遍存在于人们日常经验之中的一种基本认知能力，指人们通过激活某一实体概念来建立与另一实体的心理接触（mental contact）（Langacker，1991b，1993a，1999，2003，2008）。认知主体在感知实体的过程中，总会倾向于选取一个具有较高凸显性的、易于识别的实体作为参照点，在参照点所激活的概念辖域内，以参照点为出发点来感知和认知目标，从而形成了一个从认知主体出发，经由参照点到目标的心理扫描路径。作为人类一种极为普遍的认知模型，认知参照点关系不仅体现在人类生活的方方面面，还体现在语言的各个层面。正如 Langacker 所言："认知参照点关系在我们的日常体验中如此基本和普遍，以至于概念和语法组织的多个层次上都对此有所体现"（Langacker，1993a：25）。

认知参照点的核心思想为人类有一个基本认知能力，即借助一个实体与另一个实体建立"心理接触"。首先被唤起的实体为"参照点"，经参照点通达的实体为"目标"（target），参照点可通达的潜在目标组成了其领地（dominion）（参见 Langacker，2008：83-85）。认知参照点关系如图 4.8 所示。依照图 4.8，概念化主体以 R 为参照点，在其潜在目标所组成的领地（D）中搜索并建立了与目标（T）的心理接触。Langacker（1991b：170）将这一理想化模型形象地描述为观察星空，观察者要想在星空中找到一颗想要的星星，他往往首先定位一个易定位的、明亮的星星，并以此为参照来寻找目标。认知参照点关系是人类语言表征上一个基本组织（Langacker，1991b，2008），人们通常利用认知参照点来建立起一个概念与另一个概念之间的心理联系。

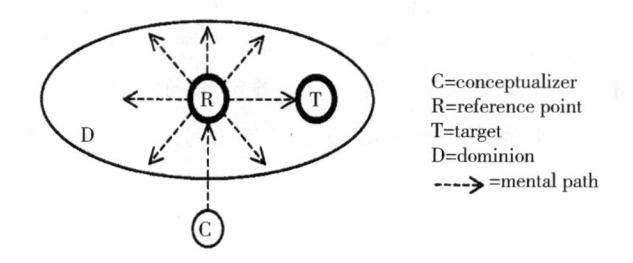

C=conceptualizer
R=reference point
T=target
D=dominion
---→ =mental path

图 4.8　认知参照点模型（Langacker，2008：84）

认知参照点体现在许多语言现象中。Langacker（1993a）分别分析了所属关系（possessive relationship）、并置（juxtaposition）和转喻

(metonymy) 等语言现象的认知参照点关系。如"小明的爸爸"这个短语中,"小明"充当了参照点,说话者通过参照点"小明"来建立起与目标"爸爸"之间的心理联系。参照点的选择基于凸显(salience)或可及性(accessibility),相对目标物体而言,被选定为参照点的物体具有较高的凸显度,凸显或可及性是实现认知推理的前提。因此,凭借经验观察的不对称现象是可以根据普遍认知原则推知,这些原则包括:整体比部分凸显;物理对象比抽象实体凸显;人拥有最大的认知凸显度(Langacker,1991b:167-171)。在语言表征层面,这些基本的组织原则在概念层面的允准和制约下得以显现。如短语"her head",以"her"为参照点来实现与目标"head"的心理联系,"her"被选择为参照点体现了人的整体(her)比部分(head)凸显的认知原则。

4.3.3 概念整合

概念融合或整合①是认知识解(聚焦和想象力)中一个重要认知操作机制。认知语法强调语言结构的组构性(Langacker,1987,2015a,2017c)。与此思想相一致的一个理论分析工具为:概念整合理论。它建立在 Fauconnier(1985/1994)心理空间概念的基础上,在 Fauconnier(1985/1994,1997,1998)等文献中相继提出,之后在《我们思考的方式》(Fauconnier & Tuner, 2002)一书中进行了详细论述和阐释。该理论是语义构建中最具影响的理论分析工具(Evans & Green, 2006:368)。Langacker(1991b:97)在 Fauconnier 心理空间的基础上提出了 CDS 概念。Langacker(2008:59)认为,心理空间就是一个 CDS②,它所包含的一切是交际双方在语篇展开过程中所共享的信息,是他们交流的基础。CBT 和 CDS 都涉及交际中一系列心理空间的处理。CDS 阐释的侧重点在心理空间之间依次推进和连接关系,在语篇衔接和连贯方面具有独特的理论贡献;而 CBT 的侧重点也在于心理空间之间的连接、映射和整合关系,

---

① 需要强调的是,概念整合理论本为认知语义学中一个重要理论模型,它与认知语法理论具有一定的关联之处,Langacker(2008,2017c)说明了概念整合在概念化过程的重要作用,并将其看作是识解想象力维度的重要部分。鉴于此,本书将其看作是认知语法中一个重要理论分析工具。

② 心理空间是随着思考和交流建立起来的,具有在线性、即时性和不稳定性;CDS 也是随着交际建立起来的,具有动态性。我们将在第 7 章就心理空间和 CDS 之间的关系进行详细论述。

在新创概念的构建和阐释方面具有特殊的理论贡献。二者的共同点在于都关注心理空间之间的连接关系。

Langacker（2008）认为，CBT 在概念化过程中具有重要作用，是人类具身体验基础上一个重要的心理建构体，体现了人类丰富的想象力和创造力。这是因为概念整合理论提出的一个重要理论动因即为概念隐喻理论对诸如例（44）这类句式的阐释力不足。概念隐喻理论对例（44）的阐释在于目标域的理解以始源域为基础，即从始源域"BUTCHER"到目标域"SURGEON"的映射关系。但概念隐喻理论在阐释时面临一个挑战，即如何阐释该句子的否定评价意义"不胜任"（Grady，Oakley & Coulson，1999）。因此，意义构建"不能仅仅依靠'简单'的概念映射或者建立心理空间之间的对应连接"（Evans & Green，2006：402）。概念整合理论认为，这一否定评价意义是一种浮现意义（emergent meaning），是两个空间整合后产生的层创结构（emergent structure）（Fauconnier，1985/1994；Fauconnier & Turner，2002）。

(44) That surgeon is a butcher.
(45) 约翰是玛丽的儿子。

概念整合理论的核心观点为：整合网络是一个如何产生建模（modeling）浮现意义的认知机制。Fauconnier 和 Turner（2002）提出了一个四空间的概念整合网络，如图 4.9 所示。

在概念整合网络中，有两个输入空间（input space1 和 input space 2），一个类属空间（generic space）和一个整合空间（blending space）。类属空间是两个输入空间所共享的抽象信息，起着连接两个输入空间的"桥梁"作用。整合空间包含新信息或者层创结构，这一结构不源自两个输入空间，它是两个输入空间元素经过整合所产生的新结构。例（45）激活了一个输入空间，即家庭框架的角色（role）"母亲"和"儿子"；另一个输入空间包括值（value）"玛丽"和"约翰"。类属空间为两个输入空间的抽象信息：女性和男性，它是两个输入空间实现跨空间连接的动因。整合网络在整合空间中压缩了这种"角色—值"（role—value）关系，即"玛丽"是"母亲"；"约翰"是"儿子"，最终形成一个层创性语义："约翰"是"玛丽"的"儿子"。因此，"整合"强调的是"整体大于部

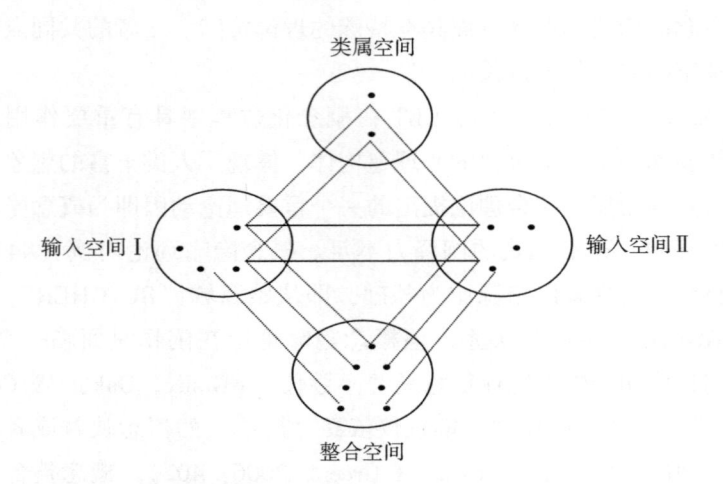

图 4.9　概念整合理论模型（Fauconnier&Turner，2002：46）

分之和"，即 1+1>2 的原则。

4.4 "花儿"语篇构式语义构建的理论阐释模型

本小节将结合认知语法语篇观——CDS 模型及其上文所介绍的理论分析工具——认知识解、认知参照点和概念整合，构建"花儿"语篇构式语义构建的认知阐释模型（见图 4.12）。

4.4.1 模型构建的理论目标

构建认知阐释模型的目标主要有以下三点。

第一，致力于将认知语法语篇观在语篇层面得以实践。上文（参见 4.2.3 小节）已经论述了认知语法语篇观之不足及将其运用到语篇层面的可拓展性。我们发现，认知语法语篇观分析重点放在句子结构中与话语相关的一些语言现象，并未真正上升到语篇研究层面，存在语篇单位论实践不够彻底和语篇整体与单句线性发展关系不够清晰（贺学勤，2009：13）等不足。另外，已有研究尚存理论分析工具涣散等问题，并未较好地处理各种理论分析工具之间的理论关系。认知阐释模型的构建旨在从整体上对"花儿"语篇构式的语义构建问题进行阐释，以期为认知语法理论在语篇层面的理论和实践研究起到一定的推动作用。

第二，致力于为"花儿"语篇构式语义构建提供了一个统一性的理论阐释模型，为语篇构式研究提供一种新路径。在文献综述部分，通过对"花儿"国内外学术史述评，我们发现，"花儿"语篇研究基本停留在静态描写层面，只有少数认知研究，且这些研究不成体系，相对零散，只是对"花儿"语篇的部分认知特征分析，尚未真正实现对其全面而系统的认知分析。本书在认知语言学研究范式下，以认知语法为理论基础，通过构建认知阐释模型，为"花儿"语篇构式语义构建提供一个整体性研究的理论阐释模型，以期为语篇构式研究提供一种新路径。

第三，致力于揭示"花儿"语篇构式的语义生成与建构过程及其所关涉的认知识解操作机制。基于认知语言学的哲学基础——体验现实主义（embodied realism）（Lakoff，1987），意义源于人类身体、大脑与环境之间的体验互动，这是意义的概念内容。在此基础上，语义构建还会关涉人的心理构建（Langacker，2008）。因此，意义具有两性："具身性"和"离身性"。通过认知阐释模型的构建，旨在明晰"花儿"语篇构式语义产生的根源及其"花儿"歌手的心理构建过程，即心理模拟（Langacker，2008）过程，以揭示"花儿"语篇构式语义构建的认知识解方式以及所涉及的认知操作机制。

4.4.2 模型构建的理论依据

"花儿"语篇构式语义构建的认知阐释模型是在认知语言学，尤其是在认知语法基本理论思想（上文已做出介绍，参见 4.1 和 4.2 小节）的指导下构建，这也是本理论阐释模型构建的前提基础。结合"花儿"语篇构式的隐喻性语义结构（参见第 3 章分析），本小节主要论述模型构建的具体理论依据。

（1）隐喻、语篇空间与认知识解三者之间的理论关系

"花儿"语篇构式的语义结构具有隐喻性，其背后的认知机制为概念隐喻（参见第 3 章分析）。识解是隐喻构建的认知基础，即隐喻的认知构建过程呈现为"前景—背景"式排列（Langacker，2008）。因此，隐喻、语篇空间和聚焦识解三者之间的理论关系是模型构建的重要理论依据之一。有鉴于此，认知阐释模型的构建须处理好隐喻、语篇空间和识解三者之间的内在理论关系。

第一，隐喻与识解的理论关系。在认知语法看来，隐喻义构建属于识

解的聚焦维度:"涉及如何选择概念内容用于语言表达,并按照广义上描述的(隐喻式的)前景与背景加以排列"(Langacker,1993b:456;2008:57)。隐喻就是一种不对称性现象,从始源域到目标域具有不可逆性(Lakoff & Johnson,1980),隐喻的始源域提供了建构和理解目标域的背景(Langacker,1999:208)。对于这一基本认识,Langacker(2008:58)曾就隐喻作为一种"前景与背景"式排列的聚焦识解做出过以下概括性论述:

> 隐喻的始源域相对于目标域具有某种初始性(precedence),始源域通常更为具体,或更直接根植于身体体验,它提供了目标域得以观察和理解的概念背景。在此背景下观照目标域,即会生成一个杂合域(hybrid domain),或者叫整合空间(blended space)。我们同样可以确凿地说,始源域与目标域共同构成了整合概念得以层创(emerge)的背景。整合空间不仅同时继承了始源域与目标域的选择性特征,而且是最直接被语言编码的成分。在此意义上,整合空间也被前景化了。(转引自兰艾克,2016:102)。

依照 Langacker 关于隐喻与识解的关系论述,可得知,隐喻的聚焦识解体现了域之间的认知参照关系(Langacker,1993b)和概念整合过程(Fauconnier,1997;Fauconnier & Turner,2002)。认知参照点关系体现在隐喻的始源域提供了目标域得以观察和理解的概念背景,也就是说,隐喻的目标域以始源域这一概念背景为参照。隐喻本身就是一种参照点活动,本体和喻体的比较过程就是参照过程(黄洁,2011:12)。概念整合过程体现在隐喻的目标域参照始源域整合生成一个杂合域。由此可见,隐喻义的构建过程就是一个前景化过程,概念内容以"前景—背景"式排列,经概念整合形成的杂合域位于最前景化位置。Nuttall(2018:156)将隐喻的这一前景化过程进行了图示化标示。在此基础上,我们做了进一步的修改,如图4.10所示。图中用粗细和虚实程度不同的线条标示从始源域到杂合域的前景化程度。杂合域中层创性语义(emergent meaning)位于最前景化部分。

第二,语篇空间与识解的理论关系。依照 Langacker(2008:59)关于语篇空间与识解的论述,语篇空间的动态推移过程本就是一个前景化的

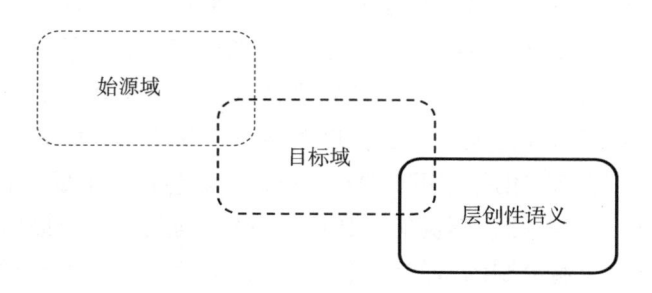

图 4.10　基于 Nuttall（2018：156）的隐喻概念识解过程

过程，呈现为"前景—背景"式排列。先前语篇空间是当前语篇空间构建和理解的基础。基于 Langacker（2008）关于语篇空间的聚焦识解论述，我们将其思想图示化如图 4.11。

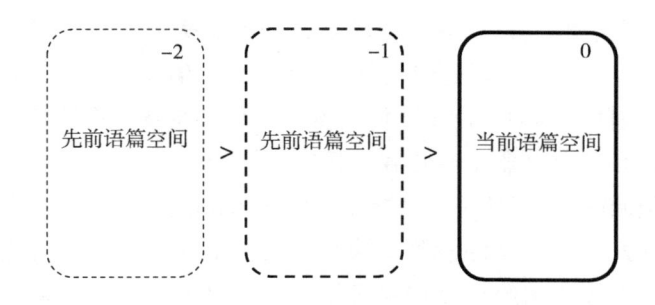

图 4.11　基于 Langacker（2008）的语篇空间识解过程

在图 4.11 中，语篇空间的前景化程度，我们用粗细和虚实程度不同的线条标示。">"表示语篇空间动态推移过程。从先前语篇空间（-2 和-1）到当前语篇空间（0）以"前景—背景"的模式排列，当前语篇空间位于最前景化部分。

第三，语篇空间和隐喻的理论关系。从语篇空间、隐喻与聚焦识解的"前景—背景"模型（见图 4.10 和图 4.11），我们可以看到，语篇空间和隐喻都是一个聚焦识解的"前景—背景"排列模式。那么，隐喻与语篇空间之间又是什么理论关系？我们认为，语篇空间与隐喻之间的理论关系会涉及隐喻与语篇空间的构建问题，即隐喻"图绘"语篇空间。

关于语篇和隐喻之间的理论关系，学界已有不少论述。如 Lakoff 和 Turner（1989）对诗歌语篇与隐喻的研究；Musolff 和 Zinken（2009）对隐喻意义与语篇活动的包孕关系分析；Steen（2009）对语篇中隐喻的认知心理学研究，以及隐喻在语篇构建中的主动地位研究（廖美珍，2014）等。邢嘉锋和李健雪（2015）则认为，以往这些代表性研究关于隐喻与语篇之间的理论关系论述，仍然存在一些不足，譬如他们对"隐喻在语篇中的动态变化并作用于语篇空间的动态生成的形成机制或动因并未做出解释"（邢嘉锋、李健雪，2015：32）。据此，他们提出了"语篇空间是一个由隐喻绘制的认知图（cognitive map），隐喻图绘的技术、方法和策略等识解手段，赋予了语篇意义和生命"（邢嘉锋、李健雪，2015：32-33），这一观点宏观地探讨了认知识解、认知图和语篇空间构建三者之间的理论关系，并在演讲语篇中作出了实践性分析。通过研读与思考，我们认同邢嘉锋和李健雪（2015）文章的基本观点，并在此基础上认为，隐喻与语篇之间的理论关系体现为隐喻在语篇空间动态构建过程起着"图绘"作用，语篇空间的动态移动依次提取和激活隐喻的始源域和目标域。就"花儿"语篇构式而言，"花儿"语篇空间本就是一个隐喻"图绘"的空间，因为"花儿"语篇构式的语义结构具有隐喻性，其背后的认知机制为概念隐喻（参见第 3 章 3.4 小节分析）。

需要强调的是，较以往隐喻和语篇之间的理论关系探究，虽然邢嘉锋和李健雪（2015）一文注意到了隐喻、语篇空间和识解三者之间的宏观理论关系：隐喻"图绘"手段赋予语篇的意义和生命的理论本质在于隐喻意义的概念化过程。这为本书构建理论分析模型提供了启示；但隐喻义的认知构建过程又会关涉一系列的识解操作机制，该文对于语篇空间、隐喻和识解三者之间在具体语篇分析层面尚缺乏一个可操作性的理论分析框架，具有"泛泛而谈"的特点。因此，该文也未能就隐喻如何作用于语篇空间的动态生成机制或动因做出充分的解释。

总而言之，隐喻、语篇空间和识解三者之间的理论关系体现为：隐喻和语篇空间的认知构建过程都呈现为聚焦识解的"前景—背景"式排列模式，隐喻的识解手段"图绘"语篇空间，给予语篇空间生命和意义，语篇空间的动态推移依次提取和激活隐喻义的始源域和目标域。隐喻、语篇空间和识解三者之间的理论关系是我们构建认知阐释模型的重要理论依据。以上分析表明，隐喻识解过程关涉认知参照点和概念整合两个重要认知机制。隐喻、语篇空间和识解三者之间的关系也会牵动 CDS、CBT 和 CRP 三个理论分析工具之间的理论关系。

(2) 当前语篇空间和认知参照点之间的理论关系

CDS 动态推移过程依次提取和激活了隐喻的始源域和目标域，而始源域又提供了目标域建构和理解的 CRP。语篇空间由隐喻"图绘"，即语篇空间的认知构建过程与隐喻的认知构建过程相一致。CDS 随认知加工时间的展开顺序依次提取和激活了隐喻的始源域和目标域，这是由 CDS 和隐喻在概念内容的"前景—背景"式排列的一致性所决定的。而隐喻的始源域和目标域之间又是一种认知参照关系，即目标域参照始源域得以理解和构建（Langacker，2008）。因此，CDS 的动态推移过程也是一个认知参照过程，而认知参照过程导引了隐喻聚焦识解的方向性。因此，认知参照点是概念提取与激活认知加工过程中建立心理通道方向性的认知操作机制。

另外，需要说明的是，笔者于 2019 年 3 月 29 日与 Langacker 教授就 CDS 和 CRP 的理论关系进行了邮件交流，Langacker 教授肯定了笔者的观点。关于笔者与 Langacker 教授就 CDS 和 CRP 之间的理论关系讨论详见第 6 章分析。

(3) 当前话语空间和概念整合之间的理论关系

CDS 模型中语篇空间之间的连接关系为概念整合奠定了基础①。CDS 模型可明确心理空间之间的连接关系，即先前语篇空间和当前语篇空间依靠隐喻的跨域映射（cross-domain mapping）关系得以连接，基于比较和范畴化操作得以连接（Langacker，2020）。就可操作性而言，CDS 模型不能较好地处理语篇空间之间的融合或者整合关系，还需依靠概念整合理论得以实现②，这也是概念整合的理论优势。因为语义构建"不能仅仅依靠'简单'的概念映射或者建立心理空间的连接"（Evans & Green，2006：402）。一些浮现性语义往往是概念整合的结果，如例（44）"That surgeon is a butcher"一句中否定评价义的来源。因此，CDS 模型在阐释语篇空间之间隐喻的跨域映射时显得操作性不强。

实际上，大量研究文献已经表明：隐喻的认知构建在本质上就是一个概念整合过程（Fauconnier & Turner，2002），即语义的前景化过程。隐喻的始源域提供了目标域建构和理解的背景，始源域和目标域最终经整合形

---

① 关于 CDS 和心理空间之间的理论关系具体阐释详见第 7 章。
② 这体现了在语篇空间整合层面，较 CDS 而言，CBT 更具可操作性，详见第 7 章分析。

成一个层创性语义，位于最前景化位置（Langacker，2008；Fauconnier & Turner，2002）。因此，概念整合理论能很好地阐释语篇空间之间的连接和整合关系。但概念整合理论模型尚不能阐释心理空间的聚焦识解过程，CDS可弥补这一不足之处。Mierzwińska-Hajnos（2016）尝试探索了CDS和CBT之间的理论关系，为本书构建理论模型提供了重要启示。但这一研究只是注意到了CDS和心理空间之间的理论关系，并未深究CDS较心理空间的理论优势，即并未考察心理空间的识解问题。总而言之，CDS和CBT之间的理论关系是我们构建认知阐释模型的重要理论依据。也是我们对认知语法语篇观——CDS模型——作出补充的重要缘由。关于CDS和CBT之间的理论关系详见第7章分析。

综上分析，隐喻"图绘"语篇空间，其在本质上是一种"前景—背景"式聚焦识解过程，语篇空间的动态推移过程依次提取和激活了隐喻的始源域和目标域，且目标域以始源域为背景参照得以构建，始源域和目标域最终整合形成一个层创性语义，处于最前景化位置。CDS、CBT和CRP三个理论分析工具之间的理论关系是我们构建认知阐释模型的又一个重要理论依据。

4.4.3 模型的基本思想

基于以上理论模型构建的理论依据分析与思考，本书提出"花儿"语篇构式语义构建的认知阐释模型，如图4.12所示①。首先，本部分解读模型的基本思想；其次，分析和论证模型的科学合理性；最后，分析模型的理论阐释优势以及运作条件。

认知阐释模型的基本思想为：在韵律群和信息结构等调配下，"花儿"语篇构式依次构建一系列注意力视窗，在认知参照点的引导下，"花儿"语篇构式语义内容经序列式心理扫描依次得到聚焦突显，激活了"花儿"语篇构式隐喻性语义结构的始源域和目标域，两个域经整合形成浮现性语义。

依照图4.12，该理论阐释模型纵向上反映的是"花儿"语篇构式隐喻义识解的前景化进程。横向上反映的是"花儿"语篇空间动态推移进

---

① 该理论模型参照了Langacker（2008：60；2013：60）对"lipstick maker"聚焦概念组合图例的画法，具体参见本章图4.4。

程，随着加工时间展开，依次激活了隐喻义的始源域和目标域。该模型体现了隐喻"图绘"语篇空间（邢嘉锋、李健雪，2015）的作用，从整体上展示了"花儿"语篇构式的语义构建过程及所关涉的认知操作机制。

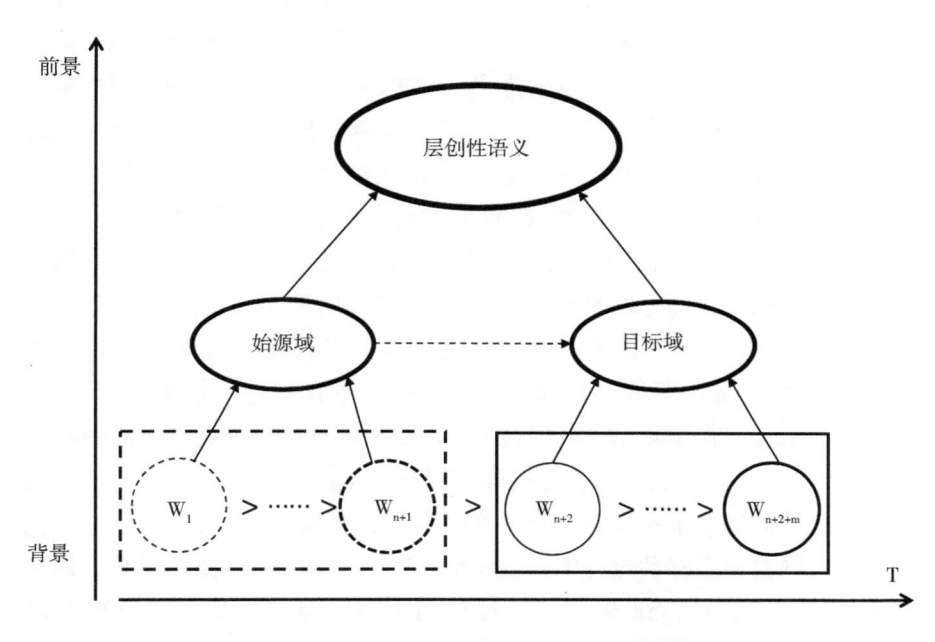

图 4.12 "花儿"语篇构式语义构建的认知阐释模型

需要强调的是，横向和纵向不是相互分离、相互独立的认知过程，而是一个统一的整体性认知加工过程，它们之间相互关联，共同作用于"花儿"语篇构式的动态认知加工过程。该模型很好地体现和反映了 Langacker（2016b，2017a，2020）关于语言结构加工的基本理论思想，即语言结构的序列性和层级性组织（serial and hierarchical organization）。认知加工过程中连续注意力视窗代表语篇构式语言组织的序列性组织；不同注意力视窗中的成分经连接和整合形成层创性语义结构，这是语言结构的层级性体现。图 4.12 中，横向上即为语篇认知加工活动中连续注意力视窗的推移过程，体现了"花儿"语篇构式语言组织的序列性特征；纵向上为不同注意力视窗中概念成分整合形成新的层创性结构的过程，体现了"花儿"语篇构式概念组织的层级性特征。随着认知加工时间的推进，这两个过程同步进行，共同作用于"花儿"语篇构式的动态认知加工过程。以下分别从横向和纵向两个维度出发对该理论阐释模型做出详细解读和说明。

在横向上，随着认知加工时间进程，"花儿"歌手以韵律等为单位开启"花儿"语篇空间的注意力视窗，以句法的平行式等手段导引语篇空间依次动态推移。依照CDS模型思想，"花儿"语篇空间在动态推移过程中依次形成一系列相互关联的注意力视窗，这些注意力视窗随着认知加工时间进程依次展开并不断得以聚焦突显和更新。根据语篇空间的聚焦识解思想（见图4.11），从W_1到W_{n+2+m}[①]依次得以聚焦突显，W_1到W_{n+2+m}是一个前景化过程，以"背景—前景"的方式排列。又依据"花儿"语篇构式的隐喻性语义结构，从W_1到W_{n+1}的动态移动过程提取和激活了"花儿"语篇构式隐喻义的始源域，并得以聚焦突显，从W_{n+2}到W_{n+2+m}提取和激活了目标域，并得以聚焦突显。因此，从W_1到W_{n+1}是一个前景化过程；从W_{n+2}到W_{n+2+m}也是一个前景化过程。依照隐喻的聚焦识解模型（见图4.10），从始源域到目标域也是一个前景化进程，始源域为背景，目标域为前景。在图4.12中，我们用粗细程度不同的虚线和实线圈标示从W_1到W_{n+2+m}的概念聚焦突显过程，用虚实不同程度的方框标示从始源域到目标域的概念聚焦突显过程。概括来讲，在横向上，从W_1到W_{n+2+m}的注意力视窗动态移动过程中，会经历三次不同程度的前景化过程，即从W_1到W_{n+1}，从W_{n+2}到W_{n+2+m}以及从始源域（W_1到W_{n+1}）到目标域（W_{n+2}到W_{n+2+m}），其中有两次注意力视窗的更新，即从W_1到W_{n+1}和从W_{n+2}到W_{n+2+m}的更新，一次注意力视窗的转化，即从始源域到目标域的转化。

在纵向上，W_1到W_{n+1}作为背景整合形成隐喻的始源域，W_{n+2}到W_{n+2+m}作为背景整合形成隐喻的目标域。始源域提供了目标域得以观察和理解的概念背景，即目标域以始源域为认知参照。在图4.12中，从始源域到目标域单向虚线箭头表示认知参照点过程。在此基础上，始源域和目标域又同时作为背景整合形成一个层创性语义，位于最前景化位置[②]。因此，纵向上的概念层级性整合过程是一个语义前景化过程。我们用加粗的

[①] "花儿"语篇空间一般为4或6个，以4个占绝大多数，且上下两半段的语篇空间数量相等，即上半段有2或3个语篇空间，下半段也有2或3个语篇空间。因此，当n等于1或2，m也等于1或2。

[②] 这一思想与Langacker（2008：60；2013：60）分析"lipstick maker"的聚焦概念组合思想相一致，具体参见本章图4.4。

方式标示纵向上的概念前景化程度，层创性语义的椭圆线条最粗，它位于最前景化位置。

该模型揭示了"花儿"语篇构式语义构建的聚焦突显识解方式及其所关涉到的认知操作机制：认知参照点和概念整合，从整体上厘清了隐喻、语篇空间和认知识解以及 CDS、CBT 和 CRP 之间的复杂理论关系。依照图 4.12，隐喻"图绘"整个"花儿"语篇空间。从 W_1 到 W_{n+1} 提取和激活了隐喻的始源域，从 W_{n+2} 到 W_{n+2+m} 提取和激活了目标域，隐喻赋予整个"花儿"语篇空间意义和生命，这也充分说明"花儿"语篇构式概念组织的连贯性。另外，该模型也厘清了所关涉的理论分析工具在"花儿"语篇构式语义构建过程中各自的理论作用以及彼此之间的理论关联性。从整体上来看，"花儿"语篇构式的语义构建过程涉及概念的聚焦突显、认知参照和整合。

4.4.4 模型的主要内容

新建的认知阐释模型可从三个侧面具体考察和分析"花儿"语篇构式的语义构建过程，即"花儿"语篇构式的语义聚焦突显模式、概念提取和激活的认知路径和语义在线构建的概念整合过程。

（1）"花儿"语篇构式的语义聚焦突显模式。依照 CDS 模型的基本思想（Langacker，2008，2012b，2016a），先前语篇空间是当前语篇空间构建的基础，这种不对称关系，是一种语义内容"前景—背景"排列的聚焦识解模式（见图 4.11）。随着"花儿"语篇构式语篇空间的注意力视窗动态推移，W_1 到 W_{n+1} 是一个语义前景化过程，各个注意力视窗的概念依次得以聚焦突显。W_{n+2} 到 W_{n+2+m} 也是一个语义前景化过程，各个注意力视窗的概念也依次得以聚焦突显。W_1 到 W_{n+1} 在整体上又是 W_{n+2} 到 W_{n+2+m} 构建的背景基础，即隐喻义目标域得以聚焦突显。注意力视窗内概念内容的连接关系决定了"花儿"语篇组织的衔接性和连贯性。关于"花儿"语篇构式的语义聚焦突显模式分析详见第 5 章。

（2）"花儿"语篇构式概念提取的认知路径分析。认知参照点是一种富有语法意义的心理扫描方式（Langacker，2008）。依照"花儿"语篇空间动态推移过程，先前语篇空间是当前语篇空间构建的参照背景，因此，从 W_1 到 W_{n+1}、W_{n+2} 到 W_{n+2+m} 都是一个认知参照过程。又鉴于隐喻是一种"前景—背景"排列的聚焦识解模式，始源域是目标域构建的参照背景，即始源域为目标域构建的认知参照点。在"花儿"语篇构式中，W_1 到 W_{n+1} 提取和激活了"花儿"隐喻义的始源域，W_{n+2} 到 W_{n+2+m} 提取和激活了目标域。W_1 到 W_{n+1} 是背景，W_{n+2} 到 W_{n+2+m} 是目标，W_1 到 W_{n+1} 是 W_{n+2} 到 W_{n+2+m} 构建的认知参照点。据此，我们将研究"花儿"语篇构式语义构建的认知参照点模式，从语义特征和语法形式等方面出发考察"花儿"语篇构式语义构建的概念提取路径。关于"花儿"语篇构式概念提取路径分析详见第 6 章。

（3）"花儿"语篇构式语义在线构建的概念整合分析。隐喻是一种"前景—背景"排列的聚焦识解模式，从始源域到目标域再到整合空间是一个语义前景化过程。始源域为目标域的构建提供了参照背景，二者在此基础上整合形成一个层创性语义。"花儿"语篇构式的语义动态构建就是一个在线概念整合过程，W_1 到 W_{n+1} 整合形成隐喻的始源域，W_{n+2} 到 W_{n+2+m} 整合形成目标域，始源域和目标域整合形成"花儿"语篇构式的隐喻性语义结构。关于"花儿"语篇构式语义前景化的概念整合机制分析详见第 7 章。

4.4.5　模型的科学合理性

新建的认知阐释模型不是我们随意思索的结果，它的构建具有一定的理据性和科学性。首先，这一模型的构建基于对隐喻、语篇空间和聚焦识解以及 CDS、CRP 和 CBT 三个理论分析工具之间理论关系的考虑和分析，具有很强的理据性。其次，这一模型充分体现了认知语言学，尤其是认知语法的一些基本理论思想和假设，具有一定的科学性。具体而言，模型的科学合理性主要体现在以下四个方面。

（1）模型充分体现了意义不仅涉及概念内容，还关涉人类识解这一基本认知能力。Langacker（1987，2008，2017a）等多次强调人类对体验基础上所获得概念内容的识解能力在语义构建过程中的重要作用。"花儿"语篇构式的语义结构具有隐喻性，它源于"花儿"歌手身体、大脑与原生态环境之间的体验互动，这是"花儿"语篇构式概念内容的来源。认知阐释模型在此基础上进一步展示了"花儿"语篇构式义不仅包括概念内容，还关涉对概念内容的聚焦突显这一认知识解方式。这充分体现了认知语法关于认知识解这一人类基本认知能力的主要思想。

（2）模型符合认知语法的概念层级聚焦组构思想。Langacker（2008，

2013)指出，聚焦是一个注意力问题，聚焦概念具有层级组构性，聚焦过程呈现为概念的"前景—背景"排列过程。如 Langacker（2008：60，2013：60）对"lipstick maker"聚焦组合性的分析（参见 4.3.1 小节分析，图例见图 4.4）。另外，本模型也符合隐喻概念提取和构建的层级性思想（Kövecses，2017，2020）。Kövecses（2017）认为，隐喻构建涉及的概念结构具有层级性，主要包括意象图式、域、框架和心理空间，它们之间是一个概念抽象度的层级性问题。意象图式最抽象、域和框架次之、心理空间抽象度最低（Kövecses，2020）。CDS 就是一个与心理空间相当的概念（Langacker，2008），它们为人类工作记忆中的概念结构。意象图式、域、框架为长时记忆中概念结构。处于心理空间层面的隐喻义构建可提取和激活长时记忆中的意象图式、域和框架层面隐喻义（Kövecses，2017，2020）。本模型的运作符合这一隐喻义层级性构建思想，CDS 的动态推进过程依次提取和激活了隐喻始源域和目标域概念（参见第 5 章 5.2 小节分析）。

（3）模型充分展示了概念化的动态性。动态性是概念化的一个重要特征（Langacker，2012b，2016a，2017c）。Langacker（2017c：第四讲）专门探讨了概念化的动态性问题。一个基本思想即为：语言结构在本质上是动态的，是一种加工活动，任何语言单位都是一个已经建立的活动模式，在本质上具有动态性。已经固化的语言单位也可以被再次激活使用，语言结构的语义构建和理解是一个动态提取与激活的认知加工过程。本模型充分展示了"花儿"语篇构式语义概念化的动态性，这主要体现在：随认知加工时间进程，"花儿"语篇空间动态推移，依次提取和激活隐喻义的始源域和目标域等过程。

（4）模型符合语篇语法结构的拟像性原则。语言结构的形式和语义具有拟像性（Haiman，1985）。语法具有临摹性，Hiraga（2005）认为，诗学话语总能体现出隐喻和象似性的某种程度象似性呈现。Freeman（2009）认为，诗学象似性体现为意义和形式在创造前范畴现实的相似性关系。本模型的运作与"花儿"语篇构式的语法结构相一致，"花儿"语篇构式的隐喻性语义结构和语法结构具有象似性。

综上所述，本章构建的理论阐释模型较好地反映了认知语言学，尤其是认知语法一些基本的理论思想和假设，能较好地揭示"花儿"语篇构式语义构建的概念识解方式及其所关涉的认知操作机制，具有一定的理据性和科学性。

4.4.6 模型的阐释优势和运作条件

较其他相关理论模型,本章构建的理论模型的阐释优势在于:

(1)阐释清楚了隐喻"图绘"语篇空间的动态形成机制。隐喻和语篇研究得到了学者的广泛关注和研究(如 Lakoff &Turner,1989;Musoloff & Zinken,2009;Steen,2009;廖美珍,2014;等)。邢嘉锋和李健雪(2015)指出,这些研究将隐喻在语篇中的动态变化并作用于语篇空间的动态生成的形成机制或动因并未做出解释。他们结合 CDS 模型和认知图概念,讨论了隐喻"图绘"语篇空间的作用,并未解释清楚语篇空间识解的具体形成机制。本书所构建的理论模型能较好地阐释隐喻"图绘"语篇空间的作用及其所涉及的认知识解机制。

(2)厘清了 CDS、CRP 和 CBT 在语言概念化过程中的理论关系。赵永峰(2013)提出概念整合立足于认知参照点的可行性和必要性。赵永峰(2014)提出基于认知参照点和自主依存的概念融合模式。吴越(2019)认为,认知参照点和概念整合理论各自都有不足,二者可以实现互补。很显然,以上文献已经认识到了概念整合与认知参照点和自主依存之间的理论关联性。在认知语法文献中,认知参照点和自主依存都是概念识解过程的认知操作机制,概念聚焦识解又具有组构性(Langacker,2008)。这些研究已经注意到认知参照点和概念整合之间的互补作用,并且概念整合立足于认知参照点。这与本书的理论模型思想相一致,但这些研究并未注意到语篇空间中概念的认知识解方式。Mierzwińska-Hajnos(2016)尝试探索了 CDS 和 CBT 之间的理论关系。但这一研究只是注意到了 CDS 和心理空间之间的理论关系,详细阐释了 CDS 的动态推移过程提供了一系列的心理空间,这些心理空间经概念整合形成新的概念知识。本理论阐释模型也符合这一思想。Mierzwińska-Hajnos(2016)一文旨在修补概念整合理论模型,仍然没有深究 CDS 较心理空间的理论优势,即并未考察心理空间的识解问题。本书所构建的理论模型可更进一步阐释心理空间的识解问题。尤为重要的是,本理论阐释模型厘清了识解、认知参照点和概念整合三者之间的理论互动关系,较以往相关研究更加全面而系统。也在一定程度上可增强认知语法在语篇分析层面的可操作性(具体见第 7 章分析)。

当然，本章构建的理论模型虽具备科学合理和较强理论阐释优势，但这一模型的运作条件有限。Langacker（2001a，2008，2012b，2016a，2017c）提出并经拓展的 CDS 模型，试图将结构、加工和语篇作出统一性分析。本理论模型将 CDS 和 CBT 结合起来，重点阐释了隐喻和语篇空间之间的理论关系，明确了隐喻"图绘"语篇空间的运作机制。因此，语篇的隐喻性语义结构为本理论阐释模型运作的前提条件，这对于隐喻和语篇构式研究具有一定的参考价值。本书将 CDS 在语篇研究层面得以实践和验证，证实了 CBT 和 CDS 共同主张的"融合"思想各有理论优势，在语篇层面，CBT 的融合思想更具可操作。但 CDS 和 CBT 的结合思想是否可以适用于所有宏观语篇研究尚需进一步探索。

4.5 认知视角下英译"花儿"语篇构式的基本理论进路

"花儿"语篇构式语义认知构建的理论阐释模型可充分揭示其语义构建过程及其所关涉的认知加工机制。这是"花儿"语篇构式语义表征的认知理据。这一理据对英译"花儿"语篇构式具有一定的理论指导和启示。因为翻译在一定程度上是寻找源语文本和目标语文本之间的思维或意义的对等性。Chafe（2018：93）认为，意义或思维应当为翻译的核心。据此，在"花儿"语篇构式语义构建模型思想的导引下，本小节将分析认知视角下英译"花儿"语篇构式的基本理论进路，为后文章节阐释"花儿"语篇构式语义构建模式、认知路径和认知机制及其英译启示奠定基础。

4.5.1 认知语言学的哲学观与"花儿"英译研究

鉴于意义或者思维为翻译的核心，基于人类体验认知的翻译活动自然对翻译具有重要理论启发。体验现实主义为认知语言学的哲学基础，基于具身认知之下的人类思维结构具有体验性、想象性和格式塔性，它们对英译"花儿"语篇构式提供了新的宏观性理论指导。

第一，具身认知下的"花儿"英译不但要考虑语言结构，也要考虑概念或者经验结构。认知语言学的哲学基础为体验现实主义（embodied realisim），它认为，概念系统来自人类身体体验，即具身认知（embodied cognition)。因体验性经验不同，人类的概念结构自然就不同，那么具身认知对"花儿"英译的启示就在于翻译中不但要考虑语言结构，也要考虑概念或者经验结构，需要更加关心概念结构或经验结构的再现，寻求概念结构的对等（文旭、肖开容，2019：5）。

第二，人类思维的想象性需英译"花儿"时遵循原文作者的隐喻性思维模式。上一章已经分析了"花儿"语篇构式的语义结构，即隐喻性语义结构。因此，英译"花儿"语篇构式时必须以原文的隐喻性思维模式为基础，在译文中寻找与之相对应的表达式。

第三，人类思维的格式塔特征需"花儿"英译活动遵循人类的认知规律。格式塔讲究看待事物的整体性。因此，英译"花儿"时应该从整体上把握"花儿"语篇构式的结构和意义，不能偏袒于任何一极。

4.5.2　认知语言学的语义构建观与"花儿"英译研究

在体验现实主义哲学观的基础上，认知语言学的语义观与生成语言学截然不同。具身认知的哲学立场为英译"花儿"提供了宏观指导，即思维结构或概念结构的对等性，思维结构的想象性和格式塔。在此基础上，认知语言学的语义构建观可为英译"花儿"语篇构式提供一些具体的路径性理论指导，具体体现在以下三个方面。

第一，充分考虑译者对"花心"的体验认知情况。语言能力是人的一般认知能力的一部分。因此，英译"花儿"必须考虑译者的体验认知过程。基于体验认知基础上的"花儿"英译活动追求语言背后思维结构的对等性。译者要准确传递"花儿"原文作者的思维结构，他必须与"花儿"原文作者具有相一致或相近的体验性经验，这才能确保"花儿"译文与原文功能的对等性。

第二，充分考量人类认知能力对英译活动的指导性作用。语言结构与人类的概念知识、身体经验以及话语功能有关。以此为据，英译"花儿"必须考虑其语言结构背后的认知理据。换言之，"花儿"原文语义构建过程中所关涉的认知机制自然也会对英译"花儿"提供理论指导。本章已经论述了"花儿"语篇构式语义构建所关涉的认知机制及其内在理论关联性和互动性，并形成了一个综合性理论阐释模型（见图4.12）。这一理论模型自然是英译"花儿"时所必须遵循的一些理论性指导原则。本书第5、第6和第7章将据此展开具体分析。

第三，充分考量语言结构形式与意义之间的关联性和整体性。认知语言学认为，词汇、形态和句法是一个连续体；语法结构具有象征性，它使概念内容象征化。英译"花儿"必须考虑形义之间象征性关系。上文已经指出，人类思维的格式塔特征需"花儿"英译活动时从整体上把握"花儿"语篇构式的结构和意义。这就关涉认知语言学的语言观，即构式是语言的"建筑材料"。据此，英译"花儿"必须从构式出发，需充分考虑构式的形式极和语义极，不能只顾及其中一极。

综上分析，认知语言学的哲学观和语义构建观可为英译"花儿"提供了新的理论指导。概括来讲，认知视角下英译"花儿"的基本进路为：必须充分考虑原文和译文概念结构的对等性，原文语言结构的认知理据以及原文语法结构的象征性。

4.6 本章小结

本章概述了认知语言学，尤其是认知语法的基本理论思想。并通过理论建模法，构建了"花儿"语篇构式语义构建的理论阐释模型（见图4.12），为后文提供了一个整体性理论分析框架。该理论阐释模型以认知语言学，尤其是认知语法的基本理论思想为前提进行理论思辨和构建的结果，符合认知语言学和认知语法的基本理论思想，也得到了一些相关文献的佐证，具有一定的科学合理性。据此，后文一些章节依据该理论模型思想从"花儿"语篇构式语义聚焦突显模式、概念提取和激活的认知路径和语义在线构建的概念整合过程三个侧面具体考察和分析"花儿"语篇构式的动态语义构建过程。在此基础上，进一步分析"花儿"语篇构式语义构建的认知模式、认知路径和认知机制对英译"花儿"语篇构式的理论启示性。

第5章 "花儿"语篇构式语义构建的聚焦突显认知模式及英译启示

依照"花儿"语篇构式语义构建的认知阐释模型（见图4.12），本章的研究目标为：首先结合"花儿"语篇构式的语法结构及其语义特征，重点考察和分析"花儿"语篇构式语义构建的聚焦突显认知模式。换言之，在认知语法语义构建提取与激活认知加工思想的指引下，本章将分析"花儿"语篇构式语义构建的认知识解操作方式，即聚焦突显认知模式。首先，本章概述语义构建提取与激活认知加工思想，为后文分析做好理论铺垫；其次，本章从"花儿"语篇构式使用事件的象征结构，"花儿"语篇构式提取与激活认知过程，以及聚焦突显与"花儿"语篇构式的信息组织这三个方面系统分析"花儿"语篇构式语义构建的认知加工过程；再次，本章依据"花儿"语篇构式语义构建的动态认知加工过程分析，进一步提炼"花儿"语篇构式语义构建的聚焦突显认知模式，并结合"花儿"语篇构式实例进行分类阐释。最后，基于"花儿"语篇构式语义构建的聚焦突显认知模式，本章分析这一认知模式对英译"花儿"语篇构式的理论启示。

5.1 语义构建的认知加工思想

在"花儿"语篇构式语义构建认知阐释模型（见图4.12）的导引下，本小节从使用事件的象征结构，语言单位提取与激活的认知加工过程，以及聚焦突显与语篇的信息组装这三个方面介绍认知语法关于语义构建的认知加工思想，为后文分析奠定基础。

5.1.1 使用事件的象征结构

鉴于认知语法对语篇的分析与其他语言结构的分析思路保持一致，追求结构、加工和语篇的统一分析。因此，基于使用事件推移形成的语篇也是一个象征结构，具有双极性（bipolar）。

认知语法（Langacker，1987，2008）一直认为，语言结构在本质上是象征性的，并提出了三个基本结构：语义结构、音位结构和象征结构，其中象征结构是语义结构和音位结构的结合体，即它是双极的，由语义极、音位极以及这两极之间的联系①（association）构成。对于语篇和认知语法之间的关系，Langacker 明确指出：二者都是"基于所有语言单位都来自对使用事件的抽象概括。每一个使用事件由一个综合的概念化组成，是一个完全语境化理解的表达式与一个在语音细节上细化的发音相匹配"（Langacker，2001a：144），这体现了认知语言学再语境化（recontextulizing）的语法考察法（Geeraerts，2006，2016：530）。有鉴于此，认知语法认为，语篇也是一个象征单位。与其他语言结构一样，语篇也有语义结构、音位结构和象征结构这三个基本结构，语篇的象征结构是其语义结构和音位结构的结合体。

Langacker（2001a，2012b，2016a，2017c）认为，象征结构的每一极由多途径（multiple channels）组成，语义极途径（conceptualization channels）一般包括信息结构（information structure）、描述内容（descriptive content）和其他轴组成；发音极途径（vocalization channels）一般由音段内容（segmental content）、韵律（prosody）和其他方式组成，其中描述内容和音段内容处于核心（core），信息结构和韵律起着调配性（modulation）作用，其他处于边缘（periphery），具体如图 5.1 所示。

结合以上论述，以例（46）为例（Langacker 2016a：32），我们先对认知语法语篇象征结构思想进行简要分析。

(46) A：*Sálly wáshed thĕ dóg?* <raised eyebrows>
B：*Nó!* <fist pump> *Shĕ wăshed thĕ cát.*

例（46）中，语义极和语音极相匹配的象征单位有：[［SALLY］-［Sally］][［WASH］-［wash］][［DOG］-［dog］]和[［CAT］-

---

① Langacker（2008）认为，联系是人类一种基本认知能力。

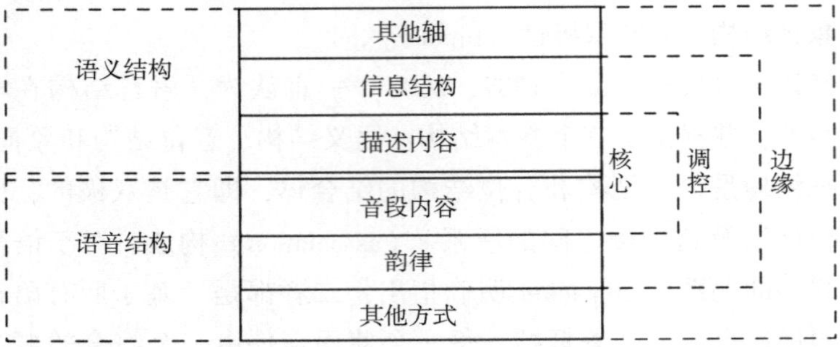

```
┌─────────────────────────────────┬─────────────┐
│           │      其他轴         │             │
│   语义结构 │      信息结构       │             │
│           │      描述内容       │  核 │ 调 │ 边 │
│           │      音段内容       │  心 │ 控 │ 缘 │
│   语音结构 │      韵律           │             │
│           │      其他方式       │             │
└─────────────────────────────────┴─────────────┘
```

图 5.1　使用事件的象征结构（Langacker 2016a：31）

[cat]]①；信息结构象征单位：[[新信息]-[´]][[旧信息]-[ˇ]]；话语或语篇标记象征单位：[[否定回答]-[no]]；所表达概念内容的韵律和肢体动作象征单位：[[强调]-[!<fist pump>]]和互动概念的韵律和面部表情象征单位：[[疑问]-[?<raised eyebrows>]]。例（46）中所有语义和语音表达途径中，语义和语音的象征单位处于核心，代表着语篇的基本概念内容；信息结构、韵律、肢体动作和面部表情等途径对核心象征单位起着调配作用，即对核心内容进行一定的包装组织，以一定的方式让核心内容成为连贯的交际性互动话语或语篇。

5.1.2　语言单位的提取与激活过程

语言单位相对固化，是对使用事件的抽象概括（Langacker，1987；Langacker，2017b；Evans，2019）。认知语法将任何语言单位，包括语篇在内，都看作是对使用事件的抽象化概括，是一个相对固化的单位。它将语言单位描述为已建立的活动模式：一种因固化（次结构的调整）而具有显著复现潜势的复杂神经事件（Langacker，2017b：40）②。也就是说，语言单位是逐渐形成的，需经多次复现（recurrence），每一次复现都有一些微调（minimal adjustment）。语言结构的浮现是基于一定频率重复基础上的渐进过程，但经固化的语言单位可被再次激活使用。因此，语言的使

---

① 按照认知语法对象征单位的标注惯例，大写表示语义极，小写表示语音极。

② A complex neural event with a significant potential for recurrence owing to entrenchment (adjustments in the substrate).

用和理解是一个不断提取与激活的认知加工过程,因为语言寄存于认知神经活动之中(Langacker,2012b,2016a,2017b,2019)。

Langacker(2012b)提出了用于语言单位分析的"提取—激活"思想。"提取—激活"的基本思想为:把移动的注意力视窗想象成交际双方观察所要描述客观场景(OS)的窗口。在任何时候,注意力视窗中只显示该客观场景的有限部分。语篇动态推进导引移动窗口依次提取目标概念(target conception)的不同方面,并在瞬间得以聚焦突显(focal prominence),注意力视窗依次移动和穿过目标概念,直到目标概念被充分覆盖(full cover)。出现在连续注意力视窗中的表达式不是独立的,每个已出现的表达式都为下一个即将出现的表达式提供了语境和激活模式。我们借助Langacker(2012c:9)对"Alice admires Bill"的分析来说明语言单位分析的"提取—激活"基本思想,如图5.2所示。

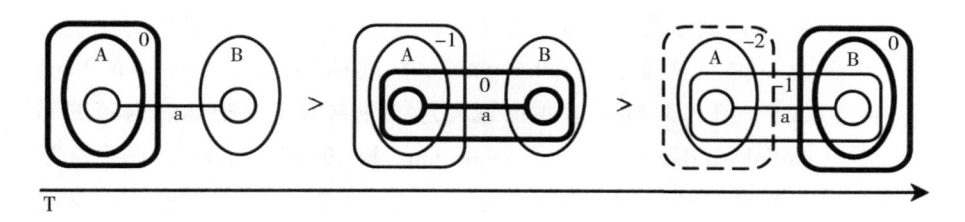

图 5.2　Alice admires Bill 的概念提取—激活过程(Langacker,2012c:9)

依照"Alice admires Bill"的"提取—激活"过程(见图5.2),"Alice admires Bill"的概念"提取—激活"过程随认知主体的认知加工时间(T)进程依次提取"Alice""admire"和"Bill",并在不同时间段得以聚焦突显。图5.2中 A 代表 Alice,B 代表 Bill,a 代表 admire,加粗表示当前提取概念的聚焦突显,0 表示当前注意力视窗,-1 和-2 表示依照目标概念提取顺序依次出现的先前注意力视窗。"Alice admires Bill"的形成是对"Alice""admire"和"Bill"等概念依次提取和激活后进行概念整合的结果。由图5.2可知,出现在连续注意力视窗中的概念内容具有交叠(overlapping)之处。每个连续注意力视窗中的加工活动都发生在前一阶段所创建的语境和激活模式中。Alice 在第一阶段得以聚焦突显;在第二个阶段,Alice 作为 admire 概念的第一参与者角色,admire 概念同时也聚焦突显了另外一个参与者角色。在最后一个阶段,Bill 填补了 admire 概念所调用的第二个参与者的角色,并得到了聚焦突显。由此可见,"语法"充当着概念化协同心智提取（coordinated mental access）的功能。语法结构不是一个静态实体，而是在不同时间维度上导引和聚焦注意力的动态性和交互主观性（intersubjectivity）过程（Langacker，2012c：10）。依照注意力视窗中概念内容的交叠性，Langacker（2012c：11）总结了三种基本的概念内容交叠关系：完全重合（coincident）、交叠和不相交（disjoint），如图5.3所示。

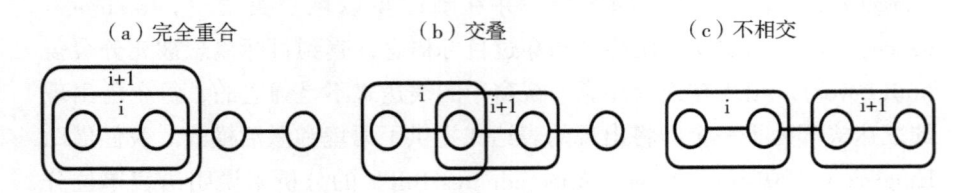

（a）完全重合　　　　　（b）交叠　　　　　（c）不相交

图 5.3　注意力视窗中概念的基本交叠关系（Langacker，2012c：11）

图 5.3（a）表示两个连续注意力视窗（i和i+1）中概念内容完全重合，体现为一种完全重复（full repetition）的话语，如"She shot him! She shot him!"图5.3（b）表示出现在连续注意力视窗中概念内容的部分交叠（partial overlap），如"She shot him, he died instantly"。两个注意力视窗中的概念"him"和"he"交叠。图5.3（c）表示出现在连续注意力视窗中的概念内容不存在重合，如"She fired the gun, he died instantly"。两句之间的概念连贯需要建立在激活相关背景知识的基础上，即前半句中的"gun"可激活"枪杀可致人死亡"等相关背景知识，据此可建立起"她开枪"和"他死亡"之间的概念连接关系。

对于语篇而言，它的形成是语篇空间连续动态推进和整合的结果。同其他语言结构一样，语篇的认知加工也是一个认知主体对概念内容进行提取和激活的认知加工过程。语篇的语法结构也不是一个静止的实体，它在不同时间段起着导引交际双方注意力动态性和交互主观性的作用。

5.1.3　语篇的信息组装方式

上一小节介绍了语言单位认知加工的"提取与激活"思想，据此便可发现，在语言结构提取与激活加工的不同时间段，所构建注意力视窗内的概念内容相继得以聚焦突显。可见，聚焦是"语言和认知的一般性特征，它是加工活动的主要因素"（Langacker，2015b：206）。鉴于聚焦存在于认知加工活动中,又鉴于从经验上来讲,我们观察的注意力视窗是有限的(Langacker,2012a,2012b)。因此,某一时间段所构建的一系列注意力视窗的范围也是有限的,它归属于更大时间段内更高一层级窗口(higher-level window)。所以,聚焦发生在语言结构的多层面组织(multiple levels of organization)(Langacker,2015b)。如图 5.3 中不同概念内容"Alice""admire"和"Bill"随加工时间在不同注意力视窗中分别得以聚焦突显,每个注意力视窗中的认知加工活动都发生在前一阶段所创建的激活模式之中。

依照结构、加工和语篇的统一架构(见图 3.3),聚焦突显属于语言结构描述组织的基本内容,即位于"台下"的交际双方对"台上"概念内容进行描述的交互主观化过程。但语法是"由描述和语篇因素(descriptive and discursive factors)相互作用所塑造而成"(Langacker,2015b:206)。也就是说,"描述结构(descriptive structure)和语篇结构(discursive structure)并不容易被分离,但最好被视为同一整体性组构的不同方面(facets of same overall assembly)"(Langacker,2015b:206)。因此,语篇结构也是语法形成的一个重要方面。所谓语篇结构,即"描述成分彼此之间如何相互关联形成一个衔接和连贯性语篇"(Langacker,2016a:40)。语篇组织的基本维度有话语管理(speech management)、句式之间的连接、信息结构、陈述顺序和内容的包装组织等(Langacker,2015b:206;2016a:40)。以 Langacker(2015b:207-208)对短语"football equipment repair facility"的分析为例,我们在此分析和说明描述组织和语篇组织这一基本思想,如图 5.4(基于 Langacker,2015b:208 和 Langacker,2020:39,有改动)所示。

图 5.4 展示了短语"football equipment repair facility"在多层面组织上的语义聚焦(semantic focusing)情况。加粗圆角方框标示在注意力视窗中话语双方得以聚焦的结构,即侧面,就注意力视窗中整个结构而言,它是侧面决定体(profile determinant)(Langacker,1987,2008)。具体而言,在第一组织层面,"football equipment"侧显"equipment","repair facility"侧显"facility"。在更高一级组织层面,"football equipment"和"repair facility"组构形成短语"football equipment repair facility",它在整体上侧显"repair facility",即它是整个短语的侧面决定体,因为整个短语表达侧显的是一种"facility"。这一分析体现了短语

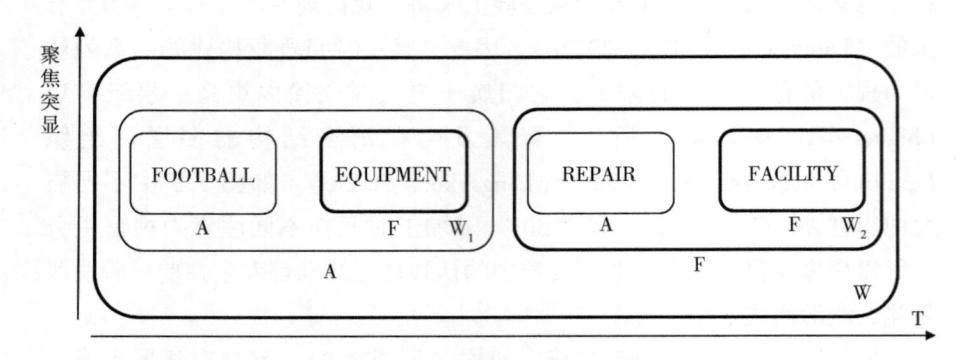

图 5.4　语义突显的层级性和信息包装组织方式

"football equipment repair facility"在纵向上语义聚焦的层级性，即语义内容的前景化过程。我们用向上的箭头标示纵向上语言结构在不同层面的聚焦突显过程。

鉴于描述结构和语篇结构为同一整体性组构的不同方面（Langacker，2015b：206）。图 5.4 也展示了该短语概念内容的包装组织方式，即交际双方描述性概念如何被关联和组构起来。在语义上，短语"football equipment repair facility"的概念成分"football""equipment""repair"和"facility"随加工时间的推移，在不同时间段依次被提取和激活，并在不同层面得以聚焦突显；在语音上，韵律群（prosodic grouping）组织了描述语义成分的音段内容（segmental content of descriptive elements）。因短语"football equipment repair facility"寄存于认知加工活动之中（Langacker，2012b），随着加工时间的推移，依据韵律群，依次构建了两个注意力视窗（W_1 和 W_2）。在 W_1 内，"football"第一个被提取激活，它位于短语开头，充当锚点（anchor，简称 A），对后续"equipment"的认知加工具有框架功能（framing function）（Langacker，2015b：208），即"football"是锚点，"equipment"是焦点（focus，简称 F），"football"为"equipment"的理解提供框架，激活了概念域，即提供了概念背景。相应地，在 W_2 内，"repair"是锚点（A），"facility"是焦点（F）。在更高组织层面，即在 W 内，"football equipment"是锚点（A），"repair facility"是焦点（F）。这一信息包装组织方式体现了短语"football equipment repair facility"随加工时间语义内容的前景化过程，即其语义内容以"前景—背景"式排列。

5.2 "花儿"语篇构式的认知加工过程

依据以上所介绍的认知语法关于语义构建提取与激活的认知加工思想，本小节开展"花儿"语篇构式语义构建的认知加工过程分析。

5.2.1 "花儿"语篇构式的象征结构

依照认知语法的使用事件象征结构（见图5.1），每一首"花儿"的产生都是一个寻找概念化和发音相匹配的过程。"花儿"使用事件具有双极性，由概念化（语义）和发音活动组成，概念化途径包括客观内容、信息结构和其他组成。发音途径包括音段内容、韵律群以及其他方式。Rubin（1995）指出，口头传统不同于书面写作，不是以句子为单位，而是以小句（clause）为单位进行创作。口头传统以小句为单位进行创作，一个小句为一个完整的韵律单位（rhythmic unit）；日常会话亦如此（Chafe，2018）。Person（2016a，2016b）已经发现，口头传统和日常会话在运作模式上具有一致性。口头程式理论认为，韵律单位就是歌手表达思想的基本框架（洛德，2004）。因此，口头传统同日常会话一样，"小句为工作记忆的基本单位"（Rubin，1995：86）。Bakker（2018/1997：135）和 Rubin（1995：86）指出："在口头传统中，语调和韵律单位相一致，都是人类记忆的基本单位。"有鉴于此，韵律群为"花儿"语篇构式的基本语音结构。借鉴 Langacker（2016a：31）对使用事件象征单位的标示方式，我们将"花儿"语篇构式使用事件的象征结构标示如图5.5所示。

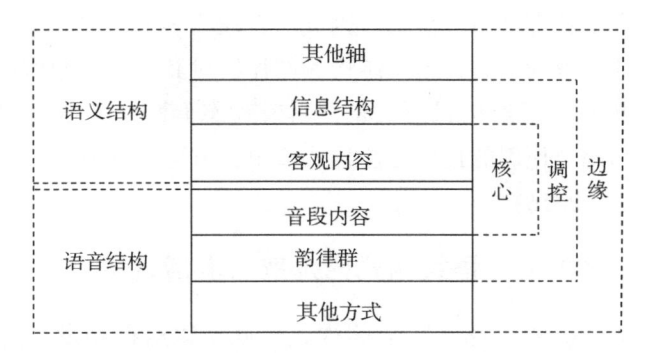

图5.5 "花儿"语篇构式的象征结构

图 5.5 中，概念化途径组成"花儿"语篇构式的语义结构，发音途径组成其语音结构。其中客观内容和音段内容为核心内容，信息结构和韵律群对核心内容起着调配作用，其他轴和其他方式处于象征单位的边缘。具体分析参见例（47）：

（47）山里的/牡丹/开千层，
　　　川牡丹/开了/两层；
　　　见下的/花儿/有千人，
　　　最好的/只有/你一人。
　　　（《六盘山花儿两千首》，第 11 页）

依照图 5.5，例（47）这首"花儿"语篇的概念化途径（语义结构）主要体现为客观内容，即概念化主体"花儿"歌手的体验性经验：山牡丹和川牡丹的开花样貌：千层和两层，以及爱人在众"花儿"中的独特性：千人中唯一一人。信息结构体现为：上半段为旧信息，而下半段为新信息，是注意力焦点之所在，以牡丹开花样貌来喻说爱人的独特性。发音途径（语音结构）包括音段内容和韵律群。音段内容体现为每一个韵律单位所调配的内容，即"花儿"语篇构式中每一小句内容，如"山里的牡丹开千层"。在音步上，每一个韵律单位被分割为三个音步，我们用斜线标注，如"见下的/花儿/有千人"。"花儿"歌手通过音步和韵律单位来调配语义和语音象征单位，每一个音步停顿一次，每一个韵律单位停顿一次，总体上以韵律为单位进行创作，因为这构成了一个完整的音段内容，具有完整的客观情景意义。因此，音段内容和客观情景是"花儿"语篇构式象征单位的核心，信息结构和韵律群对其起着调配作用。这些象征结构对"花儿"语篇构式语义构建具有动态调配性，通过调查分析在口头表演中起调节作用的这些语法构式清单，方可达到对口头诗歌的系统化研究（Boas，2016）。

5.2.2 "花儿"语篇构式的提取与激活过程

上一小节分析了"花儿"语篇构式的概念化途径和发音途径，明确了"花儿"语篇构式象征单位的核心：音段内容和客观情景，以及信息结构和韵律群对这一核心的调配作用。据此，本节将依据语言结构认知加工的"提取—激活"思想,进一步分析"花儿"语篇构式语义构建的认知加工过程。

Langacker(2001a: 144)指出:"一个使用事件就是话语双方所执行的行为,一般言说者具有能动性,……双方都必须处理某一个话语最基本的两极:概念化和发音"。"在一个成功的交际中,他们尽力去协调这一行为,将注意力聚焦于同一个构想实体(conceived entity)"(Langacker, 2001a: 144)。据此,在"花儿"语篇构式中,整首"花儿"是"花儿"歌手与听众所执行的行为,"花儿"歌手与听众以听觉互动的方式进行交流,在互动交流中依次处理每个使用事件的象征结构:概念化和发音两极(见图 5.5)。"花儿"歌手在表演中创作过程中,通过信息结构和韵律群等手段对核心概念内容进行调配,将注意力依次聚焦在"花儿"语篇构式上下两半段所构想实体的不同部分。

从经验上来讲,在某一具体时刻,我们的构想是有限的,我们的视域(visual field)也是有限的(Lakoff & Johnson, 1980; Langacker, 1987)。基于此,我们的概念场(conceptual field)也是有限的,概念场框限(delimit)了我们的概念化程度(Chafe, 1994; Langacker, 2001a)。Langacker(1991a, 2001b, 2008, 2012a, 2012b)将这一有限的视域比喻成我们在既定时刻通过窗口看世界,这一窗口被称作注意力视窗,其内部是我们所表达语义内容的侧显化(profiling)。Langacker(2001a, 2012a, 2012b, 2016a)借鉴 Chafe(1994, 2018)的语调单位观,主张以小句为构建注意力视窗的基本单位。对于语调单位观,Chafe(2018: 65)指出:"它是人类记忆的基本单位,不仅语言如此,音乐亦如此"。有鉴于此,结合上一小节分析,在"花儿"语篇构式中,韵律是作为"花儿"歌手构建注意力视窗的基本单位,因为一个韵律单位表达了一个较完整的客观情景意义。在"花儿"语篇空间动态推移过程中,一般需依次构建4个注意力视窗。"花儿"歌手随认知加工时间进程的推进,以信息结构和韵律群等为调配手段,依次构建每一小句"花儿"语篇构式概念内容的注意力视窗,这些注意力视窗依次聚焦突显了"花儿"歌手所构想实体的部分概念内容。如例(48):

(48)唱花儿不唱愁花儿,
　　　要唱个开口笑哩;

　　　　维花儿不维牛花儿，
　　　　要维个开口叫哩。
　　　（《中国歌谣集成·宁夏卷》，第74页）

　　例（48）这首"花儿"依照韵律单位可构建四个注意力视窗，连续注意力窗口中的认知加工活动都发生在前一阶段所创建的语境和激活模式中。随着注意力视窗的移动，上半段依次聚焦突显了"选择唱花儿"这一目标语义事件的不同部分，两个注意力视窗内的概念内容形成一种对比关系："不唱愁花儿"和"要唱开口笑"。下半段依次聚焦突显了"选择对象"这一目标语义事件的不同部分，两个注意力视窗内的概念内容也形成一种对比关系："不维牛花儿"和"要维开口叫"。上半段的激活模式为下半段的认知加工活动奠定了基础。上下两半段这两个目标语义事件经整合形成整首"花儿"语篇构式的描述目标（descriptive target，简称DT），即聚焦突显了下半段的情感内容，它是整首"花儿"的目标之所在。

　　综上分析，"花儿"语篇构式中每一个小句构建一个注意力视窗，上半段和下半段分别在不同的注意力视窗中形成。在上下两半段中，注意力视窗分别侧显的是同一事件概念内容的不同方面，但这些概念内容之间具有不同程度的概念连接性，例（48）通过对比的方式得以连接。依照Langacker（2012a，2012b），这种概念连接一般有完全重合、交叉和不相交三种方式。概念内容经连接而形成的概念整体即为描述目标（Langacker，2016a：35）。Talmy（2018：1）也将交际双方的这一联合性（jointly）描述目标称作目标（target）。据此，在"花儿"语篇构式中，上半段和下半段注意力视窗内的概念内容分别形成两个不同的描述目标（DT_1和DT_2），它们经连接最终整合形成一个整体性描述目标（DT）。

5.2.3　聚焦突显与"花儿"语篇构式的信息组装

　　根据上一小节分析，"花儿"语篇构式随"花儿"歌手认知加工时间（T）的推移，依次构建四个注意力视窗。在第一组织层面，上半段构建两个注意力视窗（W_1和W_2），它们在不同时间段聚焦突显DT_1的不同方面，其中W_1起着锚点（A）作用，为W_2的理解提供概念背景参照，具有框架功能。因此，W_1是锚点（A），W_2是焦点（F）。相应地，下半段也构建两个注意力视窗（W_3 和 W_4），它们在不同时间段聚焦突显 DT_2 的不同方面，W_3 是锚点（A），W_4 是焦点（F）。在更高一级组织层面，DT_1 是锚点（A），DT_2 是焦点（F），DT_1 为 DT_2 的理解提供概念背景参照。具体参见图 5.6。

从信息结构来看，上半段是旧信息，下半段是新信息。根据第 3 章分析，上下两半段之间为一种隐喻性映射关系，即上半段为始源域，下半段为目标域，从始源域到目标域的映射是一种基于比较和范畴化原则的结构性映射（Kuzmikova, 2018：36；Evans & Green, 2006）。最近，Langacker 在题为"Trees, Assemblies, Chains, and Windows"（Langacker, 2020：19）讲稿中指出，结构中的成分（element）以一定的方式彼此连接，常见的连接方式有三种：（1）不同注意力视窗中概念的交叠性；（2）联想：一个结构激活另一个结构；（3）比较和范畴化等连接操作（connecting operation）。另外，概念内容的连接不仅可以发生在构式之内，也可发生在构式之间（Langacker, 2003：13）。据此，"花儿"语篇构式上下两半段分别是基于概念内容的交叠得以组构，上下两半段之间是基于比较和范畴化的连接操作得以组构，因为隐喻在本质上就是一种基于比较和范畴化原则的结构性映射。因此，从"花儿"语篇构式的信息结构来看，上半段是锚点（A），下半段是焦点（F），上半段为下半段的理解提供概念背景参照。这与其隐喻的基本结构映射方向也具有一致性，即上半段充当参照点（R），下半段为目标（T）。所以，"花儿"歌手与听众之间的互动交流顺序也为：以上半段的景物描述开始，以下半段的情感描述结束。如例（49）：

（49）石头崖上的穗穗草，
　　　风刮者摆天下哩；
　　　身材不大者模样好，
　　　心肠儿盖天下哩。
　　（《西北花儿精选》，第 211 页）

例（49）这首"花儿"上下两半段分别基于概念内容的交叠得以组构。上半段两小句所交叠的语义内容为"穗穗草"，下半段两句所交叠的语义内容为"爱人"。上下两半段之间是基于比较和范畴化的连接操作得以组构。上下两半段的语义内容"风吹穗穗草摆天下"和"爱人心肠儿盖天下"采取一种平行式的句法表达,共享同一个抽象性图式结构"V天下",它们之间是一种基于抽象图式结构的类推性映射关系,是一种基于比较和范畴化原则的结构性映射。从信息结构来看,上半段第一句的描述是锚点,为第二句提供了概念参照背景,即提供了"穗穗草"这一认知域,第二句选择性聚焦于"穗穗草"认知域中的概念成分:风吹摆天下。下半段第一句的描述也为锚点,为第二句提供了"爱人"这一认知域,第二句选择性聚焦于"爱人"认知域中的概念成分:心肠儿盖天下。整体上来看,上半段是锚点,下半段是焦点,整首"花儿"以上半段的穗穗草状态来构建和理解自己的爱人。

综上分析与讨论,"花儿"语篇构式组织的基本维度体现为句式之间的连接、信息结构、陈述顺序和语义内容的包装组织等(Langacker,2015b:206;2016a:40)。其中句式连接体现在上下两半段之内;信息结构体现为上半段为旧信息,下半段为新信息,上下两半段通过比较和范畴化连接操作手段得以组构;陈述和语义内容的包装顺序也先以上半段开始,后以下半段结束。这充分体现了语法结构的拟像性原则(Haiman,1985)。

5.2.4 程式性语法结构对认知加工过程的动态调配

上文分析表明,韵律群、句法的平行式和故事模式(典型场景)等程式性语法结构对"花儿"语篇构式语义动态构建过程具有一定的调配作用。这充分体现了韵律群、句法的平行式和典型场景等语法结构的动态属性,这些语言表达式不是传统口头诗学所描述的静态实体,而是在不同时间维度上导引和聚焦"花儿"歌手和听众注意力的动态性和交互主观性过程(Langacker,2012c:10)。具体表现在以下三点。

(1)韵律群作为"花儿"歌手构建注意力视窗的基本单位。上文分析发现,在"花儿"语篇构式中,"花儿"歌手在整体上以小句为单位表达较完整的语义内容,为一个完整的韵律单位,它是"花儿"歌手构建注意力视窗的基本单位,导引"花儿"歌手和听众的注意力和交互主观性过程。

(2)句法的平行式导引"花儿"语篇构式上下两半段概念内容得以有序提取与激活。上文分析表明,"花儿"语篇构式上下两半段共享一个图式性概念结构,其抽取基于上下两半段句法的平行式,如例(46)。这一结构性映射主要基于两个域之间关系性结构的相似性,即类比推理所共享的抽象性图式结构。从本质上讲,这是由于隐喻对"花儿"语篇空间的"图绘"作用。鉴于隐喻的不可逆性特征(Lakoff & Johnson,1980),隐喻概念的提取和激活过程体现为先始源域、后目标域。由此可见,句法平行式导引"花儿"语篇构式上下两半段概念内容依次提取和激活这一认知加工过程。又鉴于"花儿"语篇构式上下两半段之间是一种基于比较和范畴化原则的结构性映射(Evans & Green,2006;Kuzmikova,2018:36;Evans,2019)。因此,基于比较和范畴化的连接操作是"花儿"语篇构式上下两半段得以组构的概念基础。

(3)典型场景导引"花儿"语篇构式概念内容的组装方式。"花儿"的口头诗学分析表明:典型场景,即"花儿"语篇构式的叙事模式体现为先描述景物、后叙述主题。上文分析表明,这一信息组织结构体现为上半段是锚点,下半段是焦点,下半段是整首"花儿"的描述目标;上半段对下半段的理解和构建提供了背景参照,上半段充当背景参照,具有框架功能,下半段为目标,上半段为下半段提供了语境和激活模式。因此,典型场景或信息结构导引"花儿"歌手与听众之间的互动陈述顺序、注意力聚焦突显和语篇构式的信息包装组织方式。

综上所述,韵律群、句法的平行式和典型场景等程式性语法结构不是一个静态实体,它们在不同的时间维度上导引和聚焦"花儿"歌手与听众之间注意力的动态性和交互主观性过程,具有动态属性。

5.3 "花儿"语篇构式的语义聚焦突显模式

基于上文对"花儿"语篇构式的认知加工过程的分析,本小节进一步提炼"花儿"语篇构式的语义聚焦突显模式,并介绍语义聚焦突显模式中所关涉的两个认知操作机制:认知参照点和概念整合。

5.3.1 "花儿"语篇构式的语义聚焦突显模式

基于"花儿"语篇构式的认知加工过程分析,以及韵律群、句法的平行式和典型场景等象征单位对"花儿"语篇构式认知加工过程的动态调配分析，我们提炼出"花儿"语篇构式的语义聚焦突显模式，如图5.6所示①。

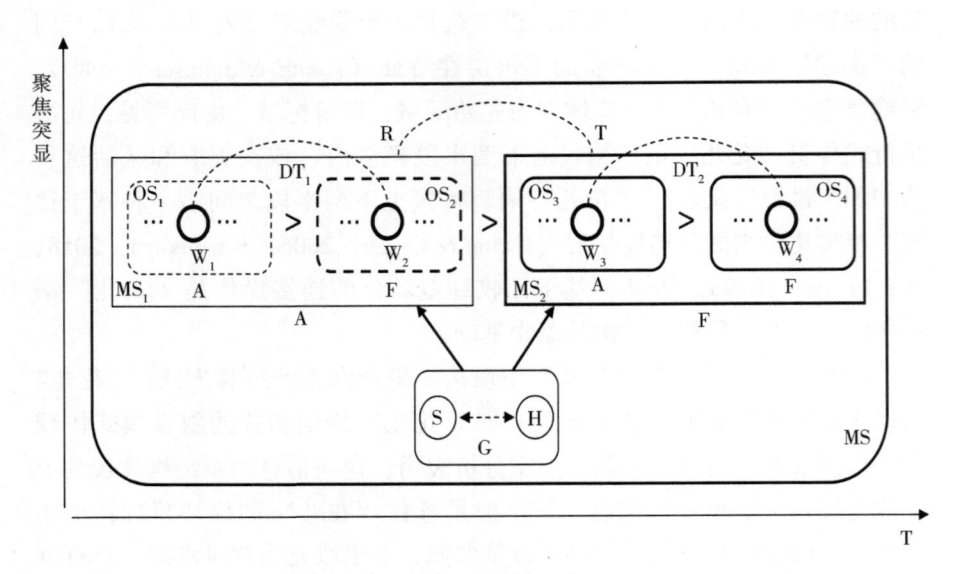

图 5.6 "花儿"语篇构式的语义聚焦突显模式

在图 5.6 中，S 表示"花儿"歌手，H 表示听众，双向虚线箭头表示他们之间的听觉互动关系。S 和 H，以及他们之间的互动关系组成了"台下"交际的时空场景（G）。位于"台上"的 OS_1 表示"花儿"语篇构式中第一小句（S1）所描述的客观场景，为第一个构建的注意力视窗（W_1）；OS_2 表示第二小句（S2）所描述的客观场景，为第二个构建的注意力视窗（W_2），W_1 和 W_2 两个注意力视窗经概念内容的重叠关系连接形成第一个描述目标（DT_1），图中用细线直角方框表示。相应地，OS_3 表示"花儿"语篇构式中第三小句（S3）所描述的客观场景，为第三个构建的注意力视窗（W_3）；OS_4 表示第四小句（S4）所描述的客观场景，为第四个构建的注意力视窗（W_4），W_3 和 W_4 两个注意力视窗经概念内容重叠关系的连接形成另一个描述目标（DT_2），图中用粗线直角方框表示。粗线小圆圈标示 DT_1 和 DT_2 分别在注意力视窗 W_1、W_2 和 W_3、W_4 中概念内容的交叠之处，弧形虚线对应关系表示它们在概念内容上具有不同程度的交叠性，为进一步概念整合的基础。在低层组织上，四个注意力视窗随加工

---

① 本图参照了 Langacker（2020：39）的图例画法。

时间（T）依次聚焦突显了 DT_1 和 DT_2 的不同部分。在更高层组织上，DT_1 和 DT_2 之间的概念连接依据它们之间的概念结构，即概念隐喻，通过比较和范畴化连接操作手段（用弧形虚线表示）得以整合，在整体上聚焦突显了 DT_2 的语义内容。图中纵向上箭头标示"花儿"语篇构式提取与激活加工活动过程中概念内容在不同层面的聚焦突显程度；横向上箭头标示认知加工时间进程。

四个注意力视窗（W_1、W_2、W_3 和 W_4）用虚实不同线条的圆角方框标示，这体现了先前语篇空间对当前语篇空间的基础作用。随着"花儿"语篇空间随加工时间的依次推移（">"表示语篇空间推移），DT_1 和 DT_2 的部分概念内容依次出现在每一个当前使用事件中，并得到了聚焦突显，即随着语篇注意力视窗依次构建，DT_1 和 DT_2 的部分概念内容分别依次出现在注意力视窗 W_1、W_2、W_3 和 W_4 中，并最终分别出现在注意力视窗的最大辖域（MS_1 和 MS_2）中。在高一级组织层面，DT_1 和 DT_2 分别选择性地提取和激活了隐喻始源域和目标域中的概念成分，它们之间是一种认知参照点关系：DT_1 为背景参照（R），DT_2 为目标（T），即 DT_1 为背景，DT_2 为前景，我们用线条粗细程度不同的直角方框来标示 DT_1 和 DT_2 语义内容的聚焦突显和前景化程度。在更高一级组织层面，DT_1 和 DT_2 通过比较和范畴化连接操作手段得以整合，形成一个层创性语义，位于最前景化位置。因此，整个聚焦突显认知识解过程是一个语义前景化过程。

5.3.2 参照点和概念整合：语义聚焦突显中的认知操作机制

认知语言学的基本理论假设为：语言与人类其他认知能力不是独立的（Langacker，1987；Croft & Cruse，2004；Evans，2019）。"语言识解操作是一般认知过程的示例"（Croft & Cruse，2004：46）。语义聚焦突显模式充分体现了注意力这一人类通用认知能力在"花儿"语篇构式语义构建过程中的作用。以上分析表明，认知参照点和概念整合是语义聚焦突显过程中两个非常重要的认知机制。认知参照点起着在认知加工过程中建立概念提取的心理路径，导引概念有序提取和激活。概念整合作用于语义聚焦突显这一前景化过程中概念的连接和整合作用。因此，聚焦突显、参照点和概念整合三个认知识解机制互动促成"花儿"语篇构式隐喻性语义结构的认知构建。需要说明的是，鉴于分析内容繁多，尚不能在一个章节内完成分析和论证，我们将分别在第 6 章和第 7 章展开分析和论证。本章以下部分将结合"花儿"语篇构式实例，分类详细阐释语义聚焦突显模式。

5.4 "花儿"语篇构式语义聚焦突显模式的分类阐释

依据"花儿"语篇构式的语义聚焦突显模式（见图 5.6），根据"花儿"语篇构式中注意力视窗之间概念内容的交叠关系，本小节将分为交叉型、对比型和语境勾连型①三大类进行阐释。为避免重复，本部分涉及的图例说明与图 5.6 相同部分将不再赘述。

5.4.1 交叉型

交叉型指"花儿"语篇构式上下两半段内两个小句（S1 和 S2，S3 和 S4）之间的概念内容具有交叉之处。根据交叉程度，上下两半段内两个小句之间的概念内容交叉情况又可进一步分为"交叉连接型Ⅰ""交叉连接型Ⅱ"和"部分—整体连接型"三大类。

（1）交叉连接型Ⅰ

交叉连接型Ⅰ指"花儿"语篇构式上下两半段内两个小句（S1 和 S2，S3 和 S4）之间的概念内容存在部分交叉现象，其在语言表达式上具有语词重复等明确的衔接手段。如例（50）—（52），语言表达上的衔接手段在例子中以下画线的方式标示。

  （50）唱花儿要上莲花山，
     莲花山有歌手哩；
     维花儿要走宁夏川，
     宁夏川有美女哩。
     （《六盘山花儿两千首》，第 2 页）

  （51）买了个木头者解板哩，
     解板是要搭个架哩；

---

① 即 Langcker（2012b）提出的不相交型（disjoint）。

维了个花儿要<u>打扮</u>哩，
<u>打扮</u>是要描着画哩。
(《六盘山花儿两千首》，第 33 页)

(52) <u>鲜桃鲜果</u>是人吃的，
那<u>它</u>是树上长的；
<u>尕妹子</u>俊俏是人要的，
那<u>她</u>是她妈养的！
(《六盘山花儿两千首》，第 106 页)

  例（50）中，上半段两个小句之间的概念交叉现象通过重复"莲花山"，下半段通过重复"宁夏川"。从信息焦点来看，上半段的信息焦点在第二句"莲花山有歌手"，下半段的信息焦点在第四句"宁夏川有美女"，整首"花儿"的信息焦点在下半段对找对象选择地点为"宁夏川"缘由的描述。例（51）中，上半段通过重复"解板"，下半段通过重复"打扮"。从信息焦点来看，上半段的信息焦点在第二句"解板是要搭桥"，下半段的信息焦点在第四句"打扮是要描画"，整首"花儿"的信息焦点在下半段对"花儿"的特征描述"爱打扮"。例（52）中，上半段通过代词"它"回指"鲜桃鲜果"，下半段通过人称代词"她"回指"尕妹子"。从信息焦点来看，上半段的信息焦点在第二句"树上长的"，下半段的信息焦点在第四句"她妈养的"，整首"花儿"的信息焦点在下半段对尕妹子的描述。

  以上这 3 例是"花儿"语篇构式中最常见的显性语义衔接手段，即采用重复语词和代词回指手段。例（50）—（52）均采用了这一手段，此类"花儿"语篇构式语义聚焦突显模式如图 5.7 所示。

  图 5.7 中，四个注意力视窗（W_1、W_2、W_3 和 W_4）分别表示"花儿"语篇构式中四小句所描述客观场景（OS_1、OS_2、OS_3 和 OS_4）的概念内容，随着加工时间（T）的推进，"花儿"创作者或演唱者依次构建了四个注意力视窗，并依次在不同组织层面上得以聚焦突显（图中用不同程度的加粗圆角方框标示）。在底层组织层面，W_2 是信息焦点，W_1 和 W_2 组构形成一个描述目标 DT_1；W_4 是信息焦点，W_3 和 W_4 组构形成一个描述目标 DT_2。在高一级组织层面，DT_2 为信息焦点，DT_1 和 DT_2 组构形成"花

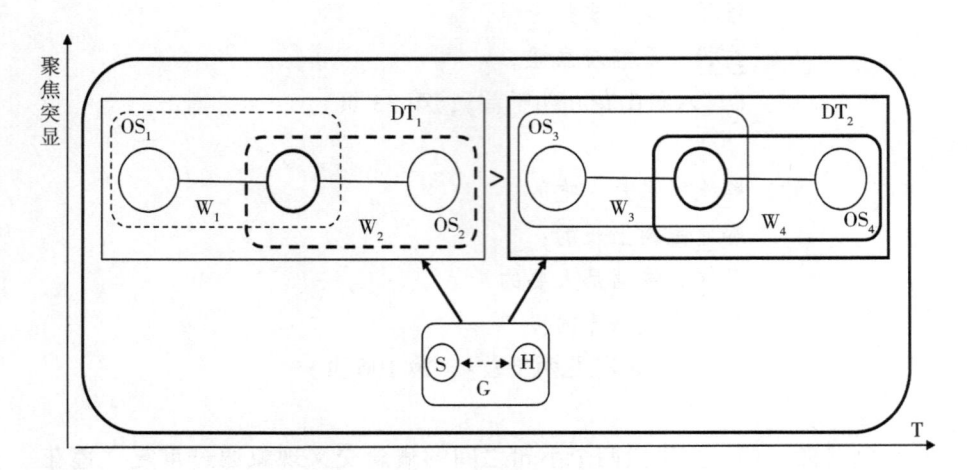

图 5.7　交叉连接型 I

儿"语篇构式的整体语义内容。在 W_1 和 W_2 中，通过重复和代词回指的手段（图中用加粗的圆圈表示语义内容的交叉之处），将两个小句的语义内容整合成一个完整的事件（DT_1）。在 W_3 和 W_4 中，也通过重复和代词回指的手段，将两个小句的语义内容整合成一个完整的事件（DT_2）。从 DT_1 和 DT_2 的抽象概念结构来看，它们共享一个抽象关系性图式结构。这一抽象图式是下半段以上半段为参照点进行语义类推的基础。从本质上来讲，DT_1 和 DT_2 之间的这种语义关系为隐喻，如例（50）的基本概念隐喻义为：寻找爱是参加表演。以参加唱"花儿"表演这一具体事件的抽象概念结构为参照来喻说寻找爱人这一相对抽象事件。据此，此类"花儿"语篇构式上下两半段之间的概念连接通过比较和范畴化连接操作得以实现。

（2）交叉连接型 II

交叉连接型 II 指"花儿"语篇构式中上下两半段内两个小句（S1 和 S2，S3 和 S4）之间的语义交叉现象在语言表达式上不具有明确的衔接手段。如例（53）—（55），我们用圆括号标示小句间语义内容交叉部分的隐性连接处。

(53) 房檐头上土响哩，
　　　我当（　）了白雨冷子；
　　　阿哥站在墙根里，

我当（　）了白杨树影子。
（《中国歌谣集成·宁夏卷》，第91页）

(54) 黑白二蛇长寿山，
　　（　）要盗个灵芝草哩；
　　爱人不管穷富汉，
　　（　）要图个心肠儿好哩。
（《六盘山花儿两千首》，第3页）

(55) 天上的叉叉燕双尾巴，
　　（　）不怕他猎手么打下；
　　只要咱二人话说下，
　　（　）不怕他杀人刀摆下。
（《六盘山花儿两千首》，第113页）

例（53）中，上半段两个小句之间的语义交叉之处体现在第一句整体作为第二句中动词"当"的对象，即"我"把"房檐头上土响"当作是白雨冷子，下半段第一句整体也作为第二句中动词"当"的对象，即"我"把"阿哥站在墙根"当作是白杨树影子。从信息焦点来看，上半段的信息焦点在第二句的"白雨冷子"，下半段的信息焦点在第四句的"白杨树影子"，整首"花儿"的信息焦点在下半段。例（54）中，上半段第一句中的"黑白二蛇"作为第二句中动词"盗"的主语，即"黑白二蛇"要盗灵芝草，下半段第一句中"爱人"作为第二句中动词"图"的主语，即"爱人"要图心肠好。从信息焦点来看，上半段的信息焦点在第二句的"要盗灵芝草"，下半段的信息焦点在第四句的"要图心肠好"，整首"花儿"的信息焦点在下半段。例（55）中，上半段第一句描述对象"叉叉燕"作为第二句中"不怕"的主语，即"叉叉燕"不怕猎人打下来，下半段第一句中"咱二人"作为第二句中"不怕"的主语，即"咱二人"不怕杀人刀摆出来。从信息焦点来看，上半段的信息焦点在第二句的"不怕猎人打下来"，下半段的信息焦点在第四句的"不怕杀人刀摆出来"，整首"花儿"的信息焦点在下半段。

以上这3例是"花儿"语篇构式中语义交叉部分最常见的隐性语义

衔接手段，即第一句整体或其主要对象作为第二句的动作实施者。例(53)—(55)均采用了这一类语义衔接手段，此类"花儿"语篇构式语义聚焦突显模式如图5.8所示。

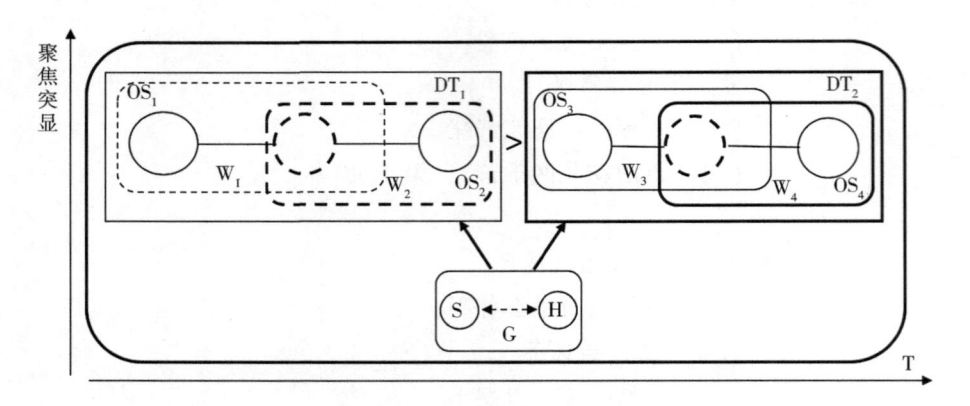

图5.8 交叉连接型 Ⅱ

与图5.7一样，图5.8中四个注意力视窗（W_1、W_2、W_3和W_4）也分别表示诸如例(53)—(55)此类"花儿"语篇构式中四小句所反映客观场景（OS_1、OS_2、OS_3和OS_4）的概念内容，"花儿"创作者或演唱者随着加工时间（T）的推进，依次构建四个注意力视窗，并在不同组织层面上得以聚焦突显（图中不同程度加粗的圆角方框标示）。在第一组织层面，W_2是信息焦点，W_1和W_2组构形成一个描述目标DT_1；W_4是信息焦点，W_3和W_4组构形成一个描述目标DT_2。在高一级组织层面，DT_2为信息焦点，DT_1和DT_2组构形成"花儿"语篇构式的整体语义内容。与图5.7的不同之处在于：在W_1和W_2中，通过将第一句整体或其主要对象作为第二句的动作实施者（图5.8中用虚线圆圈表示小句间语义内容交叉之处的隐性连接）的方式将两个小句的语义内容融合成一个完整的语义事件（DT_1）。与W_1和W_2一样，W_3和W_4也通过同样的连接手段将两个小句的语义内容融合成一个完整的语义事件（DT_2）。从DT_1和DT_2的抽象概念结构来看，它们共享一个抽象图式结构。这一抽象图式是下半段以上半段为参照点（R）进行语义类推的基础。从本质上讲，这也是DT_1和DT_2之间隐喻性语义关系使然的结果。如例(55)的基本概念隐喻义为：爱是共同抗争的行为。以"叉叉燕不怕猎人打"这一具体语义事件为参照来喻说爱人为争取爱情的共同抗争行为。据此，此类"花儿"语篇构式上下两半段之间的概念连接通过比较和范畴化连接操作得以实现。

（3）部分—整体连接型

部分—整体连接型指"花儿"语篇构式中上下两半段内两个小句（S1 和 S2，S3 和 S4）之间的语义交叉现象体现为部分和整体关系。如例（56）—（58），我们以下画线的方式在例子中予以标示描述对象之间的部分和整体语义关系。

(56) <u>好歌手</u>出在莲花山，
　　　<u>歌声儿</u>震天下哩；
　　　<u>俊花儿</u>出在宁夏川，
　　　<u>模样儿</u>赛娘娘哩。
　　　（《六盘山花儿两千首》，第 17 页）

(57) <u>白杨树树</u>谁栽来？
　　　<u>叶叶</u>咋那么嫩来？
　　　娘老子把<u>你</u>咋养来？
　　　<u>模样儿</u>咋那么俊来？
　　　（《中国歌谣集成·宁夏卷》，第 85 页）

(58) <u>货郎儿</u>担的是货担子，
　　　<u>腿</u>颤着走不动路了；
　　　<u>二阿哥</u>当兵在口外，
　　　<u>心</u>乏着吃不下饭了。
　　　（《六盘山花儿两千首》，第 143 页）

例（56）中，上半段两个小句之间的语义交叉之处体现在第一句中的"歌手"与第二句中的"歌声"为整体和部分关系，即歌手的歌声震天下，下半段第一句中的"花儿"与第二句中的"模样"为部分和整体关系，即俊花儿的模样儿赛娘娘。从信息焦点来看，上半段的信息焦点在第二句的"歌声震天下"，下半段的信息焦点在第四句的"模样儿赛娘娘"，整首"花儿"的信息焦点在下半段。例（57）中，上半段第一句中的"白杨树树"与第二句中的"叶叶"，下半段第一句中"你"与第二句中"模样"为整体与部分关系。从信息焦点来看，上半段的信息焦点在第二句的"叶叶嫩"，下半段的信息焦点在第四句的"模样俊"，整首"花儿"的信息焦点在下半段。例（58）中，上半段第一句描述对象"货郎"与第二句中的"腿"，下半段第一句中"二阿哥"与第二句中"心"为整体与部分关系。从信息焦点来看，上半段的信息焦点在第二句的"腿颤着走不动路"，下半段的信息焦点在第四句的"心乏着吃不下饭"，整首"花儿"的信息焦点在下半段。

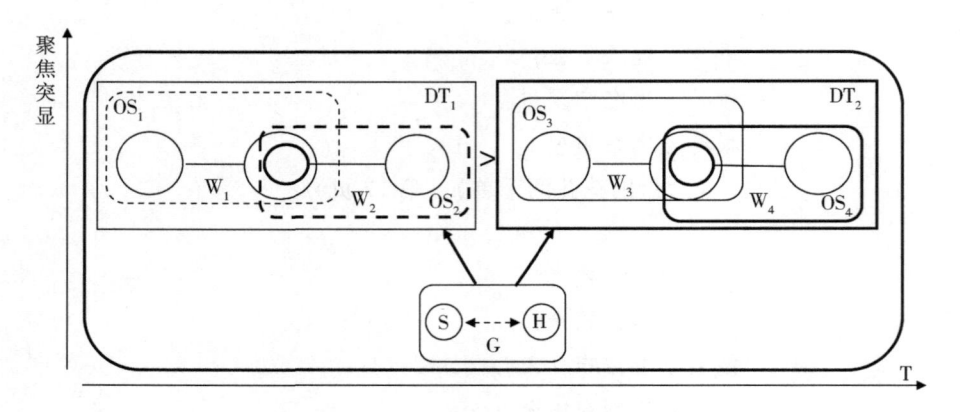

图 5.9 "部分—整体"连接型

以上这3例是"花儿"语篇构式中最常见的转喻式衔接手段，即第一句中的描述对象与第二句中的描述对象为整体与部分的语义关系。例（56）—（58）均采用了这一类语义结构，此类"花儿"语篇构式的语义聚焦突显模式如图5.9所示。与图5.7和图5.8一样，图5.9中四个注意力视窗（W_1、W_2、W_3和W_4）也分别表示"花儿"语篇构式中四小句所反映客观场景（OS_1、OS_2、OS_3和OS_4）的概念内容，"花儿"创作者或演唱者随着加工时间（T）的推进，并在不同组织层面上得以聚焦突显（图中不同程度加粗的圆角方框标示）。在第一组织层面，W_2是信息焦点，W_1和W_2组构形成一个描述目标DT_1；W_4是信息焦点，W_3和W_4组构形成一个描述目标DT_2。在高一级组织层面，DT_2为信息焦点，DT_1和DT_2组构形成整个"花儿"语篇构式的语义内容。

与图5.7和图5.8的不同之处在于：在W_1和W_2中，通过部分—整体的连接手段（图5.9中用两个包含关系的圆圈标示，其中加粗的小圆表示概念内容的重合之处）将两个小句的语义内容融合成一个完整的事件

（DT$_1$）。W$_3$和W$_4$也通过部分—整体的连接手段将两个小句的语义内容整合形成一个完整的事件（DT$_2$）。从DT$_1$和DT$_2$的抽象概念结构来看，它们共享一个抽象关系性图式结构。这一抽象图式是下半段以上半段为参照点进行语义类推的基础。从本质上讲，这是DT$_1$和DT$_2$之间隐喻性语义关系所使然的结果。如例（57）的基本概念隐喻义为：爱人的模样是植物的外貌。以白杨树的外貌为参照来喻说爱人的模样。据此，此类"花儿"语篇构式上下两半段之间的概念连接也通过比较和范畴化连接操作得以实现。

5.4.2 对比型

对比型指的是"花儿"语篇构式中上下两半段内两个小句（S1和S2，S3和S4）之间的语义为一种对比关系。这种语义对比现象在"花儿"语篇构式中体现为上下两个半段内两小句（S1和S2，S3和S4）实现了语义结构的重合性，区别之处在于所描述的对象有差异。如例（59）—（60），我们用下画线方式在例子中标示语义之间对比关系的语词。

（59）吃蒜要吃<u>红皮蒜</u>，
　　　不吃那山里的<u>小蒜</u>；
　　　维阿哥要维个<u>美青年</u>，
　　　不维那<u>白头的老汉</u>。
　　　（《六盘山花儿两千首》，第2页）

（60）大骆驼驮了个<u>毛蓝布</u>，
　　　驼娃儿驮了个<u>枣儿</u>；
　　　<u>丞妹子</u>好像个牡丹树，
　　　<u>二阿哥</u>是弹花的雀儿。
　　　（《中国歌谣集成·宁夏卷》，第94页）

（61）大燕麦结下的<u>燕麦铃</u>，
　　　小豌豆结下的<u>豆铃</u>；
　　　花儿就像那<u>穆桂英</u>，

<u>阿哥像佘太君的后人。</u>
（《六盘山花儿两千首》，第51页）

　　例（59）中，上半段两小句都描述"吃蒜"这一事件，第一小句表肯定：要吃红皮蒜，第二小句通过否定承接第一句：不吃山里的小蒜。两小句都表达"吃蒜吃×"这一语义事件，其差异在于"吃蒜"的对象×不同。下半段两小句都描述"维阿哥"这一事件例，第一小句表肯定：要维美青年，第二小句通过否定承接第一句：不维白头老汉。两小句都表达"维阿哥维×"这一语义事件，其差异在于"维阿哥"的对象×不同。从信息焦点来看，上半段的信息焦点在第二句的"不吃山里的小蒜"，下半段的信息焦点在第四句的"不维白头老汉"，整首"花儿"的信息焦点在下半段对选择维阿哥的描述。例（60）中，上半段两小句都描述"牧畜驮×"这一语义内容，第一小句和第二小句的差异在于牧畜和所驮之物×不同，即"大骆驼"与"驼娃儿"，"毛蓝布"与"枣儿"形成了比较。下半段两小句都描述"人的外貌"这一语义内容，第一小句和第二小句的差异在于人和人外貌所比喻的对象不同，即把尕妹子比喻成了牡丹树，阿哥比喻成了雀儿，"尕妹子"与"阿哥"，"牡丹树"与"雀儿"形成了比较。从信息焦点来看，上半段的信息焦点在第二句的"枣儿"，下半段的信息焦点在第四句的"雀儿"，整首"花儿"的信息焦点在下半段对阿哥和尕妹外貌的对比描述。例（61）中，上半段两小句都描述"植物的结果样态"这一语义内容，两小句的差异在于植物本身和植物结果样态不同，即"大燕麦"和"小豌豆"，"燕麦铃"和"豆铃"形成比较，下半段两小句都描述"人的外貌"这一语义内容，两小句的差异在于人和人外貌被比喻的对象不同，即花儿（女孩）被比喻成穆桂英，阿哥被比喻成佘太君的后人杨宗保，"花儿"与"阿哥"，"穆桂英"与"佘太君的后人"形成比较。从信息焦点来看，上半段的信息焦点在第二句的"豆铃"，下半段的信息焦点在第四句的"佘太君的后人"，整首"花儿"的信息焦点在下半段对"花儿"和阿哥的对比描述。

　　以上这3例是"花儿"语篇构式中最常见的语义结构重合类型，即两小句所描述的主体语义内容具有重合性，在所涉及的对象及其语义结构的否定和肯定方面有差异。例（59）—（61）中均采用了这一类语义结构，此类"花儿"语篇构式的语义聚焦突显模式如图5.10所示。图5.10

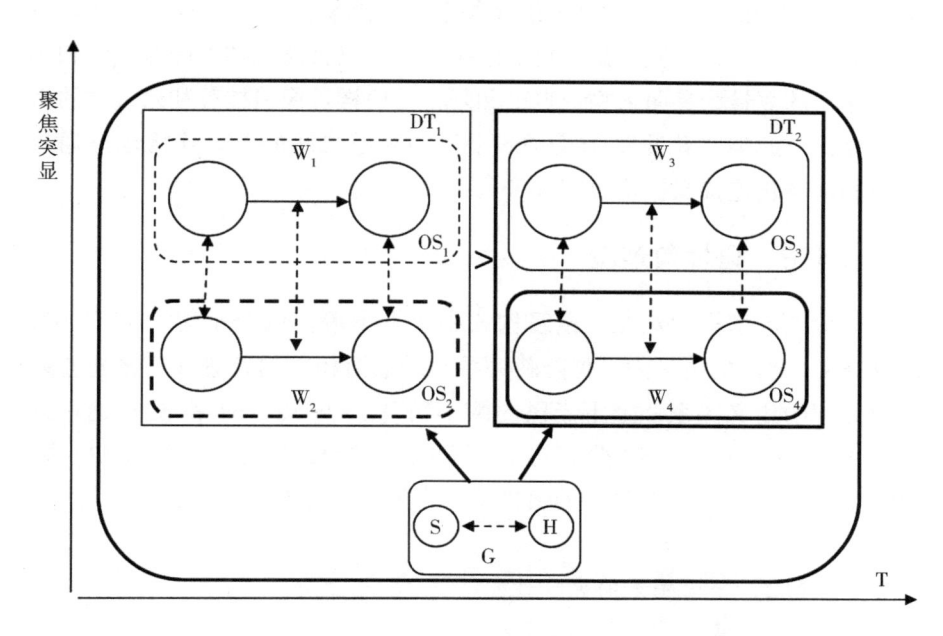

图 5.10 对比型

中四个注意力视窗（W_1、W_2、W_3 和 W_4）分别表示"花儿"语篇构式中四小句所反映客观场景（OS_1、OS_2、OS_3 和 OS_4）的概念内容，"花儿"歌手随着加工时间的推进，依次构建四个注意力视窗，并依次在不同组织层面上得以聚焦突显（图中不同程度加粗的圆角方框标示）。在第一组织层面，W_2 是信息焦点，W_1 和 W_2 组构形成一个描述目标 DT_1；W_4 是信息焦点，W_3 和 W_4 组构形成一个描述目标 DT_2。在高一级组织层面，DT_2 为信息焦点，DT_1 和 DT_2 组构形成整个"花儿"语篇构式的语义内容。

与以上其他模式的不同之处在于：在 W_1 和 W_2、W_3 和 W_4 中，通过对比的手段（图 5.10 中用双向虚线箭头表示两小句之间的语义对比关系）将两个小句的语义内容融合成完整的语义事件（DT_1 和 DT_2）。如例（59）上半段两小句描写了同一个语义事件内容："吃蒜"，双向虚线箭头表示"要吃"和"不吃"，"红皮蒜"和"小蒜"之间的语义差异性对比；下半段两小句描写"维阿哥"这一语义事件内容，双向虚线箭头表示"要维"和"不维"，"美青年"和"老汉"形成的语义差异性对比。从 DT_1 和 DT_2 的抽象概念结构来看，它们也共享一个抽象关系性图式结构。这一抽象图式是下半段以上半段为参照点进行语义类推的基础。从本质上讲，DT_1 和 DT_2 之间的这种语义关系也为隐喻。如例（61）的基本概念隐喻义为：爱人的模样是植物的结果样态。以大燕麦结下的燕麦铃和小豌豆结下的豆铃为参照来喻说自己和阿哥的模样：像穆桂英和佘太君的后人。据此，此类"花儿"语篇构式上下两半段之间的概念连接也是通过比较和范畴化连接操作得以实现。

5.4.3 语境勾连型

语境勾连型指"花儿"语篇构式中上下半段内两个小句（S1 和 S2，S3 和 S4）之间的语义为一种隐蔽关系，需激活相关的背景知识来建立起彼此之间的语义关系。上下半段内两小句（S1 和 S2，S3 和 S4）通过这种方式得以连接，一般没有语言形式上的衔接手段，如例（62）—（64），只有极少量具有显性的衔接手段作为导引，如例（64）。

（62）三国手里的火攻计，
曹操的兵马儿败了；
尕妹子年轻又仁义，
好心肠把天下盖了。
（《六盘山花儿两千首》，第 19 页）

（63）豌豆蔓蔓儿蔓连蔓，
豆角儿摘不到手里；
花儿就像蜂蜜蛋，
人穷得吃不到口里。
（《六盘山花儿两千首》，第 107 页）

（64）麦地里种了菜籽了，
为了多吃点油哩；
把花儿认成妹子了，
为了解我的愁哩。
（《六盘山花儿两千首》，第 59 页）

例（62）中，上半段第一小句描述历史事件：三国时期赤壁之战采用火攻计，第二小句描写曹操在此战争中败兵这一事件，两小句之间的语义关系为致使语义关系，即周瑜用火攻计，使得曹操在战争中败兵。两小句是对《三国演义》赤壁之战中周瑜火烧曹操战船这一历史事件的描述。后半段两小句之间也是一种致使语义关系，即尕妹年轻、仁义，使得阿哥觉得她的好心肠可以盖过一切。从信息焦点来看，上半段的信息焦点在第二句的"曹操兵马败"，下半段的信息焦点在第四句的"好心肠盖天下"，整首"花儿"的信息焦点在下半段对"尕妹"的描述。例（63）中，上半段两小句之间为因果语义关系，即豌豆蔓蔓生长样貌："蔓连蔓"，使得摘豆角不好摘，后半段两小句之间也为因果语义关系，但在语言表达顺序上与上半段有所不同，即上半段第一小句为原因，下半段第二小句为原因。下半段运用隐喻性表达将"花儿"比作"蜂蜜"，将"阿哥寻找尕妹"比作"吃蜂蜜"，因为阿哥贫穷，得不到"花儿"（尕妹）。从信息焦点来看，上半段的信息焦点在第二句"豆角儿摘不到手里"，下半段的信息焦点在第四句的"人穷得吃不到口里"，整首"花儿"的信息焦点在下半段对阿哥因贫穷得不到"花儿"（尕妹）情感状况的描述。例（64）中，上、下两半段内两小句之间的语义关系都通过"为了"这一显性连接词引出，表达一种目的关系，即做出第一小句所描述的动作行为是为了实现第二小句所描述的目的。从信息焦点来看，上半段的信息焦点在第二句"为了多吃油"，下半段的信息焦点在第四句的"为了解我的愁"，整首"花儿"的信息焦点在下半段对阿哥把"花儿"认作妹妹目的在解愁这一情感状况的描述。

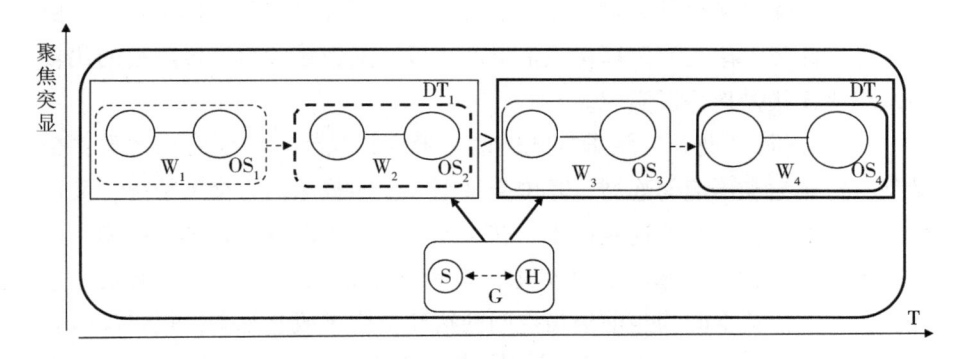

图 5.11　语境勾连型

以上这3例均是"花儿"语篇构式中语义内容存在一种较隐性的语

义关系，需要激活相关背景知识来建立小句之间语义内容的连贯性。一般没有语言形式上的衔接手段，只有极少量具有语言形式上的导引。例（62）—（64）没有语言形式上的衔接手段，例（64）采用语言形式"为了"作为导引。无论是否具有形式上的衔接手段，它们之间的语义关系都具有一定程度的隐蔽性，语义内容不存在交叉或重合之处。此类"花儿"语篇构式的语义聚焦突显模式如图 5.11 所示。

图 5.11 中四个注意力视窗（W_1、W_2、W_3和W_4）分别表示"花儿"语篇构式中四小句所反映客观场景（OS_1、OS_2、OS_3和OS_4）的概念内容，"花儿"歌手随着加工时间的推进，依次构建四个注意力视窗，并依次在不同组织层面上得以聚焦突显（图中不同程度加粗的圆角方框标示）。在第一组织层面，W_2是信息焦点，W_1和W_2组构形成一个描述目标DT_1；W_4是信息焦点，W_3和W_4组构形成一个描述目标DT_2。在高一级组织层面，DT_2为信息焦点，DT_1和DT_2组构形成整个"花儿"语篇构式。W_1和W_2、W_3和W_4之间的语义内容不存在重合之处，需要激活相关背景知识来建立起两个注意力视窗之间的语义联系。我们用单向虚线箭头标示两个注意力视窗之间的语义隐蔽关系。如例（63）上半段两小句的因果语义关系：豌豆蔓蔓生长样貌："蔓连蔓"，使得摘豆角不好摘，单向虚线箭头表示它们之间的因果关系。从DT_1和DT_2的抽象概念结构来看，它们共享一个抽象图式结构。这一抽象图式是下半段以上半段为参照点进行语义类推的基础。从本质上讲，DT_1和DT_2之间的这种语义关系为隐喻。如例（64）的基本概念隐喻义为：爱是种植作物的意图。以种植菜籽为吃油这一具体语义事件为参照点来喻说自己为了爱将花儿认作了妹妹。由此可见，此类"花儿"语篇构式上下两半段之间连接关系通过隐喻的比较和范畴化连接操作得以实现。

综上分析，"花儿"语篇构式的语义聚焦突显模式主要有三大类：交叉型、对比型和语境勾连型，其中交叉型，依照概念内容交叉情况，又可分为三种类型，即交叉连接型Ⅰ、交叉连接型Ⅱ和部分—整体连接型。语义聚焦突显模式充分体现了"花儿"语篇构式语义信息排列的前景化过程，即先前语篇空间为当前语篇空间的构建奠定了概念基础，提供了概念背景。这主要体现在"花儿"语篇构式上半段描述目标（DT_1）两小句之间，下半段描述目标（DT_1）两小句之间，以及上下两半段（DT_1和DT_2）之间的概念连接关系。另外，随着认知加工时间的推进，在不同时间段上，概念内容的聚焦突显也体现了一个前景化过程，即第一组织层面为背景，高一级组织层面为前景。本章分析表明，"花儿"语篇构式语义聚焦突显模式总体上是一个语义信息排列的前景化过程。横向上体现为先前语篇空间对当前语篇空间的背景参照作用（参见第6章分析），纵向上体现为不同层面的语义聚焦突显并经整合形成前景化概念的过程（参见第7章分析）。

5.5 聚焦突显认知模式对"花儿"语篇构式的英译启示

本章分析揭示了"花儿"语篇构式语义聚焦突显的三种认知模式：交叉型、对比型和语境勾连型。语义聚焦突显模式充分展示了"花儿"语篇构式语义信息排列的前景化过程。随着认知加工时间的推进，在不同时间段，概念内容的聚焦突显体现了一个前景化过程。语义聚焦突显模式很好地展示了"花儿"语篇构式的语义构建过程，这一认知模式对英译"花儿"语篇构式的理论启示性在于以下两点。

第一，为"花儿"语篇构式译文表达的选择提供了理论模式参考。上文理论分析表明，鉴于韵律单位表达一个较完整的客观情景意义，因此，韵律是作为"花儿"歌手构建注意力视窗的基本单位。据此，随着创作时间进程，在"花儿"语篇空间动态推移过程中依次构建四个注意力视窗。随着认知加工时间进程的推进，"花儿"歌手以信息结构和韵律群等为调配手段，依次构建每一小句概念内容的注意力视窗，这些注意力视窗依次聚焦突显了"花儿"歌手所构想实体的部分概念内容。这给英译"花儿"语篇构式带来了理论参照，尤其是对选择译文表达式过程具有指导作用。因为只有译文表达式所激活的概念加工过程与原文保持相一致，才能最大化实现原文和译文的功能对等。请看依据"花儿"语篇构式语义构建的聚焦突显模式，我们对上文例（48）所作的英译实践。

(48) 唱花儿不唱愁花儿，
要唱个开口笑哩；
维花儿不维牛花儿，
要维个开口叫哩。

(《中国歌谣集成·宁夏卷》，第 74 页)

> For singing a folksong *Hua'er*, it is not for song with grief,
> But for a merry song.
> For finding a girlfriend, it is not for the stubborn girl,
> But for an outspoken girl.

依照韵律单位，例（48）这首"花儿"构建了四个注意力视窗，连续注意力窗口中的认知加工活动都发生在前一阶段所创建的语境和激活模式中。依照这一特征，随着注意力视窗的移动，译文上半段依次聚焦突显了"for singing a folksong *Hua'er*"这一目标语义事件的不同部分，两个注意力视窗内的概念内容形成一种对比关系："it is not for song with grief"和"but for a merry song"。译文下半段依次聚焦突显了"for finding a girlfriend"这一目标语义事件的不同部分，两个注意力视窗内的概念内容也形成一种对比关系："it is not for the stubborn girl"和"but for an outspoken girl"。上半段的语义激活模式为下半段的认知加工活动奠定了基础，译文选择了"it is not for X, but for Y"的表达结构，很好地实现与原文在语义功能和形式特征上的最大化对等。

第二，为"花儿"语篇构式译文的信息布局方式提供了理论参照。本章分析表明，"花儿"语篇构式上下两半段分别是基于概念内容的交叠得以组构，上下两半段之间是基于比较和范畴化的连接操作得以组构。据此，从"花儿"语篇构式的信息结构布局来看，上半段是锚点，为旧信息，具有框架功能，下半段是焦点，新信息，上半段为下半段的理解提供概念背景参照。这一理论分析给英译"花儿"语篇构式的理论启示在于如何布局译文信息。请看我们对上文例（61）所作的英译实践。

（61）大燕麦结下的燕麦铃，
小豌豆结下的豆铃；
花儿就像那穆桂英，
阿哥像佘太君的后人。
(《六盘山花儿两千首》，第 51 页)

Oat grains with oats ears,
And peas with pea pods;
My maiden is like Mu Guiying,
I'm grandson from the Yang's family to match her.

例（61）译文上半段两小句都描述"植物的结果样态"这一语义内容，两小句的差异在于植物本身和植物结果样态不同，即"big oat grains"和"small pea grains"，"oats ears"和"pea pods"形成比较，下半段两小句都描述"人的外貌"这一语义内容，两小句的差异在于人和人外貌被比喻的对象不同，即"The young maiden"被比喻成"Mu Guiying"，"Her boy"被比喻成"the grandson of She Taijun"，"The young maiden"与"Her boy"，"Mu Guiying"与"the grandson of She Taijun"形成比较。从信息焦点来看，上半段的信息焦点在第二句的"pea strings"，下半段的信息焦点在第四句的"the grandson of She Taijun"，整首"花儿"的信息焦点在下半段对"The young maiden"和"Her boy"的对比描述。

综上分析，"花儿"语篇构式语义聚焦突显模式不仅为"花儿"语篇构式译文表达的选择提供了模式参考，而且为"花儿"语篇构式译文的信息布局方式提供了对照。由此可见，"花儿"语篇构式的语义聚焦突显模式为"花儿"英译实践者提供了重要理论指导，可导引英译实践者充分考虑"花儿"语篇构式的语义构建过程以及其形式特征，充分考虑韵律等语法对"花儿"语篇构式语义的动态调配性。如此一来，才能实现"花儿"译文和原文在功能和形式上的最大化对等。

5.6 本章小结

依照"花儿"语篇构式语义构建的认知阐释模型（见图4.12），本章在认知语法语篇观的指引下探析了"花儿"语篇构式的语义聚焦突显模式。首先，本章从使用事件的象征结构，语言单位认知加工的提取—激活思想，以及聚焦突显与语篇信息组装这三个方面重点分析了认知语法语义构建的提取—激活加工思想。其次，本章分析了"花儿"语篇构式的象征结构，"花儿"语篇构式提取—激活的认知加工过程，并提炼出了"花儿"语篇构式的语义聚焦突显模式。再次，本章分交叉型、对比型和语境勾连型三类对语义聚焦突显模式进行了详细的示例性分析。最后，依照本章理论分析，探讨了"花儿"语篇构式的语义聚焦突显模式对"花儿"英译实践的理论启发性。

　　本章分析发现，"花儿"语篇构式语义构建的认知识解方式为聚焦突显。程式性语法结构不是静止实体，而是在不同时间维度上导引和聚焦"花儿"歌手和听众注意力的动态性和交互主观性过程，对"花儿"语篇构式的语义构建过程起着动态调配作用。"花儿"语篇构式的语义聚焦突显过程本质上是一个语义内容排列的前景化过程。本章分析明晰了"花儿"语篇构式的语义聚焦突显模式及其所关涉的两个认知机制：认知参照点和概念整合，后文两个章节将分别就这两个认知机制展开具体分析，并据此进一步探讨这两个认知机制对"花儿"英译实践的理论指导性。

第6章 "花儿"语篇构式语义构建的认知参照点路径及英译启示

依照"花儿"语篇构式语义构建的认知阐释模型(见图4.12),本章的研究目标为:在第5章的基础上,分析"花儿"语篇构式语义构建过程中概念提取和激活路径建立的认知参照点机制,并据此分析其对英译"花儿"语篇构式的理论启示。

本章主体内容包含四大部分:(1)语义构建过程中认知参照点的理论作用,借以明确本章与第5章之间的理论衔接关系。(2)"花儿"语篇构式语义构建过程中认知参照点关系的建立。在阐明"花儿"语篇构式语义构建过程中认知参照点关系建立的概念关联度、目的性和顺序性等特征的基础上,提炼"花儿"语篇构式语义构建的认知参照点路径模型。(3)"花儿"语篇构式语义构建的认知参照点路径分析。依照"花儿"语篇构式语义构建的认知参照点模型,阐述上下两半段以及韵式和语序等在"花儿"语篇构式语义构建过程中的各自作用,旨在明确"花儿"语篇构式语义的动态构建中概念提取与激活的认知路径。(4)认知参照点路径对"花儿"语篇构式的英译启示。

6.1 语义构建中认知参照点的理论作用

由于概念化随时间发生,它自然具有动态性(Langacker,2008,2012b,2016a)。在概念化过程中,一个概念的不同方面被依次提取和激活。因此,概念提取和激活的认知路径具有顺序性和方向性(Langacker,2008:500-501),这一提取和激活过程是一个心理扫描(mental scanning)过程。心理扫描隶属于认知识解中的视角维度(参见4.3.1小节),即观察场景的方式。认知参照点便是一种富有语法意义的心理扫描方式(Langacker,2008:83)。由此可见,认知参照点与概念"提取和激活"思想具有内在一致性（Langacker，2012c：12）。本部分介绍认知参照点在语义构建过程的理论作用，为后文分析"花儿"语篇构式语义构建中概念的心理提取过程及其认知参照点机制奠定基础。

6.1.1 概念"提取—激活"与认知参照点的理论关系

在概念识解过程中，人们对所观察的场景可以采取不同的视角，即不同的心理扫描方式。因此，心理扫描是人类概念识解的一个重要维度（Langacker，2008）。Langacker（2001b：8）指出"概念化如何随着加工时间发展和展开是影响语言表达式意义的一个重要因素"。如第4章提到的嵌套构式［参见例（14）］（Langacker，2001b：13）。为便于分析，我们再次引用为例（65），例（65）中两个表达式是对同一客观场景的概念识解，但例（65a）和例（65b）的语言表达式意义却不相同，这正是因为认知主体对它们的心理扫描顺序不一致。

（65）a. Your camera is upstairs, in the bedroom, in the closet, on the top shelf.

b. Your camera is on the top shelf, in the closet, in the bedroom, upstairs.

Langacker（1999，2008等）将心理扫描过程称为心理模拟（mental simulation）。心理模拟是心理学中一个重要概念，其基本理念为：人们概念化一个东西就是对它的心理模拟（Barsalou，1999）。因此，心理模拟就是对概念化过程，即对概念提取和激活加工活动过程的模拟。它是人类具身认知基础上一种重要的认知方式，它反映了人类对具身经验认知加工活动的模拟。在认知加工活动中，概念提取和激活是人类概念化中基本的神经活动模式（Langacker，2012b）。据此，Langacker（2016b）提出了认知加工活动过程中连续注意力视窗中概念提取的三种基本类型：序列式（serial）、成对式（pairwise）和累加式（cumulative）。

序列式概念提取方式形如：A > B > C > D（见图6.1b）；成对式：AB > BC > CD（见图6.1c）；累加式：A > AB > ABC > ABCD（见图6.1d）。图6.1（a）表示连续注意力视窗之间概念的交叠关系，椭圆表示注意力视窗。图6.1（b）—（d）分别反映了认知主体在图6.1（a）基

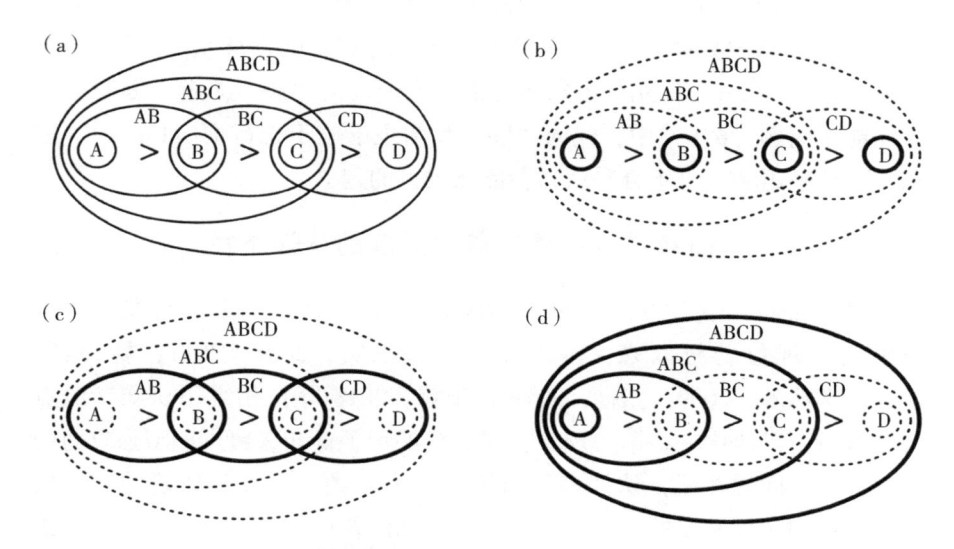

图 6.1 概念提取方式（Langacker，2016b：408）

础上的不同概念提取方式，图中用加粗的方式表示概念的提取与激活方式。

依照认知语法思想（Langacker，1987，2008），序列式与成对式和累加式分别对应两种不同的心理扫描方式：序列扫描（sequential scanning）和总体扫描（summary scanning）。总体扫描体现为概念化主体随着加工时间对场景给予一种格式塔表征（gestalt representation），如例（66b）对整个"destruction"过程的表征；序列扫描指概念化主体随着加工时间对场景进行序列性的心理扫描过程，整个过程具有动态性，如例（66a）对"destroy"过程的动态序列表征。Langacker（1987）将这两种心理扫描方式的区别隐喻地表达为：看照片（总体扫描）和看电影（序列扫描）。

(66) a. Lily destroyed the letters secretively.

b. Her destruction of the letters was secretive.

（Evans & Green，2006：563）

(67) a. Harvey resembles his dog.

b. * He resembles Harvey's dog.

（Langacker，2008：513）

认知参照点是一种富有语法意义的心理扫描方式（Langacker, 2008）。如主语倾向于充当小句中所有其他成分的首要参照点。例（67a）中，"Harvey"充当小句的主语，位于代词"he"之前，起着参照点功能，而例（67b）中，代词"he"作为主语位于先行词"Harvey"之前，不合乎语法，也不合乎认知参照点关系的建立。

6.1.2 认知参照点：建立概念提取的认知路径

继 Langacker（1991b，1993a，2003，2008）将认知参照点概念用于有限语言现象分析以来，国内学者（如王寅，2005，2011；魏在江，2008；李丛禾，2009；张韧，2012 和张翼，2018 等）相继用认知参照点模型分析了汉语中一些语言现象，这充分展示了认知参照点模型强有力的阐释力。但问题在于：认知参照点模型作为人类一个极其普遍的经验模型，是人类一种基本的认知能力，既然它如此普遍，是否存在于所有的语言现象之中？是否在所有研究中都应该指出？带着这些疑问，笔者于2019年3月29日与 Langacker 教授就这一问题进行了邮件交流，为便于分析，我们将 Langacker 教授回复的邮件内容全文列示如下：

> At the most general level, reference point relations are simply a matter of direction of mental access. So defined, the notion can be applied to almost any linguistic phenomenon, since language resides in cognitive activity. That is a useful thing to point out. However, understanding it in such a general way makes the notion reference point rather non-useful as a descriptive label—it just includes too much. Thus, I tend to use it just for a limited range of phenomena, like topics and possessives. It is not a matter of right or wrong, but of what it seems worth highlighting.
>
> （在一般层面上，参照点关系只是一个心理通道的方向问题。根据这一界定，这个概念可以应用于几乎所有的语言现象，因为语言寄存于认知活动中，这是需要指出的。然而，以如此一般性的方式去理解它，使参照点概念作为一个描述性的标签是非常无用的，因为它包含得太多。因此，我倾向于将其用于有限的语言现象，如话题和所有格。这不是一个对与错的问题，而是一个是否值得强调的问题。）

依照 Langacker 以上邮件内容以及笔者与他的私信交流（2019-03-29/30），Langacker 承认认知参照点模型的确是一个普遍的认知模型，它几乎可以用于分析所有的语言现象，正是因为太普遍，使参照点概念作为语言现象的描写标签是非常无用的。从第 4 章关于认知语法走向结构、加工和语篇的统一架构的内容介绍（见图 4.3）便可得知，描述轴只是组成语言结构的概念基底之一，还包括个人轴、互动轴和语篇轴。因此，Langacker 教授邮件内容所包含的信息量很大，他是在认知语法整体架构（见图 4.3）的背景下谈论认知参照点在人类认知加工活动中的地位。从这个角度来看，认知参照点作为一个描述性标签的确是无用的，因为"选取认知参照点只是人类认知的一部分，不是全部，也就是说认知参照点发挥作用不是独立发挥作用"（赵永峰，2014：74）。另外，语言结构的描述组织和语篇组织是彼此相关的，不是分离的，认知参照点只是话语双方对概念内容包装组织的主要方式之一（Langacker，2015b，2016a）。因此，在语言结构的认知加工活动中，认知参照点只起着心理通道方向建立的作用和概念内容的包装组织方式，但它不能涵盖语言结构认知加工过程中所涉及的其他内容。有鉴于此，认知参照点只是认知主体在语言结构认知加工活动中建立心理通道的主要心理扫描方式，富有一定的语法意义（Langacker，2008：83）。

综上所述，上文分析厘清了认知参照点在语义构建过程中的理论作用，即认知参照点是语篇空间动态推进过程中建立心理通道和组装概念内容的一个主要认知识解操作机制。有鉴于此，本章将在第 5 章分析的基础上，以 Langacker 的认知参照点思想（Langacker，1991b，1993a，2008）为指导，重点研究"花儿"语篇构式语义构建过程中概念提取与激活的认知路径，以明确"花儿"语篇构式认知加工的心理提取方式。

6.2 "花儿"语篇构式语义构建的认知参照点路径

上文已经明确了认知参照点的基本理论原理及其阐释力和运用范围，尤其厘清了认知参照点在概念提取与激活过程中的理论作用，即认知参照点是语义动态构建过程中一个主要的认知操作机制，它用于认知主体在认知加工活动过程建立心理通道的方向性。当然，认知参照点和 CDS 模型

（参见第5章和第6章分析）共同作用于"花儿"语篇构式的认知加工过程，不是单独发生作用，因为它"自然也可参与多种心理经历的概念化，唯一的要求是认知处理与心理经历之间不发生矛盾"（张韧，2012：6）。本小节从认知参照点关系建立的概念途径、理论模型及其特征分析等方面出发，分析和提炼"花儿"语篇构式语义构建的认知参照点模型。

6.2.1 "花儿"语篇构式语义构建中认知参照点关系的建立

第4章分析已表明，"花儿"语篇构式义的语义特征具有片段性和类推性。类推体现为始源域到目标域的映射关系。Langacker（1999）强调，概念关联能否建立在很大程度上取决于是否存在明确的语义关联。语义的片段性和类推性为"花儿"语篇构式语义构建中认知参照点关系建立提供了概念关联性。具体来讲，"花儿"语篇构式语义构建中认知参照点关系的建立体现为以下两点。

第一，语义的片段性和类推性为"花儿"语篇构式上下两半段之间的概念连接提供了语义基础。Langacker（1999，2008）认为，概念关联度（conceptual connectivity）是影响参照点选择的主要因素之一。"花儿"语篇构式上下两半段处于不同的辖域，上半段一般为植物、动物和景物等概念域，下半段一般为抽象的情感域。从始源域到目标域的映射是一种基于比较和范畴化原则的结构性映射（structural projection）（Kuzmikova，2018：36；Evans & Green，2006）。它们之间的概念联结度基于共享的抽象图式结构而建立（Gentner & Smith，2013）。因此，语义的类推性和片段性为"花儿"语篇构式中认知参照点的建立提供了很强的概念关联度。

第二，类推映射关系的不对称性和不可逆性决定了"花儿"语篇构式中认知参照点关系的目的性和有序性。"花儿"语篇构式义的类推性决定了其上下两半段之间是一种非对称关系。"花儿"语篇构式下半段是整个语篇所表达的目标，即所传达的主题意义。Langacker（1999，2008）认为，目的性和有序性是认知参照点模型两个主要特征。目的性体现在参照点序列处理的终点为目标；有序性指参照点与目标之间的关系具有不可逆性。依照 Langacker（2016b，2017c）最新的"基线—充实"思想，认知参照点就是一种"基线—充实"模式，参照点起着基线的作用，后续的进一步充实加工活动建立在参照点这一基线的基础之上。鉴于此,"花儿"语篇构式上半段充当参照点,下半段为目标,为参照点序列处理的终点。类推映射的不可逆性决定了"花儿"语篇构式从上半段到下半段认知参照点关系的有序性。因此,"花儿"语篇构式上下两半段之间具有概念上的不对称性和不可逆性。

综上所述,认知参照点是"花儿"语篇构式认知加工过程中一个主要的认知操作机制,起着建立心理通道方向性作用,确保概念提取与激活活动的有序进行。"花儿"语篇构式义的片段性和类推性在概念关联度、目的性和有序性等方面决定了认知加工过程中认知参照点关系的建立。

6.2.2 "花儿"语篇构式语义构建的认知参照点模型

上文分析已经明确了"花儿"语篇构式语义构建中认知参照点关系建立的概念关联度、目的性和有序性。本小节将重点分析"花儿"语篇构式语义构建的认知参照点模型。第5章分析表明,"花儿"语篇空间随加工时间的动态推移以"前景—背景"模式排列。具体来讲,"花儿"语篇构式在整体上以上半段为背景,下半段为目标。在上半段内,第一句(S1)为第二句(S2)背景;在下半段内,第三句(S3)为第四句(S4)的背景。换言之,上下两半段之内和之间都存在语义前景化过程,即注意力由先前的背景转移到当前的前景。从这一注意力转移过程来看,背景提供了前景得以构建和理解的参照点,即前景建立在背景的基础之上。因此,从背景到前景的转化是一个经概念参照而建立起概念连接的过程。

另外,依照第5章关于"花儿"语篇构式中注意力视窗之间的连接关系分析,上下两半段分别构成了两个描述目标(DT_1和DT_2)。CDS模型与认知参照点分析具有了内在的一致性,认知参照点为CDS模型中注意力视窗动态移动提供了心理通道方向。笔者和Langacker教授私信交流中(2019-03-29/30)也印证了这一点。实际上,Langacker(2012b:114)曾对二者之间的一致性做过一番论述:

> ……基于参照点和目标之间的联系,参照点关系是一种将注意力从参照点转移到目标的动态现象(dynamic occurrence)。它可用一个移动的注意力视窗来描述,在第一个窗口中参照点得以聚焦,在下一个窗口中目标得以聚焦。聚焦是一个激活问题。因此,由参照点所提

取的概念辖域是一个扩散激活（spread activation）问题。

基于以上分析，"花儿"语篇构式的认知加工过程至少需要经历三次概念参照过程，即上半段内语义建构的概念参照过程、下半段内语义建构的概念参照过程和上下两半段之间的概念参照过程。据此，我们可提炼出"花儿"语篇构式语义构建过程中的认知参照点模型，如图6.2所示。

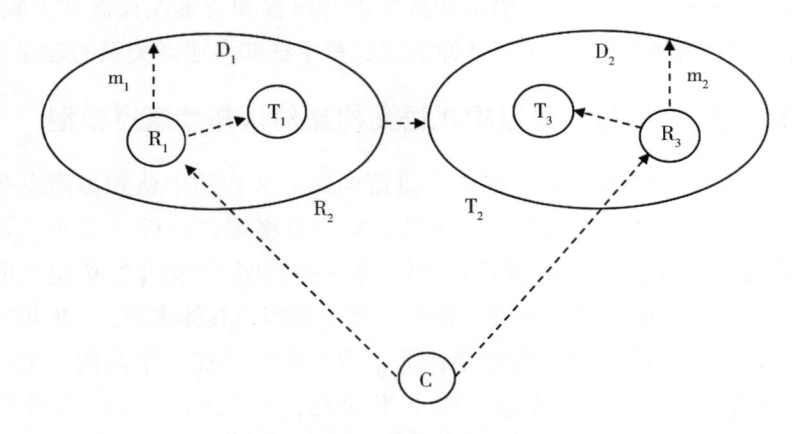

图6.2　"花儿"语篇构式语义构建的认知参照点模型

在图6.2中，虚线箭头表示心理通道方向。图6.2左边为"花儿"语篇构式上半段内语义构建过程中的认知参照点关系。认知主体（C）以上半段第一小句（S1）语义内容为参照点（R_1）激活了上半段整个概念辖域（D_1），并在D_1内扩散激活建立起了与第二小句（S2）中目标（T_1）之间的心理接触，由此形成了从认知主体（C）经由参照点（R_1）到目标（T_1）的心理通道。m_1表示参照点（R_1）扩散激活辖域（D_1）的过程。从图6.2左边到右边的转移是以上半段概念辖域为参照点（R_2）构建和理解下半段这一目标（T_2）的心理接触过程。图6.2右边为"花儿"语篇构式下半段内概念构建过程中的认知参照点关系。认知主体（C）以上半段为参照背景，以下半段第一小句（S3）语义内容为参照点（R_3）激活了隐喻目标域这一辖域（D_2），并在D_2内扩散激活建立起与下半段第二小句（S4）中目标（T_3）之间的心理接触，由此形成了从认知主体（C）经由参照点（R_3）到目标（T_3）的心理通道，m_2表示参照点（R_3）扩散激活辖域（D_2）的过程。整体上来看，"花儿"语篇构式的认知参照点模型可描述为：认知主体（C）经由上半段辖域参照点（R_2）到下半段辖域（T_2）的扩散激活过程。

6.3 "花儿"语篇构式语义构建的心理提取路径

根据"花儿"语篇构式语义构建的认知参照点模型（见图6.3），下文将从"花儿"语篇构式上半段的参照点特征、下半段的参照点特征和上下两半段之间的参照点特征三个方面出发，结合"花儿"语篇构式实例，详细分析上下两半段以及韵式和语序等在"花儿"语篇构式语义构建过程中的认知功能，旨在揭示"花儿"语篇构式语义构建的心理提取路径。

6.3.1 S1的背景参照和S2的详述与对照功能

(1) S1的背景参照特征

在"花儿"语篇构式的上半段，S1作为首句提供了后句S2得以构建和理解的背景。换言之，S1提供了上半段的话题范围。根据认知参照点思想，充当参照点的成分要有较高的可及度（accessibility）（Taylor，1994），对于篇章而言，话题属于可及度较高的成分，可以充当认知参照点（Givón，1984；Langacker，1991b，1993a；等），它提供了后句理解的概念域，具有框架功能（framing function）（Langacker，2015b）。因此，S1所提供的话题充当了认知参照点。根据"花儿"语料，S1所提供的话题的形式一般有三种：（1）S1为S2提供了场景或背景铺垫；（2）S1为S2提供了比较对象；（3）S1为S2提供了关联事件。如例（68）—（70）：

(68) 家里住的是箍窑子，
　　 没有椽没有个檩子；
　　 维下个花儿像鹞子，
　　 走起路追不上影子。
　　 （《六盘山花儿两千首》，第23页）

(69) 胡麻开花是遍地蓝，

马莲么开花是路蓝；
我连阿哥把心连，
没媒人也是个枉然。
（《六盘山花儿两千首》，第68页）

(70) 孙猴子进了水晶宫，
龙王爷害了怕了；
尕妹子称心我称心，
老奶奶挡了驾了。
（《六盘山花儿两千首》，第62页）

在例（68）中，S1为S2提供了场景铺垫，S1引出"箍窑子"这一话题，为S2对其进一步详述"箍窑子没有椽和檩子"提供了认知参照。例（69）中，S1为S2提供了对比的对象"胡麻"，围绕植物的"开花"颜色，形成了"胡麻"和"马莲"的对比。例（70）中，S1提供了与S2相关联的事件"孙猴子进了水晶宫"，激活了整个事件概念域，为S1和S2"龙王爷害了怕了"之间的概念关联提供了铺垫。

(2) S2对S1的详述和对照功能

以S1为参照点，S2对S1有两种功能，即对S1的进一步详述或者形成与S1的对照功能。S2对S1的详述过程体现为S2在S1所提话题的辖域内对S1这一图式性概念事件的进一步细化。如例（71）和例（72）中，S1所提供的话题"孔圣人传艺者天下游"和"西天路苦了妖怪了"分别激活了一个事件框架，这个框架具有一定的图式性，为S2的建构提供了背景铺垫。S2以S1这一背景框架为参照点，进一步对其分别进行了详述和细化："孔圣人受尽了人间的艰辛"和"妖怪没吃到唐僧肉"。

(71) 孔圣人传艺者天下游，
受尽了人间的艰辛；
阿哥是尕妹的拉车牛，
挣死么挣活者心甘。
（《六盘山花儿两千首》，第83页）

(72) 西天路苦了妖怪了,
　　　唐僧肉没吃到口里；
　　　头发白了腰弓了,
　　　还把你没得到手里。
　　（《六盘山花儿两千首》,第100页）

例（71）和例（72）中的 S1 和 S2 两句之间共享同一个主体对象"孔圣人"和"妖怪",只不过在 S2 中被省略了。而在例（73）中,S1 和 S2 两句之间共享的主体对象"安安桥"未被省略,以重复的方式出现,以强化两句之间的概念关联。例（74）中 S1 和 S2 两句中主体对象"大燕麦"和"筒筒"为整体—部分连接关系。例（73）和例（74）同例（71）和例（72）一样,S2 在 S1 所提话题的辖域内对 S1 这一图式性事件进行了进一步的详述和细化。唯一的区别在于语言层面标示认知参照点关系的方式有所不同,例（71）和例（72）采用省略方式,例（73）采用重复方式,例（74）采用整体—部分连接关系。总体来看,例（71）—（74）中,无论采取哪一种语言手段标示认知参照点关系,S2 对 S1 的详述和细化过程都体现为一种注意力的"镜头推进式"（zooming in）过程（Langacker,1987,2008）。

(73) 固原有个安安桥,
　　　安安桥名声大哩；
　　　世上的花儿唯她娇,
　　　娇名声扬天下哩。
　　（《六盘山花儿两千首》,第17页）

(74) 大燕麦越长越嫩了,
　　　筒筒里灌上水了；
　　　尕妹子越长越俊了,
　　　脸蛋上搽了个粉了。
　　（《中国歌谣集成·宁夏卷》,第88页）

在"花儿"语篇构式上半段内,除 S2 对 S1 的详述功能外,还有一种 S2 与 S1 的对照功能，即 S1 和 S2 形成了一种语义上的对比关系。如例 (75) 和例 (76)：

(75) 上山里打了个红瓢儿，
　　 下山里打了个杏儿；
　　 尕花儿维在对门儿，
　　 好像是照人的镜儿。
　　 (《中国歌谣集成·宁夏卷》，第 86 页)

(76) 绿绸子缝下的夹夹儿，
　　 蓝绸子缝下的袄儿；
　　 维下个阿哥像鹞子，
　　 我就像喂鹞子的雀儿。
　　 (《六盘山花儿两千首》，第 60 页)

例 (75) 中，S1 中的"上山里"和"红瓢儿"与 S2 中的"下山里"和"杏儿"形成语义对比关系，"打了"勾连起了 S1 和 S2 之间的语义对比关系。同样，例 (76) 中，S1 中的"绿绸子"和"夹夹儿"与 S2 中的"蓝绸子"和"袄儿"形成语义对比关系，"缝下的"勾连起了 S1 和 S2 之间的语义对比关系。

6.3.2　S3 的背景参照和 S4 的详述与对照功能

鉴于"花儿"语篇构式上下两半段之间的语义结构的相似性（参见第 3 章分析），因此，下半段和上半段在参照点关系的建立上也具有相似性特征。

(1) S3 的背景参照特征

S3 作为下半段首句提供了后句 S4 得以构建和理解的背景，即 S3 提供了下半段的话题范围。同 S1 一样，S3 所提供的话题充当了认知参照点，一般也有三种形式：(1) S3 为 S4 提供场景或背景铺垫；(2) S3 为 S4 提供对比的对象；(3) S3 为 S4 提供关联事件。如例 (77) — (79)：

(77) 骑马要骑个殷红马，

要骑个鞍鞯儿好的；
搁花儿没嫌你穷富花，
要搁个心肠儿好的。
（《六盘山花儿两千首》，第3页）

(78) 前锅里煮的是苦苦菜，
后锅里煮的是芥菜；
维花儿要维个长流水，
不维个河里的过水。
（《中国歌谣集成·宁夏卷》，第74页）

(79) 刘备顾了茅庐了，
曹操发了愁了；
二阿哥无故者坐牢了，
尕妹子为你者死了。
（《六盘山花儿两千首》，第189页）

例（77）中，S3 为 S4 提供了背景铺垫，S3 中引出"搁花儿"这一话题，为 S4 对其进一步详述"搁花儿要搁个心肠好的"提供了参照点。两句中"搁"字重复使用勾连并强化了它们之间概念的关联性。例（78）中，S3 为 S4 提供了话题范围和所对比的隐喻对象，围绕"维花儿"这一话题，两句形成了"长流水"和"过水"之间的隐喻性对比。两句中"要维"和"不维"一肯一否地勾连起了它们之间的概念关联性。例（79）中，S3 提供了与 S4 相关联事件"二阿哥无故者坐牢了"，要准确理解 S3"二阿哥无故者坐牢了"和 S4"尕妹子为你者死了"之间的概念关联性，需激活"封建社会对自由恋爱的迫害"这一社会背景事件域，它为 S3 和 S4 之间的概念关联提供了背景铺垫。因此，与例（77）和例（78）有所不同，例（79）中 S3 和 S4 之间概念关联性是建立在激活相关背景知识的基础之上。此类概念关联性正是 Langacker（2012）所讲的概念不相交现象，而例（77）和例（78）则为一种概念交叠现象。

(2) S4 对 S3 的详述和对照功能

同 S2 对 S1 的认知功能一样，S3 作为参照点，S4 也对其具有详述和对照两种认知功能。S4 对 S3 的详述过程体现为 S4 在 S3 所提供话题的辖域内对 S3 这一图式性事件的进一步详述和细化。"花儿"语篇构式下半段的注意力视点从参照点 S3 转移到了 S4。如例（80）中，S3 所提供的话题"山上的阿哥下平川"激活了一个事件框架，这个框架具有一定的图式性，为 S4 的建构提供了背景铺垫。S4 以 S3 这一背景框架为参照点，进一步对其进行了详述和细化："平川里看一回我"。通过重复"平川"的方式强化了两句之间的概念关联。

（80）马拉的车子走银川，
　　　银川城拉一回米哩；
　　　山上的阿哥下平川，
　　　平川里看一回我哩。
　　　（《六盘山花儿两千首》，第 37 页）

与例（80）有所不同，例（81）和例（82）没有在 S3 和 S4 中通过重复两句所共享的主体对象的方式来强化它们之间的概念关联。例（81）中 S3 和 S4 共享主体对象为"我"，S3 通过转喻（metonymy）的方式指代了"我"，即以"双脚"代替了"我"，S4 中直接省略了"我"，完整的概念语义关系为"我双脚踏在你门坎上，我要吃你做的饭"。例（82）中 S3 和 S4 的主体对象"大丫头"和"长辫子"为整体—部分关系，两句之间的概念关联性正是通过整体—部分关系得以建立。

（81）尕马儿骑上弓背上，
　　　要射个空中的雀哩；
　　　双脚儿踏在你门坎上，
　　　要吃个你做的饭哩。
　　　（《六盘山花儿两千首》，第 38 页）

（82）紫红马儿好走手，
　　　尾巴绾了个绣球；
　　　我的朋友是大丫头，
　　　长辫子吊到后头。

(《六盘山花儿两千首》，第 42 页)

另外，与例（81）—（82）有所不同的是，例（83）中 S3 和 S4 之间不存在主体对象的重复、省略和部分—整体关系。S3 提供了 S4 构建和理解的相关联性事件"阿哥上了杀场了"，这一事件激活了"封建社会对自由恋爱的迫害"这一社会背景事件域，为 S3 和 S4 之间的概念关联提供了背景铺垫。与例（79）和例（83）一样，要准确理解 S3 和 S4 之间的语义关系，必须激活相关的社会背景知识作为铺垫。因此，从概念结构上来看，例（81）—（82）中 S3 和 S4 之间为一种概念交叠关系（Langacker, 2012b, 2016a），在语言上体现为重复、省略和部分—整体关系；例（79）和例（83）中 S3 和 S4 之间为一种概念不相交关系（Langacker, 2012b），在语言层面没有任何的衔接性连接手段，要建立起二者之间的概念连贯关系，需激活相关的背景知识作为概念背景。

(83) 孙悟空反了天堂了，
搅了蟠桃宴了；
阿哥上了杀场了，
一世的姻缘散了。
(《六盘山花儿两千首》，第 189 页)

除 S4 对 S3 的详述和细化功能外，与 S1 和 S2 一样，还存在一种 S4 与 S3 的对照功能，即 S4 和 S3 形成了一种语义上的对比关系。如例（84）中 S3 和 S4 两句中你、我二人之"心"所放位置"碾盘"和"你"形成对照关系。通过重复"放在"勾连起了两句之间语义上的对比关系。例（85）中，S3 和 S4 中的"尕妹"和"阿哥"分别被比喻成药物"灵宝如意丸"和吃药的"病汉"。两句采用重复使用"是"字谓语句的方式强化它们之间概念的对照关系。

(84) 豆角儿结在蔓蔓上，
西瓜么结在个地上；
你的心放在碾盘上，
我的心放在个你上。

（《六盘山花儿两千首》，第49页）

(85) 孙中山革命四十年，
　　 推翻了满清的江山；
　　 尕妹是灵宝如意丸，
　　 阿哥是吃药的病汉。

（《六盘山花儿两千首》，第69页）

总而言之，上文分析明确了"花儿"语篇构式上下两半段内参照点的特征及其认知功能。结合第5章的分析，便可发现，"花儿"语篇构式上下两半段在语篇空间动态推移模式和认知参照点模式上具有高度的一致性。这也验证了Langacker（2012b）对CDS和认知参照点之间一致性的论述。需要说明的是，虽然二者的分析具有一致性，但它们的理论作用不同，认知参照点在CDS中只起着建立心理通道的作用。依照"花儿"语篇构式语义构建中认知参照点关系建立的概念关联性，"花儿"语篇构式上下两半段在语篇空间推移模式和参照点模式上的一致性是由其隐喻性语义结构所决定。因为构成"花儿"语篇构式整体性语义结构的基础是其上下两半段基于共享抽象关系性图式结构的相似性，实体之间并没有相似性。尚需强调的是，虽然"花儿"语篇构式上下两半段的认知参照点特征具有高度的一致性，但标示认知参照点关系的语言手段在具体的"花儿"语篇构式中会有所变化，并不完全一致，如例（85）上下两半段共享一个抽象性关系图式"X致使Y发生了变化"，即孙中山"革"了清朝的"命"和尕妹"治"了阿哥的"病"。在参照点的标示上，上半段采用相关联性事件激活社会背景事件框架的方式建立起了S1和S2之间的概念关联性，下半段则采用重复句式结构的方式强化S3和S4之间概念对比性关联关系。

6.3.3　句法平行式导引上下两半段的背景参照和对照充实功能

第5章分析（参见5.2.4小节）表明，句法的平行式对"花儿"语篇构式上下两半段具有导引作用，即它导引上下两半段概念内容依次得以提取与激活。另外，句法的平行式是"花儿"语篇构式上下两半段共享抽象图式性结构抽取的基础。又鉴于"花儿"语篇构式中认知参照点关系的建立以其语义的片段性和类推性为概念关联，即上半段为隐喻的始源域概念，下半段为隐喻的目标域概念。这是因为隐喻目标域的理解和构建以始源域为背景参照（Langacker，2008；黄洁，2011）。因此，上半段为下半段的构建和理解提供了背景参照，上半段为参照点，下半段为目标，下半段对照上半段得以理解和构建。就"花儿"语篇构式隐喻性语义结构建立的基础而言，经类推基础上的抽象图式性结构是隐喻得以建立的基础（具体见第4章分析）。所以，更进一步来讲，上半段提供了下半段构建和理解的抽象图式性结构，句法的平行式对此起着导引功能。如例（86）—（88）：

(86) 樱桃好吃树难栽，
　　 白葡萄搭起架来；
　　 心里有话口难开，
　　 旁人带上个话来。
　　（《花儿集》，第209页）

(87) 凤凰展翅者行千里，
　　 鹦哥儿咋飞得过呢？
　　 商户的姑娘富汉的女，
　　 穷汉家咋搭配得过呢？
　　（《六盘山花儿两千首》，第157页）

(88) 皇上爷爷的铜钱儿，
　　 跌进了石板缝里；
　　 年轻一对的我俩儿，
　　 跌到了迷魂阵里。
　　（《中国歌谣集成·宁夏卷》，第119页）

例（86）中，上下两半段共享同一平行式句法结构"X好V，Y难W；Z搭/带~"。这首"花儿"以"樱桃"和"白葡萄"之间的关系来喻说"阿哥"和"尕妹"之间的情感关系，上半段为下半段的构建和理解提供了可参照的平行式句法结构，即"樱桃"和"白葡萄"之间的搭架关系，下半段以这一关系性结构为参照来构建"阿哥"和"尕妹"之间情感关系：不好开口，旁人带话。例（87）中上半段描述"凤凰"和"鹦哥"的飞行距离，下半段描述男女的门当户对情况，上下两半段共享同一平行式句法结构"X 咋 V 得过 Y"。这首"花儿"以"凤凰"和"鹦哥"的飞行距离来喻说男女的门当户对情况，上半段为下半段的构建和理解提供了参照的关系性结构。与例（86）和例（87）一样，例（88）上下两半段共享同一个平行式句法结构"X 跌进/到 Y 里"，以上半段"皇上的铜钱跌进石板缝里"为参照，下半段构建和理解"年轻的我们跌进迷魂阵里"。

综而观之，句法平行式结构是"花儿"语篇构式上下两半段之间建立参照关系的基础。"花儿"歌手以上半段具体事物之间的关系为参照来构建和理解下半段抽象的情感关系。虽然"花儿"语篇构式上下两半段描述的是不同层面的情况，充分体现了 Langacker（2016b，2017c）所提出的"基线—充实"思想，即以上半段的具体事物之间关系为基线，在情感关系层面对其做出了进一步的充实加工，从而实现了对下半段抽象情感的理解和构建。

6.3.4　韵式辅助勾连上下两半段之间的参照点关系

在上文分析中，我们已对"花儿"语篇构式上下两半段内勾连两句之间（S1 和 S2，S3 和 S4）概念关联性的语言手段有所交代。另外，在分析"花儿"语篇构式中认知参照点关系建立的概念关联度、目的性和有序性时，我们已经指出，语义的片段性和类推性是建立"花儿"语篇构式上下两半段之间参照点关系建立的基础。那么，勾连"花儿"语篇构式上下两半段之间概念关联性的语言调配手段是什么？换言之，"花儿"语篇构式采用什么样的语言手段来勾连和强化其上下两半段之间的语义关系？

（1）上半段和下半段之间的语义关系

既然"花儿"语篇构式的上半段为背景参照，下半段为目标，那么，上下两半段之间理应就是一种非对称性关系。传统研究文献认为，像《诗经》和"花儿"此类以上半段来"比兴"下半段的语篇构式结构为一种并置结构，并置是比兴的基础。若从基本意义层面来讲，并置意味着所并置的两个对象之间不存在任何语言上的连接关系,但语言形式上的并置并不代表意义或功能上的并置。因此,从意义或功能层面上来讲,"花儿"语篇构式上下两半段不是一种意义或功能上的并置,因为隐喻性语义结构决定了其上下两半段之间是一种非对称关系。Langacker 曾多次明确指出,认知参照点关系不仅体现在具有显性的语言结构上,如所有格,还有一些语言现象仅仅通过并置的方式来标记认知参照点关系(Langacker,2008:410;2017d:222)。有鉴于此,既然"花儿"语篇构式上下两半段之间不是一种意义或功能上的并置关系,那么,标示其上下两半段之间参照点关系的语言手段是什么?是传统文献所讲的并置吗?我们认为,"花儿"语篇构式上下两半段之间参照点关系的标示方式并不是并置,而是在抽象图式性结构的基础上,进一步通过韵式来标示和强化它们之间的概念关联性。

Du-Bois(2014)的对话句法学理论认为,话语之间总会体现出一定的亲缘性(affinity)。Brône 和 Zima(2014)在 Du-Bois(2014)的基础上提出了对话构式语法,他们认为:"话语之间的结构映射关系可以被看作话语进展中的一个临时构式或者局部固化的形义匹配体。"(Brône & Zima,2014:458)另外,尤为值得注意的是,Person(2016a,2016b)的研究证实了日常自然交际性话语和口头传统在语言结构运作模式上具有高度一致性。鉴于此,"花儿"语篇构式上下两半段所共享的同一抽象图式性结构就相当于一个临时构式,它体现了上下两半段之间话语的亲缘性。这一亲缘性是"花儿"语篇构式上下两半段之间参照点关系建立的概念基础,如例(83)—(85)。在此概念基础的制约下,"花儿"语篇构式在语言层面采用韵式来进一步标示和勾连它们之间概念参照关系。综上理论思考与分析,从意义或功能层面,"花儿"语篇构式上下两半段之间是一种非对称性关系;从语言形式层面来看,它们之间在韵式上具有显性的关联性。据此,我们认为,无论从形式上,还是从功能上来讲,"花儿"语篇构式上下两半段之间都不是一种并置结构。

(2)韵式辅助勾连和强化上下两半段之间的概念参照

在第 5 章分析"花儿"语篇构式的象征单位时,本书已经指出韵律群对概念内容和音段内容这一核心配对体起着调配作用。CDS 模型较好地处理了韵律单位在"花儿"语篇构式认知加工活动过程中的调配作用,即注意力视窗的构建以韵律为基本单位,韵律起着调配"花儿"语篇构式注意力视窗的构建。但 CDS 模型分析尚不能处理韵式在"花儿"语篇构式上下两半段之间的调配作用①。本小节主要分析韵式标示和勾连上下两半段之间的概念参照。依照"花儿"语篇构式上下两半段之间押韵的常见模式（参见武宇林，2008；曹强、荆兵沙，2016），本书从一押到底、交叉押韵、奇数句押韵、偶数句押韵和一二句押三四句押五个方面做出具体分析。

①一押到底

一押到底，即"花儿"语篇构式中四小句都采用了同一个韵脚。一般有两种形式，一种是四小句采用同一个字作为韵脚，如例（89）中的"多"字；另一种是四小句末为不同的字，但所押的韵脚一致，如例（90）中的"带"和"来"尾韵相同和例（91）中"眼""原""烂"和"汉"尾韵相同。

（89）新疆的路上沙子多，
　　　头顶上罩的土多；
　　　扯心多了伤心多，
　　　伤心多流下的泪多。
（《中国歌谣集成·宁夏卷》，第 176 页）

（90）铁青的马儿蓝肚带，
　　　清水的河湾里饮来；
　　　叫一声尕妹跟前来，
　　　治我的相思么病来。
（《六盘山花儿两千首》，第 101 页）

（91）杨六郎带的千里眼，
　　　把兰州照成固原；
　　　想死想活心想烂，
　　　把好人想成病汉。

---

① 这是认知参照点与 CDS 模型的主要区别之一。虽然 Langacker（2012b）指出二者的分析过程具有一致性，但在具体操作处理细节上有所不同。

(《六盘山花儿两千首》，第89页)

例（89）上下两半段之间参照点关系建立基于共享关系性图式结构"X多导致Y多"，上半段描述去新疆路上因沙子多而引起行人头顶土多之自然景象，下半段描写思念（扯心）多就会伤心多，从而会引起流泪多之感情状况。整首"花儿"以上半段的自然景象为背景参照来构建和理解下半段的感情状况。相同的韵式"多"勾连起了上下两半段之间在概念上的关联性。例（90）中参照点关系的建立基于"X到Y去V来"这一关系性图式结构，以上半段的马儿到清水河湾饮水这一景象为背景参照来构建和理解尕妹到阿哥面前治相思病这一抽象感情关系。句末的"带"和"来"，尤其是偶数句末的"来"勾连和强化了二者之间概念的关联性。例（91）上下两半段所共享的关系性图式结构"X把Y V成Z"是其参照点关系建立的基础，与例（89）和例（90）稍有不同的是，例（91）四小句句末所采用的韵式（an）由不同的字承担，在勾连上下两半段之间概念关联度上，较例（89）和例（90）稍微弱一些。

②交叉押韵

交叉押韵指S1和S3构成一个韵式，S2和S4构成一个韵式，它们具有相同的尾韵。如例（92）中S1句的"花"和S3句的"喳"，S2和S4句的"儿"；例（93）中S1句的"草"和S3句的"早"），S2句的"割"①和S4句的"说"。

(92) 尕妹是高山一枝花，
　　　谁是个灵芝草儿？
　　　阿哥是画眉叫喳喳，
　　　谁是个百灵鸟儿？
　　　（《六盘山花儿两千首》，第8页）

(93) 高高山上的水冰草，
　　　露水大得没割；

---

① "割"的方言音为"guō"。

> 我把你看上得比谁都早，
> 羞脸大得没说。
> （《中国歌谣集成·宁夏卷》，第67页）

例（92）上、下两半段共享同一图式结构"X 是 Y，谁是 Z 儿？"。S1 和 S3 句末的"花"和"喳"，以及 S2 和 S4 句末"儿"的重复构成交叉押韵，尤其是"儿"字的重复强化了上下两半段之间概念的关联度。例（93）上半段描述因露水大，没割水冰草这一生活事件，下半段描写因自己羞脸大，没有向对方说自己比别人早喜欢他/她这一情感状况。上下两半段所共享的图式结构"X 大得没~"建立起了二者之间概念参照关系，S1 和 S3 句末的"草"和"早"，S2 和 S4 句末的"割"和"说"所构成的交叉韵式进一步强化了它们之间概念的关联度。

③偶数句押

偶数句押指上下两半段中只有 S2 和 S4 句押韵，偶数句押韵其实是交叉押韵的一种变体。如例（94）中的"鸦"和"呐"，例（95）中的"呢"字的重复。

> （94） 墙头上一对红公鸡，
> 我当是一对儿老鸦；
> 阿哥唱歌好声音，
> 我当是吹响的唢呐。
> （《六盘山花儿两千首》，第16页）

> （95） 金黄的犍牛么套一对，
> 要耕个黑土的洼呢；
> 受苦的小阿哥你过来，
> 要说个心上的话呢。
> （《中国歌谣集成·宁夏卷》，第69页）

例（94）上半段描述自己把墙头上的一对红公鸡当作是一对老鸦，下半段描述自己把阿哥唱歌声当作是吹响的唢呐。上下两半段共享同一关系性图式结构"我当 X 是 Y"，它是上下两半段之间概念关系建立的基础，通过偶数句押韵的方式进一步强化了它们之间概念的关联性。同样，例（95）上半段描述套一对金黄犍牛要耕黑土洼这一农事景象，下半段描写自己要和受苦的小阿哥说心里话这一情感状态，两半段共享一个图式结构"X 要 V 个 Y"，句末"呢"的重复使用强化了它们之间概念的关联性。

④奇数句押

奇数句押指上下两半段中只有 S1 和 S3 句押韵，奇数句押韵其实也是交叉押韵的一种变体。如例（96）中的"串"和"缘"，例（97）中"的"字的重复。

(96) 马奶子葡萄一串串，
　　 这葡萄酸的么甜的？
　　 人都说咱二人有姻缘，
　　 这姻缘散哩么缠哩？
　　（《六盘山花儿两千首》，第 49 页）

(97) 镰刀打得个弯弯的，
　　 割草去不带个露水；
　　 维花儿维得远远的，
　　 庄子上不惹个是非。
　　（《中国歌谣集成·宁夏卷》，第 74 页）

例（96）上下两半段采用选择疑问的句式，上半段询问马奶子葡萄是酸的还是甜的，下半段询问他们二人姻缘是散还缠。它们共享一个图式结构"X 是 Y 还是 Z？"。S1 中的"一串串"是对葡萄的描述，与 S3 中的"二人"形成对比，同时也实现了"串"与"缘"的押韵，达到了强化二者概念关联性的作用。例（97）上下两半段共享一个关系性图式结构"X V 得~的，不 Y"。S1 句的"弯弯的"和 S3 句的"远远的"分别是对镰刀样式和自己家与对象家距离的描述，将其倒置在句末形成了奇数句的押韵，达到了强化二者概念的关联性的作用。

⑤一二句押，三四句押

一二句押，三四句押，即上半段和下半段分别押韵，这种押韵方式其实是一押到底式押韵的一种变体（曹强，2015），在"花儿"语篇构式中占比较小。如例（98）上半段两句尾部重复使用"翻"字，下半段重复使用"天"字；同样，例（99）上半段两句尾部重复使用"方"字，下半段重复使用"晌"字。值得注意的是，"翻"和"天"，"方"和"晌"分别又押同一韵脚。

（98）河里的石头翻三翻，
　　　水小着翻了两翻；
　　　这一回娘家浪三天，
　　　想你着浪了两天。
　　　（《中国歌谣集成·宁夏卷》，第 134 页）

（99）高山上点火照四方，
　　　火小者照了两方；
　　　墒好着打算套四晌，
　　　想你着只套了两晌。
　　　（《六盘山花儿两千首》，第 91 页）

以上两首"花儿"共享一个图式结构：X 导致 Y 未全部实现。例（95）上半段描述黄河里石头翻滚的景象，下半段描述自己回娘家的境况，S1 中的"翻三翻"和 S3 句"浪三天"形成对比，S2 句的"翻两翻"和 S4 句"浪两天"形成对比。同样，例（96）上半段描述高山点火的景象，下半段描述套晌的农事活动。S1 中的"照四方"和 S3 句"套四晌"形成对比，S2 句的"照两方"和 S4 句"套两晌"形成对比。两首"花儿"的上下两半段在共享同一图式结构的基础上，建立起了两半段之间的概念关系，通过巧妙地设置四小句尾部的交叉对应关系，无论从结构上，还是从韵式上都起着对上下两半段之间概念关联性的勾连和强化作用。

综上分析，共享关系性图式结构是"花儿"语篇构式上下两半段之间概念关系建立的基础，四小句尾部的押韵方式是调配它们之间概念参照关系的主要语言手段，起着勾连和强化它们之间概念的关联性，标示着"花儿"语篇构式上下两半段之间的参照点关系。通过本小节分析，以及

第 5 章关于韵律对"花儿"语篇构式认知加工过程的调配作用分析，进一步证实了 Langacker（2016c，2017a）等关于使用事件象征单位思想（具体见第 5 章）在语篇层面实践的可行性，明晰了韵式在"花儿"语篇构式上下两半段之间的参照关系的标示作用，即韵式起着勾连和强化上下两半段的概念参照功能。

6.3.5 语序导引"花儿"语篇构式的心理提取过程

从上文"花儿"语篇构式的参照点特征分析，便可发现，语序在"花儿"语篇构式认知加工活动中起着导引作用。"序列式心理提取成了概念结构的重要内容，而参照点关系就是一种有序的心理提取方式"（张韧，2012：5）。在"花儿"语篇构式中，上半段在整体上具有背景参照功能，位于篇章之首，下半段为目标，为认知参照活动处理的终点。依照"花儿"语篇构式心理提取的认知参照点机制分析，结合第 5 章"花儿"语篇构式语义聚焦突显模式分析，"花儿"语篇构式的概念提取和激活以成对式进行认知加工，这是因为"花儿"语篇构式上下两半段内两小句之间（S1 与 S2，S3 与 S4）的概念关联性以及上下两半段之间的参照点关系都是以成对的方式进行提取和激活加工。有鉴于此，"花儿"语篇构式认知加工的心理提取方式为一种成对式序列扫描（pairwise sequential scanning）（Langacker，2016b：5），图例具体可参见图 6.2（c）。由此可见，语序可导引"花儿"语篇构式注意力视窗的连续建构，使得语法单位可以在注意力视窗中相互提取和激活，决定语义解读（Langacker，2012b；张翼，2018）。因此，语序导引"花儿"歌手和听者注意力的交互主观化过程。

6.4 认知参照点路径对"比兴说"的认知阐释

传统"花儿"研究文献（如武宇林，2008 等）认为，"比兴"是"花儿"语篇构式的最主要特征之一（参见第 2 章 2.2.1 小节）。"花儿"语篇构式的"比兴说"特征源于中国传统文学文献关于"比兴"的论述。长期以来，学者们对"比兴"的研究集中体现在"比"和"兴"的区分。武宇林（2008：209）认为"比兴"难以区分，她指出："'比'一般是明显的比喻，而'兴'却是较为隐晦的比喻。"据此，她将"花儿"语篇中有明显的本体、喻体、喻词以及本体、喻体存在明显的相似点作为"比"进行分析，而把"关联性的比喻"作为"兴"进行分析。王晓云（2014：68）认为："'兴'的实质是由自然景物的某种特征而触发歌者心中的特定期待，因而发声为歌。由此观之，起兴句的'事'与主题句的'物'之间便必然有一定的关联。"很显然，武宇林（2008）和王晓云（2014）均认为比兴经常在一起，很难绝对区分。综上分析，学者们对"比"和"兴"之间的关系各抒己见，可谓仁者见仁，智者见智，尚未得到有效解决。总体来看，以上这些研究都没有论述清楚"比"和"兴"之间的关系，基本停留在形式层面的分析，并没有真正触及"比兴"这一思维方法的认知本质。因此，以往文献关于"比兴说"的研究总体停留在形式分析层面，尚缺乏一定的认知理据性。

"花儿"语篇构式的认知参照点模型分析表明，抽象图式性结构是"花儿"语篇构式上下两半段概念关系建立的"系带"，体现为一种关系性相似，即上半段所描写的事物和下半段所描写的情感具有一定的关系相似性，它们共享一个抽象图式性结构。无论是"比"还是"兴"，它们都体现为一种关系性相似。从认知过程来看，下半段的情感以上半段的事物为参照得以理解和构建，上半段起着参照点作用。以往文献关于"比兴"论述的分歧在于："比"和"兴"体现为两类完全不同事物之间的关系，"花儿"语篇构式认知加工的心理提取路径分析表明，"比"和"兴"都体现为一种关系性相似。这也是以往文献（如武宇林，2008；王晓云，2014；等）发现"比"和"兴"难以区分的根本原因。据此，我们认为，"比"和"兴"在思维层面上是一致的，都体现为一种认知参照点活动，其建立的基础为不同事物间的关系相似性。传统文献的"比兴说"是一种形式层面的术语和分析进路，认知参照点为这一形式分析提供了认知理据，也在一定程度上可解决"比"和"兴"区分纠缠不清的局面。

6.5 认知参照点路径对"花儿"语篇构式的英译启示

翻译作为语言和思维的活动，认知参照点理论也对其具有解释力。以源语文本中核心要素为参照点寻找译入语文本恰当的表达式,这是翻译活动最基本的认知过程。当然,这一寻找过程建立在意义对等的基础上。因此,语义构建过程中所关涉的认知机制自然对翻译活动起着重要的理论指导作用。

上文分析发现,认知参照点在"花儿"语篇构式语义构建过程中起着关键作用。"花儿"语篇构式上下两半段以及韵式和语序等在"花儿"语篇构式认知加工过程中的认知功能。"花儿"语篇构式语义构建的这一心理提取路径为英译"花儿"带来的理论启示在于以下三点。

第一,为"花儿"语篇构式的英译过程提供了路径参照。英译"花儿"语篇构式不仅要考虑其意义,还要兼顾其形式。因为在构式语法看来,构式是一个形式和意义的匹配体(Goldberg,2006)。本书第4章已经讨论了"花儿"语篇构式英译的翻译观,即翻译的构式观(魏在江,2020)。鉴于此,英译"花儿"语篇构式不能偏袒于形式和功能任何一极。"花儿"语篇构式语义构建的认知参照点路径分析很好地揭示了其形式在语义构建过程中的导引作用,换言之,形式和语义的关联性得到了很好的阐释。因此,"花儿"语篇构式的英译过程也应参照这一基本路径,以确保译文和原文的最大化对等。如我们对本章例(68)和例(77)的英译实践:

(68)家里住的是箍窑子,
没有椽没有个檩子;
维下个花儿像鹞子,
走起路追不上影子。
(《六盘山花儿两千首》,第23页)

In a bond cave dwelling I am living.
It is no rafter and purlin.
Like a sparrow hawk is the girl I am dating
I cannot catch her when she is walking.

(77)骑马要骑个殷红马,
要骑个鞍鞴儿好的;

搁花儿没嫌你穷富花，
要搁个心肠儿好的。
(《六盘山花儿两千首》，第3页)

For riding, choose a bay horse,
And the strong saddled it has;
For seeking a girlfriend, not for her wealth,
But the good nature she has.

　　例（68）和例（77）两首"花儿"语篇构式的英译充分考虑了其语篇的参照点特征。例（68）上半段通过倒装手段实现了上半段韵律的一致，也明确了两句之间的参照点，即第一句中的"bond cave dwelling"为第二句提供了背景参照，第二句对其进行详述；同样，下半段也采取倒装手段实现了第三、第四句韵律的一致性，第三句中的"the girl"为第四句提供了背景参照，第四句对其进行详述。整首"花儿"的译文在意义和形式上都较好地保持了原文的一致性。例（77）的译文在韵律稍与原文有差异，采取了上半段和下半段分别押韵的模式，但在参照点特征上保持与原文一致，即首句为第二句提供了背景话题，第二句进一步对其进行详述；第三句为第四句提供了背景话题，第四句进一步对其进行详述。上下两半段在结构参照上也保持了高度的一致性。例（68）和例（77）的英译实践表明，认知参照点对"花儿"语篇构式的英译过程具有重要参照作用。

　　第二，为"花儿"语篇构式的英译提供了核心要素。"花儿"语篇构式语义构建的认知参照点路径分析揭示了其语篇的参照点特征，以及韵式和语序在上下两半段之间的认知作用。这些核心要素为英译"花儿"语篇构式奠定了基础。这对英译"花儿"语篇构式的最大启发在于：如何依靠原文的参照点特征，选择英语中相关表达和结构，以求最大限度保留其源语文本的参照点特征，例如源语文本的语序和韵式模式。例（68）和例（77）的英译实践很好地说明了这一点。以下是我们对本章例（79）和例（92）的英译实践：

　　（79）刘备顾了茅庐了，

曹操发了愁了；
二阿哥无故者坐牢了，
尕妹子为你者死了。
(《六盘山花儿两千首》，第 189 页)

Liu Bei have visited the cottage three times,
Cao Cao worried a lot.
You were sent to jail with innocence,
I will die for you.

(92) 尕妹是高山一枝花，
谁是个灵芝草儿？
阿哥是画眉叫喳喳，
谁是个百灵鸟儿？
(《六盘山花儿两千首》，第 8 页)

My love is a peony flower in the high mountains.
Who is the ganoderma in matching?
I am a thrush chirping.
Who is the lark in singing?

例(79)和例(92)两首"花儿"的英译实践成分参照了原文构建的认知参照点路径，并为英译活动提供了核心元素。例(79)上下两半段共享一个类比结构，下半段的感情叙事参照上半段的历史事件描述结构，这一共享类比结构是英译的核心元素。如果不考虑这一类比结构，上下两半段之间就无法找到语义上的关联性。这首"花儿"的英译也体现了译者的体验在英译过程中的重要性，如果译者没有上半段历史事件这一文化体验，就很难掌握上下两半段之间的类比性结构。例(92)通过充分考虑上下两半段之间的共享结构"X 是 Y，谁是 Z 儿"及其相关元素，最大化实现了译文和原文的对等。

第三，为"花儿"语篇构式译文和原文实现认知功能对等奠定了基础。对翻译活动而言，实现源语和译入语的功能对等是一件极其困难的事情。"花儿"语篇构式语义构建的参照点路径分析有助于其英译最大化实现功能对等。这不仅体现在"花儿"语篇构式语义的传递上,而且体现在其形式特征的最大化实现。这是因为形式和语义构成了构式的两极,二者是一个配合体。要实现其英译的认知功能对等,必然要顾及二者之间的关联性。只有充分考虑了"花儿"语篇构式形式和语义特征以及二者之间的关联性,才能实现原文和译文的最大化功能对等。因此,从认知角度来讲,可最大化实现"花儿"语篇构式英译的认知功能对等。据此,"花儿"语篇构式语义构建的认知参照点路径为此奠定了基础,以下结合我们对本章例(69)的英译实践做简要分析。

(69) 胡麻开花是遍地蓝,
马莲么开花是路蓝;
我连阿哥把心连,
没媒人也是个枉然。
(《六盘山花儿两千首》,第68页)

Flax blooms everywhere in blue,
Malian flowers bloom along the road;
Be of one mind with my lad,
In vain without a matchmaker.

例(69)中,第一句为第二句提供了对比的对象"胡麻",围绕植物的"开花"颜色,形成了"胡麻"和"马莲"的对比。上半段是自然景物的描写,对整首"花儿"起着引子的作用。在英译实践中,依照原文的对比特征,通过对译文句式的调整,不仅译出了原文的对比特征,也实现了原文的韵律特征。后半段两句隐含着转折的逻辑关系,同样通过对译文句式的调整,最大化实现了原文的意义,也很好地实现了两句之间的韵律特征。

综上分析,认知参照点对翻译活动起着关键作用,具有很强的理论指导性。这也充分说明了认知机制在最大化实现原文和译文对等方面的作用。因此,认知参照点不仅能导引译者翻译过程,也能在原文和译文转化方面发挥指导作用。据此,通过揭示和分析"花儿"语篇构式语义构建的认知参照点路径，不仅可为"花儿"翻译者的翻译过程提供导引，也能在具体句式转化方面提供重要的理论指导。

6.6 本章小结

本章在"花儿"语篇构式语义构建聚焦突显模式（参见第5章5.3小节）分析的基础上，重点研究了"花儿"语篇构式中注意力视窗之间的心智联结路径及其联结的认知机制，明确了"花儿"语篇构式语篇空间之间心理通道方向建立的认知识解机制：认知参照点，并阐明了上下两半段以及韵式和语序等在"花儿"语篇构式语义构建和理解中各自的认知功能。本章分析发现，认知参照点为"花儿"语篇构式语义构建过程中概念提取与激活建立了心理通道。换言之，"花儿"语篇构式中认知参照点关系是一种将注意力视点从参照点转移到目标的动态现象，在注意力视窗中参照点和目标分别得以聚焦突显，认知参照点起着导引注意力视点聚焦和转移的序列式心理扫描过程。通过揭示和分析"花儿"语篇构式语义构建的认知参照点路径，不仅为"花儿"翻译者的翻译过程提供导引，也能在具体句式转化方面提供重要的理论指导。

第5章和本章一起阐释了"花儿"语篇构式语义构建的认知加工过程，即在韵律群和句法平行式等调配下，"花儿"语篇构式四小句依次构建四个注意力视窗，在认知参照点的引导下，四小句语义内容经序列式心理扫描依次得到聚焦突显，激活了"花儿"语篇构式隐喻义的始源域和目标域。依照"花儿"语篇构式语义构建的认知阐释模型（见图4.12），第5章和本章重点分析了"花儿"语篇构式语义聚焦突显这一前景化进程以及其中一个认知操作机制：认知参照点。在本章分析的基础上，下一章将在概念整合理论的指引下，进一步分析"花儿"语篇构式语义聚焦突显过程中另一个重要认知识解机制：概念整合，并讨论这一认知机制对英译"花儿"语篇构式的理论启示。

第7章 "花儿"语篇构式语义构建的概念整合机制及英译启示

通过第5章和第6章的分析发现，语篇空间的动态推移，依次提取和激活了"花儿"语篇构式隐喻义的始源域和目标域中的概念成分，目标域参照始源域得以构建。但尚未进一步考察和分析始源域和目标域中概念成分如何经整合形成层创性语义。基于此，依照"花儿"语篇构式语义构建的认知阐释模型（见图4.12），本章着重考察"花儿"语篇构式语义聚焦突显这一前景化过程中另一个重要认知操作机制：概念整合，即"花儿"语篇构式语义前景化的动态在线构建过程。并据此从翻译过程出发，分析概念整合机制对"花儿"语篇构式英译的启示。

首先，本章通过考察心理空间、域和CDS以及CDS和概念整合之间理论关系，明晰三个章节之间的理论关联。其次，在分析"花儿"语篇构式前景化语言手段的基础上，结合第5章分析，本章分析指出"花儿"语篇构式的语义前景化过程。最后，从翻译过程出发，结合概念整合机制对"花儿"语篇构式语义动态构建过程的理论性阐释，分析其英译对"花儿"语篇构式的理论启示。

7.1 几个相关术语的理论关系分析

第5章分析了"花儿"语篇构式语义聚焦突显模式，涉及"花儿"语篇空间动态推移过程中先前语篇空间和当前语篇空间之间的连接关系，即前景化推移过程，先前语篇空间对CDS的建构起着背景参照作用。而语篇空间又由隐喻"图绘"，隐喻的始源域和目标域在"花儿"语篇空间动态推移过程中依次被提取和激活，即在"花儿"语篇构式概念提取与激活的认知加工过程中，上半段激活隐喻的始源域，下半段激活目标域（见图4.12）。那么，CDS和域是什么关系？又鉴于概念整合建立的基为不同心理空间之间的连接和整合,那么,CDS、域和心理空间三者之间又是什么理论关系?因此,厘清 CDS、域和心理空间三者之间的理论关系是建立第 5 章和本章之间理论关系的关键之所在,因为本章关于"花儿"语篇构式语义前景化的概念整合分析建立在"花儿"语篇构式中心理空间相连接的基础上。

7.1.1 心理空间、域和当前语篇空间的理论关系

心理空间、域和 CDS 是认知语言学文献经常使用的三个基本概念。王馥芳(2014)以及文旭和司卫国(2018)指出,认知语言学面临着术语上不统一的挑战。心理空间、域和 CDS 等概念一直饱受学界的质疑和争议。有鉴于此,非常有必要对此作出梳理、对比和分析。本小节在分别介绍心理空间和域的基础上,结合第 5 章对 CDS 的介绍,厘清心理空间、域和 CDS 三者之间的关系,旨在阐释清楚第 5 章、第 6 章和本章之间的理论关联性,为本章关于"花儿"语篇构式语义前景化的概念整合分析奠定基础。

(1) 心理空间和域

心理空间是"人们思考、谈话为了局部理解(local understanding)和行为目的而建构起来的概念包"(Fauconnier & Turner, 2002: 40, 102)。它是人们局部理解和行动时所需背景知识的基本组织,由框架或认知模型(cognitive model)构建(Fauconnier, 1997; Fauconnier & Turner, 2002)。如例(100)有两个心理空间:一个是"真实空间"中"罗密欧和朱丽叶的恋爱关系";另一个是由空间构筑语(space builder)(Fauconnier 1997: 40)"maybe"建构的"预测空间"。"真实空间"和"预测空间"都由"恋爱"这一基本框架构建,"Romeo"和"Juliet"为"恋爱"框架中两个角色(role),即恋爱双方的值(value)。两个心理空间之间连接关系正是基于它们之间具有可及性,即相同的框架和角色值。

(100) Maybe Romeo is in love with Juliet. (Fauconnier, 1997: 42)

值得注意的是,心理空间可被理解为话语建构的一些域(Fauconnier, 1997: 34)。那么,心理空间和域之间的理论关系到底是什么?"域"这

一概念被广泛运用于概念隐喻(Lakoff & Johnson,1980)和认知语法(Langacker,1987,1991b 等)的理论构建中。它作为一种人类知识组织的概念,非常宽泛,具有一定的模糊性(Cienki,2007:181)。一个语言表达式所激活的认知域不止一个,这些认知域以一定方式相互交叠和互动(Taylor,2002:197)。从概念范围来讲,域比心理空间的概念范围更加宽泛和抽象,因为心理空间指话语参与者在特定情景下为了特定目的而进行的概念化,而域包含了人类概念化相关联的经验知识的诸多方面(Cienki,2007:181)。据此,心理空间和域都是描述人类知识组织的概念,只是它们的视角不同罢了(文旭、司卫国,2018:32),前者着眼于局部性话语理解所需背景知识的组织,后者强调人类一切经验知识的组织。二者的具体区别在于:心理空间和域都与框架、认知模式和图式等概念具有内在相关性。Langacker(1987:150)指出:"抽象域等同于理想化认知模式、框架(frame)、场景(scene)、图式(schema)或脚本(script)";而心理空间又是由"框架或认知模式(cognitive models)所构建"(Fauconnier,1997:39;Fauconnier & Turner,2002:102)。有鉴于此,心理空间和域之间的关系体现为:心理空间由抽象域(框架)构建。域是一个比心理空间更广泛和抽象的概念,它"包括背景认知(background cognitive)、概念模型(conceptual models)以及局部引入的(locally introduced)心理空间"(Fauconnier,1997:1)。因此,域和心理空间的区别是一个抽象层级问题,心理空间由域构建,心理空间的构建可激活域的框架组织(参见 Dancygier & Sweetser,2014;Kövecses,2020)。

(2)心理空间和 CDS

在第 4 章和第 5 章中,我们已经详细介绍了 CDS 及其基本架构。值得注意的是,Langacker 将 CDS 界定为"言者和听者所共享的一切信息所组成的一个心理空间,是某一时刻话语理解和构建的基础。基于这一基础,每一个连续话语以一些方式不断地更新(update)CDS"(Langacker,2008:59,281,466)。由此可见,Langacker 将 CDS 等同于心理空间。通过仔细分析心理空间和 CDS 概念,我们认为,Langacker 之所以将 CDS 等同于心理空间是基于二者在以下三个方面的一致性。

第一,心理空间和 CDS 都是人类经验的局部的、在线组织方式。心理空间被界定为:在话语流动的特定时刻,话语双方所共享的信息作为其交际的基础。心理空间是人们交谈和行动时为话语的局部理解而建立的一些域（Fauconnier，1997），这些域是交际双方话语理解的基础，即心理空间由域构建。CDS也被界定为"对话语双方具有交互主观性和可及性的一些知识信息，其作为话语流动某一刻话语双方交际的基础"（Langacker，2017c：315）。因此，心理空间和CDS都指的是人们交际时局部可及性（locally available）知识信息的基本组织，它具有不稳定性，不涵盖整个言语社区（speech community）（Langacker，2017c）。

第二，特定话语流动时刻，心理空间和CDS的建立都须基于基础空间。Fauconnier（1997：38）指出："在话语的任何特定阶段，其中一个空间是基础……下一阶段的构建将与基础空间相关。"换言之，基础空间和后续心理空间的建立具有可及性。CDS的运作过程也体现了先前语篇框架对后续语篇框架的基础作用，因为先前语篇框架提供了后续语篇框架理解和建构的知识背景（Langacker，2008）。在特定话语阶段，每一个后续语篇空间的建立都是对先前语篇空间的更新或转化。因此，心理空间和CDS的建立都强调了基础空间在其构建过程中的基础性作用。

第三，心理空间和CDS其本身都由域、框架或认知模式构建。Langacker（2008：281）指出："只有CDS的特定部分被唤起作为任何特定话语的理解，这些部分组成了一个话语框架（discourse frame）。所以，随着语篇的展开，交际双方就一系列的话语框架进行协商，每一个新产生的话语框架都源于对先前框架的更新。"Fauconnier（2007：351）也指出"心理空间包含一些成分，由框架或认知模型构建"。因此，心理空间和CDS都由框架和认知模型构建，这造就了二者概念的等同性。

（3）心理空间、域和当前语篇空间三者之间的内在理论关系

基于以上分析，心理空间、域和CDS三个概念都在谈论知识结构的组织问题，只是论述的角度不同罢了（文旭、司卫国，2018：32）。心理空间和CDS从知识结构组织的局部出发，而域则从其组织的宏观层面出发，其概念范围最大，包括基本域和抽象域。心理空间、域和CDS三者之间的具体理论关系如图7.1所示。由图7.1可知，心理空间通过框架和认知模式构建，而抽象域又等同于框架、图式和认知模式等。Kövecses（2017，2020）将域、框架和图式这个层面的知识组织称之为长时记忆，人们可以根据需求提取和激活。因此，心理空间是由抽象域构建，这一构建过程是一个将长时记忆中的知识再次提取和激活并在具体语境中加以创造性使用（Kövecses，2017），具体见图中的关系（1）。心理空间又和

CDS 具有内在一致性，都是话语局部理解和构建所需背景知识的基本组织，具体见图中关系（2）。Kövecses（2017）认为心理空间或 CDS 是一种工作记忆层面的操作，对此，Fauconnier 和 Turner（2002）也持有相同的观点。在认知语言学文献中，我们常见到有学者将心理空间界定为域（如 Fauconnier，1997），将心理空间看作是与 CDS 相当的概念（如 Langacker，2008）。这些文献中的"域"大多指的是"抽象域"。CDS、域和心理空间这些概念之所以出现"混用"，在一定程度上来讲，这是由于对心理空间、CDS、域和框架等这些概念之间的图式性层级不分所导致的结果。Dancygier 和 Sweetser（2014）以及 Kövecses（2017，2020）认为，意象图式、域、框架和心理空间等概念结构的区别在于它们的图式性层级，意象图式的图式性最高，域和框架次之，心理空间最低。处于工作记忆中心理空间层的构建可以提取和激活长时记忆中意象图式、域和框架等概念结构。因此，心理空间是由意象图式、框架或域构建，CDS 和心理空间都为人类工作记忆中基本的概念结构。

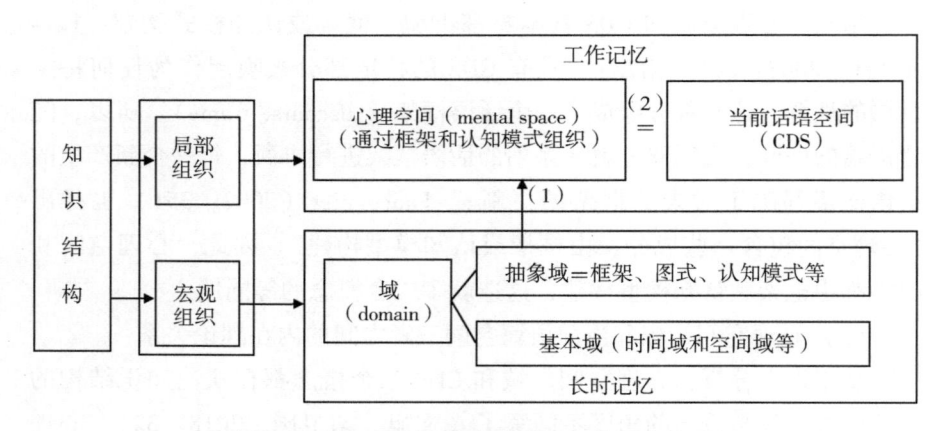

图 7.1　CDS、心理空间和域之间的理论关系

7.1.2　概念整合和当前话语空间的理论关系

上一小节厘清了心理空间、域和 CDS 三者之间的理论关系。分析表明，心理空间和 CDS 具有等同性，都是话语局部理解和构建所需背景知识的基本组织，是一种工作记忆层面的在线认知操作。因此，二者具有等同性。这为本小节进一步探究 CDS 和 CBT 之间的理论衔接关系奠定了基础。

Langacker（2008，2012b）明确指出，CDS 动态推移过程中语篇空间之间存在一定的交叠关系，这为概念整合奠定了基础。据此，Mierzwińska-Hajnos（2016）探索了 CDS 和 CBT 之间的理论关系。依照这一分析，CDS 的动态推移过程依次提供了一系列的心理空间，这些心理空间相互连接和映射形成概念整合网络，为语义浮现奠定了基础。经概念整合产生的浮现性语义结构是交际双方所固定的知识（stable knowledge），位于最前景化位置。据此，我们进一步将 CDS 和 CBT 之间的理论关系标示如图 7.2 所示。

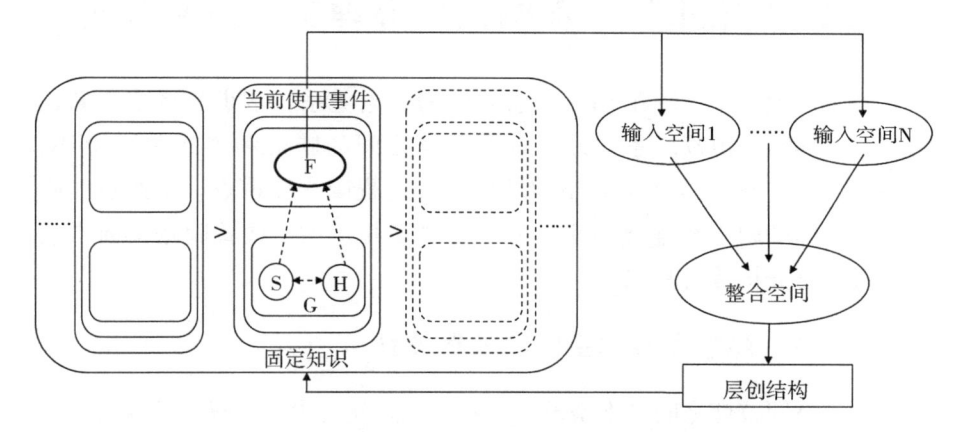

图 7.2　基于 Mierzwińska-Hajnos（2016）的 CDS 和 CBT 理论关系

依照图 7.2，交际双方（S 和 H）所聚焦（F）的"台上"语义内容形成一个当前使用事件，相当于一个临时的概念包。随着认知加工时间展开，CDS 依次动态推移（用">"标示）提供了 CBT 网络中的输入空间（从 1 到 N）。这些心理空间彼此之间相互映射和连接，最终投射到整合空间，形成一个层创结构。因此，CBT 是 CDS 动态推进过程一个重要认知识解操作工具（参见第 5 章 5.3.2 小节）。

需要强调的是，目前，CDS 模型在分析复杂句式时具有很强的阐释力，如 Langacker（2012b，2016a）对句式省略和代词回指现象的分析。分析表明，它可强有力地阐释句式之间的概念整合，但 CDS 目前尚未在语篇层面得以实践。第 5 章的分析发现，概念整合是"花儿"语篇构式语义构建过程的主要认知机制之一。据此，本小节厘清了 CDS 和 CBT 之间的理论关系，为将 CDS 模型运用于宏观语篇层面的分析奠定了理论基础。本章将分析证明：尽管 CBT 和 CDS 理论思想具有一致性，但在宏观语篇层面的阐释上，较 CDS 模型的组构①思想，CBT 的整合思想更具可操作性。

概言之，前文已经厘清了第 5 章和本章之间的理论衔接关系。据此，本章将在第 5 章的基础上，以 CBT 为理论分析工具，重点分析"花儿"语篇构式中语篇视点、参照点和心理空间之间的连接和整合关系，旨在进一步探析"花儿"语篇构式语义前景化的动态在线构建过程；并为英译"花儿"语篇构式提供理论启示。

7.2 "花儿"语篇构式中心理空间关系分析

基于心理空间、域和 CDS 三者之间的理论关系，本小节将结合 Fauconnier（1994，1997，等）关于心理空间之间的映射和连接关系论述，分析"花儿"语篇构式语篇空间动态推移过程中语篇视点、参照点、心理空间之间的映射和连接关系。为后文"花儿"语篇构式隐喻义前景化的概念整合分析奠定基础。

7.2.1 隐喻和心理空间的映射关系

心理空间彼此之间并不是没有关系，而是具有内在的概念关联性。心理空间的推移是一个概念激活和加工过程。认知语言学家 Fauconnier 将这种概念上的内在关联描述为映射。当我们思考和谈论时，我们所建构的心理空间之间会发生映射（Fauconnier，1997：8）。Fauconnier 给出了心理空间建立和连接的三种基本映射关系：投射性映射（projection mappings）、语用功能映射（pragmatic function mappings）和图式性映射（schematic mappings）（Fauconnier，1997：11），它们位于任何语言理解的语义和语用阐释以及认知构建的中心（Fauconnier，1997：12）。鉴于"花儿"语篇构式义为隐喻，因此，本书在此直接介绍投射性映射。投射性映射指"一个域的部分结构被投射（project）到另外一个域"（Fauconnier，1997：9）。认为从始源域到目标域的隐喻性映射（metaphorical mappings）就是一种投射性映射。人们为了谈论和思考一个目标概念，通常

---

① Langacker（2008，2017c）等文献认为，认知语法的组构思想是一种融合或者整合（blending/integration）思想，与 Fauconnier & Tuner（2002）的概念整合思想具有一致性。

采用始源域的结构及其相对应的词汇（Lakoff，1987）。根据上文关于域和心理空间之间的关系分析，心理空间由域构建。因此，"花儿"语篇构式中心理空间之间的映射本质上是隐喻性映射。

7.2.2 语篇视点、参照点和心理空间之间连接关系

上一小节指出了"花儿"语篇构式中心理空间之间的投射性关系，由此可知，"花儿"语篇构式中心理空间之间的连接关系本质上是概念关系的连接。随着心理空间之间连接关系的建立，语篇视点和参照点也会在心理空间之间发生转移（Dancygier，2005，2010；Nikiforidou，2012）。心理空间之间的连接关系不是任意的。经语法手段所揭示的心理空间之间的连接关系往往遵循可及性原则（access principle）（Fauconnier，1997：41）：

如果两个成分 a 和 b 通过一个连接成分（a connector）F［b=F（a）］得以连接，那么，成分 b 通过命名、描述或者指向它的对应成分 a 而能被识别。我们可以说，命名或描述的成分 a 是触发语（trigger），被识别的成分 b 是目标。

根据可及性原则，一个心理空间中命名或描述某一成分的表达式与另一心理空间中与其相对应成分具有可及性。如例（101）：

（101）高高山上的苦丝蔓，
　　　　它长的悬，
　　　　根扎在青石头崖上；
　　　　尕妹是园里的白牡丹，
　　　　你长的端，
　　　　根扎在阿哥的心上。
（《西北花儿精选》，第 246 页）

例（101）上半段首句"高高山上的苦丝蔓"为基础空间，也是话语的焦点所在。以这一心理空间为基础（base），第二句中"它"与第一句中"苦丝蔓"相对应，建构了一个新的心理空间，两个心理空间通过成

分对应关系建立起了连接。第三句中"根"与第一句中"苦丝蔓"和第二句中"它"相对应,又建构了一个新心理空间。同样,下半段中首句"尕妹是园里的白牡丹"也作为基础空间,第五句中"你"与第四句中"尕妹"相对应,建构了一个新的心理空间,两个心理空间通过成分对应关系建立起了连接。第六句中"根"与第四句中"白牡丹"相对应,又建构了一个新心理空间。由此可见,语篇构式中心理空间内的知识处于"漂浮"状态,但这些心理空间之间的对应成分具有可及性。同时,这也反映了语篇视点和参照点的转移情况。随着心理空间的建构进程,语篇视点相应地发生转移,基础空间作为背景参照,新建立的心理空间以此为参照对其进行进一步详述。因此,"花儿"听众要想准确合理地对"花儿"歌谣做出推理,基础、视点和焦点这三个概念发挥着极其重要的作用。有鉴于此,心理空间的连接"往往是语篇视点、参照点、心理空间的连接"（Fauconnier & Turner, 1998: 133-187）。

7.2.3 "花儿"语篇构式中心理空间关系模型

上文分析发现 CDS 和心理空间具有概念的等同性（参见 7.2.1 小节）。因此,第 5 章"花儿"语篇构式语义构建的聚焦突显过程分析为"花儿"语篇构式中心理空间之间的连接关系奠定了基础。第 5 章分析发现,"花儿"语篇构式中上下两半段的认知加工分别在两个不同的注意力视窗中完成,注意力视窗分别侧显的是同一个事件概念内容的不同方面,但这些概念内容之间具有不同程度的概念连接性,这些注意力视窗之间的概念连接关系即为心理空间之间的连接关系。第 6 章分析表明,"花儿"语篇构式上下两半段之间为一种认知参照关系。上半段为起始点,起着背景参照的作用。下半段为焦点,是"花儿"语篇构式构建的目标之所在,下半段的理解和构建以上半段为背景参照。依照心理空间之间的连接特征,上半段构成了一个基础空间,下半段为焦点空间,随着语篇空间的展开,语篇视点从上半段转移到下半段。因此,第 5、第 6 和第 7 章分析之间具有了内在的理论关联性和一致性。

以"花儿"语篇构式语义构建的聚焦突显认知识解模式（见图 5.6）和"花儿"语篇构式语义构建的认知参照点模型（见图 6.2）为基础,依照心理空间理论,"花儿"语篇构式中心理空间关系模型可标示如

图 7.3 所示①。在图 7.3 中,四个注意力视窗(W_1、W_2、W_3 和 W_4)中的加粗小圆圈表示每一小句所表达客观场景(OS_1、OS_2、OS_3 和 OS_4)中概念内容的交叠之处,">"表示"花儿"语篇构式中心理空间的推移过程,也是语篇视点的转移过程。"花儿"语篇构式上半段形成一个"事物描述空间",其中的两小句分别构建了两个注意力视窗(W_1 和 W_2);下半段形成一个"情感构建空间",两小句也分别构建了两个注意力视窗(W_3 和 W_4)。换言之,W_1 和 W_2、W_3 和 W_4 通过概念连接关系(虚线表示它们之间的概念对应关系)分别构成了"事物描述空间"和"情感构建空间"。"事物描述空间"和"情感构建空间"又通过概念参照关系,基于比较和范畴化认知操作(具体见第 5 章分析),这两个心理空间整合形成整个"花儿"语篇的"叙事空间",下文将对此做出具体分析。

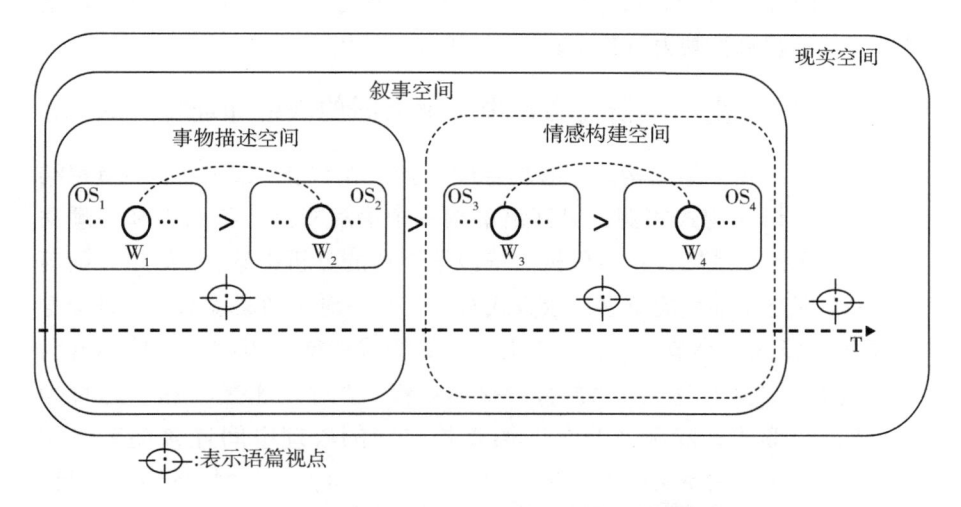

图 7.3 "花儿"语篇构式中心理空间关系模型

根据心理空间之间概念知识的"漂浮"和"连接"特征,W_1 和 W_3 为基础空间,W_2 和 W_4 为焦点空间,因为 W_2 和 W_4 的建构分别以 W_1 和 W_3 为基础或参照。语篇视点分别从 W_1 转移到 W_2、从 W_3 转移到 W_4。由 W_1 和 W_2 组构形成的"事物描述空间"为基础空间,由 W_3 和 W_4 构成的"情

---

① 图 7.4 的基本架构方式参照了 Van Krieken et al.(2016),Van Krieken 和 Sanders(2019)以及 Sanders 和 Van Krieken(2019)关于新闻叙事语篇心理空间模型的基本架构方式。

感构建空间"为焦点空间。总体上来看,"花儿"语篇构式随认知加工时间展开,语篇视点从"事物描述空间"转移到了"情感构建空间",因为"情感构建空间"是"花儿"语篇构式的最终目标之所在。另外,"花儿"语篇构式中所有这些心理空间都是"花儿"歌手与听众基于一定时空场景①所共享的世界和语篇语境知识(Fauconnier & Sweetser, 1996; Oakley & Coulson, 2008),由此,"花儿"歌手与听众又构成了一个"现实空间"②。

根据图 7.3,"花儿"语篇构式中有两个基本心理空间:"现实空间"和"叙事空间",其中"叙事空间"由"事物描述空间"和"情感构建空间"通过概念连接构成。第 3 章分析表明,"花儿"语篇构式的语义结构具有隐喻性,其上半段由始源域概念构建,下半段由目标域概念构建。有鉴于此,"事物描述空间"由"花儿"语篇构式隐喻义的始源域构建,"情感构建空间"由目标域构建,从"事物描述空间"到"情感构建空间"为一种隐喻性映射(Fauconnier, 1997:9)。

7.2.4 "花儿"语篇构式中心理空间的映射和连接关系

依据"花儿"语篇构式中心理空间连接关系(图 7.3),本小节将结合"花儿"语篇构式实例,对其语篇构式中语篇视点、参照点和心理空间之间的连接关系展开具体分析。依照第 5 章的分析结论,"花儿"语篇构式中心理空间推移的概念连接方式有:交叠、对比和语境勾连三种类型(参见第 5 章 5.4 小节)。在"花儿"语篇构式的衔接组织上具体体现为"重复连接""隐性连接""部分—整体连接""对比连接"和"语境勾连"等组织形式。依照"花儿"语篇构式中的心理空间连接关系(图 7.3),这些连接关系实际上反映了"事物描述空间"和"情感构建空间"之间语篇视点、参照点和心理空间的连接。我们以例(102)和例(103)为例进行详细分析。

  (102)云彩缝里有雨呢,
     有雨者要打个伞哩;

---

① 可能是典型的面对面话语交流,也可能是话语世界的分裂。
② 这一现实空间与认知语法整体架构框架中的互动轴(interactive axis)相一致,都表示言者与听者基于一定时空场景所共享的信息知识。

尕妹子心里有你呢,
有你者要叫你管哩。
(《中国歌谣集成·宁夏卷》,第83页)

(103) 养骡子没在肥和瘦,
要养个力气好的;
维花儿没在穷和富,
要维个心肠好的。
(《六盘山花儿两千首》,第3页)

例(102)采用"重复"这一语言手段,上半段重复"有雨";下半段重复"有你"。上半段的"事物描述空间"由"下雨"框架构建,第一句为基础,第二句以第一句为基础进行构建,为焦点,即第一句"云彩缝里有雨"为第二句"有雨要打伞"提供了连接的基础与参照(具体参见第6章分析),语篇视点相应地从第一句转移到了第二句。同样,下半段"情感构建空间"的构建也是如此,第三句"尕妹子心里有你"为第四句"有你者要叫你管"的构建提供了基础和参照,语篇视点也相应地从第三句转移到了第四句。例(102)与例(103)在语篇构式心理空间推移连接模式上都属于"概念交叠型",区别在于:它们在语言层面所采用的连接手段有所不同。例(103)省略了第一和第二句以及第三句和第四句之间的显性语言连接手段,为一种隐性连接,即第一句和第二句都描述"养骡子",但在第二句中"养骡子"被省略了;第三句和第四句都描述"维花儿",但在第四句中"维花儿"被省略了。从心理空间的构建来看,例(102)与例(103)没有本质性区别,它们都体现为上下两半段内首句的概念基础性、概念参照性和语篇视点的起始性。另外,对于例(102)和例(103)上下两半段之间的连接而言,第6章分析表明,上半段为下半段的理解和构建提供了概念参照,这是由"花儿"语篇构式的隐喻性语义结构所决定的。第5章分析表明,上下两半段共享同一个抽象图式结构,它们之间为一种类推关系[①](Gentner, 1983; Gentner &

[①] 本部分只分析上下两半段所建构心理空间之间的连接关系,对于二者之间的整合关系,我们将在下一节专门对其进行详细分析。

Smith, 2013; Fauconnier & Turner, 2002)。因此, 上下两半段的构建具有一定的相似性, 上半段对于下半段也具有概念基础性、概念参照性和语篇视点的起始性。以上分析充分体现了连接 "往往是语篇视点、参照点和心理空间的连接"(Fauconnier & Turner, 1998: 133–187)。

(104) 西宁的雀雀儿往南飞,
    爪爪上带红着呢;
    一对大眼睛的小姊妹,
    大眼睛照谁着呢?
    (《中国歌谣集成·宁夏卷》, 第64页)

与例(102)和例(103)不同, 例(104)所采用的语言衔接手段为"整体—部分"关系。上半段两句中的"雀雀"与"爪爪", 下半段两句中的"小姊妹"与"大眼睛"都是"整体—部分"关系。从心理空间构建来看, 上半段的"事物描述空间"为"动物飞行"框架所构建, 第一句描述了框架中主体对象"雀雀", 第二句进一步对其进行详述: "雀雀爪子的颜色'带红'", 两句通过"整体—部分"关系得以连接。第一句为基础, 提供了框架背景参照, 第二句为焦点, 参照第一句得以建构, 语篇视点从第一句转移到第二句。同样, 下半段的"情感构建空间"为"人物活动"框架所构建, 第三句描述人物对象"小姊妹", 第四句进一步对其进行详述"小姊妹的大眼睛照谁", 两句通过"整体—部分"关系得以连接。第三句为基础, 提供了后句进行描述的对象。第四句为焦点, 参照第三句建构, 语篇视点从第三句转移到第四句。上半段和下半段整合形成完整的"叙事空间", 它们共享同一个抽象图式结构, 为一种类推关系(Gentner, 1983; Gentner & Smith, 2013; Fauconnier & Turner, 2002)。上半段为基础空间, 下半段为焦点空间, 下半段参照点上半段得以构建和理解, 语篇视点也从上半段转移到了下半段。

(105) 前锅里煮的是苦苦菜,
    后锅里煮的是芥菜;
    维花儿要维个长流水,
    不维那河里的过水。

(《六盘山花儿两千首》，第 3 页)

例（102）—（104）虽然采用了三种不同的语言连接手段："重叠""省略"和"整体—部分"，但它们在概念连接上都体现为概念之间的交叠关系（Langacker, 2012c）。例（105）则体现为概念之间的对比关系。上半段"景物描述空间"由一个"锅里煮菜"的对比性框架构建，第一句描述"前锅煮苦苦菜"，第二句描述"后锅煮芥菜"；两句形成一种概念对比关系，第一句提供了第二句对比的背景框架，第二句以第一句为对比基础。下半段"情感建构空间"是由一个"维花儿"的对比性框架构建，第三句交代"维花儿"的标准是"长流水"，第四句交代"维花儿"不应选择的对象"过水"，这里的"长流水"和"过水"都是对所选择对象的一种隐喻性表达，"长流水"喻指所选择对象应该是能与他长期相处的、稳定的，"过水"则喻指所选择对象的随意性和不稳定性；第三和第四句形成了在选择对象上的概念对比关系，第四句以第三句为对比基础。与例（102）—（104）一样，例（105）上半段和下半段也整合形成一个完整的"叙事空间"，它们也共享同一个抽象图式性对比结构，为一种类推关系（Gentner, 1983; Gentner & Smith, 2013; Fauconnier & Turner, 2002）。鉴于此，上半段为基础空间，下半段为焦点空间，下半段参照点上半段得以构建和理解，语篇视点也相应地从上半段转移了到下半段。

(106) 牛卖了买成马儿了，
　　　费料着养不住了；
　　　过河时看见花儿了，
　　　腿麻着过不去了。
(《中国歌谣集成·宁夏卷》，第 115 页)

例（106）与以上各例最大的不同在于：上下两半段内两句之间不存在概念上的直接性连接关系，是一种概念不相交（Langacker, 2012b）。两句之间的概念关系需要借助语境得以实现，即需语境勾连它们之间的概念连接关系。上半段"事物描述空间"由一个"更换牲畜"框架所构建，第一句描述更换牲畜的事实"牛卖了买成马儿"，第二句进一步详述第一句事实的原因"因牛费料，养不住"。第一句为事实，是基础，第二句是焦点，交代事实发生的原因，语篇视点从第一句转移到第二句。下半段由一个"身体状况变化"框架所构建，但与上半段有所不同的是，第三句先交代身体状况变化这一事实的原因"过河时看见了花儿"，第四句描述事实内容"腿麻着过不去河"。虽然在表达事实和导致事实原因的先后顺序上不一致，但上下两半段却共享一个表因果关系的抽象框架，上半段的事物描述相对具体、熟悉，下半段的情感构建则相对抽象和不熟悉，根据Gentner 和 Smith（2013）的结构映射论（structure mapping theory），它们之间为一种类推映射关系。鉴于此，上半段为基础空间，下半段为焦点空间，下半段参照上半段得以构建和理解，语篇视点也相应地从上半段转移了到下半段。

综上理论和实践分析，本小节明确了"花儿"语篇构式中心理空间之间具体的概念关系，概念参照关系和语篇视点的转移等。总体而言，"花儿"语篇构式中"事物描述空间"为基础空间，"情感建构空间"为焦点空间，后者以前者为基础得以理解和构建，语篇视点从前者转移到后者。但这只明确了"花儿"语篇构式中语篇视点、参照点和心理空间之间的连接关系，尚未具体分析这些心理空间如何整合形成浮现性语义结构。下一节将在"花儿"语篇构式心理空间连接关系（图7.4）的基础上，以概念整合理论为指导，进一步探索和分析"花儿"语篇构式语义前景化的动态在线构建过程。

7.3 "花儿"语篇构式的语义前景化过程

本小节先在分析前景化概念的基础上，结合第 5 章分析，分析"花儿"语篇构式的语义前景化过程，建立起第 5 章和本章之间的关联性，为后文分析"花儿"语篇构式语义前景化的动态在线构建奠定基础。

7.3.1 "花儿"语篇构式的前景化手段

"前景化"是从绘画领域引进到文学文体学（literary stylistics）的一个概念，它与背景、自动化和常规等概念相对应。在以往前景化研究文献中，从俄罗斯形式主义（Russian formalism）的陌生化（defamiliarization）到布拉格的结构主义（Prague structuralism）（Mukarovsky，1964；Jacobson，

1966），从Leech（1966）和Halliday（1971）的功能文体学研究到Van Peer（1986）的文学认知心理研究，都将语言形式上韵律群和重复语词的使用以及句法结构的平行式现象看作是一种偏离（deviation）现象，是一种前景化手段。正如Simpson所言："前景化是指一种语篇模式，其动因尤其是源于文学—审美（literary-aesthetic）目的。前景化能作用于任何语言层面，典型性地关涉到某种文体畸变（distortion）。这种畸变要么是由文体的某个方面偏离某个语言规范（norm）所致，要么是通过重复与平行把文体的某个方面带到前面（fore）。这意味着前景化主要以两种形式呈现：前景化作为一种'规范偏离'和前景化作为'比同样更多'（more of the same）"（转引自王馥芳，2019：7）。"花儿"语篇构式的前景化手段主要有韵律群、重复语词和句法平行式等，如例（107）：

（107）虎斑的猫儿当炕上坐，
　　　黑老鼠打栓卡里过了；
　　　尕花儿盘到当炕上坐，
　　　二阿哥打门前过了。
（《中国歌谣集成·宁夏卷》，第80页）

例（107）这首"花儿"的前景化语言实现手段主要有：（1）重复语词的使用。第一、三句重复语词"当炕上坐"，第二、四句重复使用语词"打……过了"。（2）押韵。第一、三句末和第二、四句末采用相同的韵脚。（3）句法的平行式。上下两半段在重复语词和押韵等手段使用下，实现了句法的平行式，即前两句和后两句共享同一个句法结构"X当炕上坐，Y打……过了"。

进入认知科学研究时代，前景化的认知研究得到了学者们的充分重视，这主要体现在认知诗学研究领域。借用认知语言学中"图形—背景"理论，认知诗学提出了"前景化"这个重要文学批评概念。心理学中的"图形—背景"概念对应最明显的文学批评概念就是前景化（Stockwell，2002：33）。无论是形式主义、结构主义、功能主义，还是认知科学视角下的前景化研究，这些研究有一个基本的共性认识：前景化体现了一种与常规表达的偏离，即作者如何选择表达概念语义内容。

7.3.2 "花儿"语篇构式隐喻义构建的前景化过程

从认知语法视角来看,隐喻义构建的聚焦突显过程就是一个语义前景化过程(参见第5章分析)。依照认知语法,隐喻构建属于识解的聚焦维度"涉及如何选择概念内容用于语言表达,并按照广义上描述的(隐喻式的)前景与背景加以排列"(Langacker,1993b:456;2008:57)。不对称性语言现象均可隐喻式地描述为"前景—背景"的差异。他指出"在任何情况下,当一个概念先于另一个概念出现,并在某种意义上促使后者时候,我们都可以合乎逻辑地谈论前景与背景"(Langacker,2008:58)。隐喻就是一种不对称性现象,从始源域到目标域具有不可逆性(Lakoff & Johnson,1980)。据此,"花儿"语篇构式隐喻义(详见第3章分析)的认知构建是一个语义前景化过程。由第5章分析可知,随语篇空间展开,"花儿"语篇构式隐喻义得以构建。当前表达式总是以先前表达式的背景得以建构和理解(Langacker,1993b,1999,2001a,2008,2012b)。"花儿"语篇构式上下两半段内语义的片段性就是做好例证(参见第3章3.3.1小节分析)。例(101)上下两半段的后一句的建立在前一句的基础上。在认知语法看来,先前表达式是当前语篇空间的主要决定因素,CDS就是一个心理空间,它包含一切假定说话者和听话者共享的知识,即Fauconnier(1985/1994,1997)所说的概念包,作为特定时刻语篇生成的基础。在此基础上,后面每句话都以某种方式对CDS加以更新(Langacker,2001a,2008,2012b,2016a)。随着认知加工时间的展开,"花儿"语篇构式的语篇空间不断地变化、更新和转化,依次激活了隐喻义的始源域和目标域。这一动态提取和激活过程是一个概念聚焦突显过程(参见第5章分析),即前景化过程,先前语篇空间为背景,CDS为前景。隐喻的始源域提供了建构和理解目标域的背景(Langacker,1999:208)。

隐喻的聚焦识解也体现了域或心理空间之间的概念整合过程(Fauconnier,1997;Fauconnier & Turner,2002)。概念整合过程体现在隐喻的目标域参照始源域整合生成一个杂合域。换言之,隐喻义的认知构建过程是一个前景化过程,以"前景—背景"式排列,经概念整合形成的杂合域位于最前景化位置。本章以下部分将在第5章和第6章的基础上,分析"花儿"语篇构式语义前景化的动态在线构建过程。

7.4 "花儿"语篇构式语义前景化的概念整合分析

Fauconnier 早期提出的心理空间理论主要讨论了语言如何反映不同心理空间之间的连接，概念知识如何能够在不同心理空间之间"漂浮"（参见 Fauconnier，1994，1997，等），后期他将重点转向论述心理空间中的信息如何能够被整合起来，产生出新的概念和概念结构（Fauconnier & Turner，2002）。上一节主要分析了"花儿"语篇构式中心理空间之间的连接关系，并进行了示例性分析。基于此，本小节在简要介绍概念整合理论基本运作原理的基础上，理论性分析"花儿"语篇构式语义前景化动态在线构建的概念整合网络，并进行示例性分析。

7.4.1 隐喻的概念整合网络

第 4 章在介绍本书所关涉到的理论分析工具时，我们已经对概念整合理论有了一个大致的介绍。结合"花儿"语篇构式实际，本小节主要介绍概念整合理论的基本运作原理和概念整合网络类型，为"花儿"语篇构式中心理空间推移的概念整合分析做好准备。

概念整合理论试图揭示语义的动态认知构建过程（Fauconnier，1997；Fauconnier & Turner，2002；Evans & Green，2006）。上文分析表明，心理空间理论主要分析心理空间之间的映射和连接关系，但语义构建"不能仅仅依靠概念映射或者建立心理空间之间的对应连接"（Evans & Green，2006：402）。对此，概念整合理论进一步认为，经过整合所构建的意义是一种浮现意义，是两个输入空间经选择性投射和整合后所产生的一种层创性结构（Fauconnier，1985；Fauconnier & Turner，2002）。根据概念整合网络模型（Fauconnier & Turner，2002：46），参见图 3.9。两个输入空间（输入空间Ⅰ和输入空间Ⅱ）通过跨空间映射（cross-space mapping）实现连接，它们拥有一个基本的抽象组织，制约着它们之间的跨空间映射，即类属空间（generic space）。基于这一基本抽象组织，两个输入空间以选择性映射（selective mappings）的方式映射到整合空间。当输入空间Ⅰ和输入空间Ⅱ部分地投射到整合空间后，通过组合（composition）、完善（completion）和细化（elaboration）三个彼此相关联的心理认知活动相互作用而产生层创结构,在层创结构中完成意义的构建(Fauconnier,1997:150-151;Fauconnier & Turner,2002:48)。Fauconnier 和 Turner(2002:121-131)提出了四种基本概念整合网络:简单网络(simplex network)、镜像网络(mirror network)、单域网络(single-scope network)和双域网络(double-scope network)。鉴于本研究只涉及单域网络,故以下只介绍单域网络,其他三个基本网络类型可参见 Fauconnier 和 Turner(2002:121-135)或 Evans 和 Green(2006:426-431)的详细介绍和分析。

单域网络体现为"两个输入空间具有不同的组织框架(organizing frame),其中一个输入空间被投射用于组织整合(organize the blend),它的界定性特征为:整合的组织框架是其中一个输入空间,而不是另外一个输入空间对组织框架的扩展(extension)"(Fauconnier & Turner,2002:126)。本研究对象"花儿"语篇构式的隐喻性语义结构就是一种典型的单域整合网络。根据概念隐喻理论,我们常习惯于用相对熟悉的、具体的事物来理解和构建相对不熟悉、抽象的事物,这一建构过程主要依靠两个域之间的跨空间映射,即从始源域到目标域的映射(Lakoff & Johnson,1980),这一映射"使得隐喻成了整合构建的主要'候选者',事实上,除了我们熟悉的隐喻性投射(metaphorical projection),整合空间在隐喻性映射(metaphorical mappings)中也扮演着关键角色"(Fauconnier,1997:168)。单域网络就是"高度规约化的始源—目标隐喻(highly conventional source-target metaphor)的原型(prototype)。在隐喻的概念整合过程中,给整合提供组织框架的输入空间为框架输入(framing input),即'始源';处于理解焦点的输入空间为焦点输入(focus input),即'目标'"(Fauconnier & Turner,2002:127)。因此,概念整合的"四空间"网络模型进一步弥补了概念隐喻"两空间"模型对隐喻义建构过程阐释的不足。在隐喻的概念整合模型中,隐喻的意义建构除了两个输入空间的映射,还有两个输入空间选择性投射后的概念整合过程,这正是概念隐喻和概念整合之间的理论传承关系之所在。

7.4.2 "花儿"语篇构式语义前景化的概念整合网络

基于"花儿"语篇构式中心理空间的连接关系(见图 7.2)和上一小节关于概念整合理论的基本运作原理以及隐喻的概念整合网络:单域网络的介绍,我们可提炼出"花儿"语篇构式语义前景化的概念整合网络,如图7.4所示。输入空间Ⅰ"事物描述空间"为隐喻的始源域，输入空间Ⅱ"情感建构空间"为目标域，前者的组织框架被投射性映射到后者并作为二者整合的组织框架。Fauconnier和Turner（2002：93-102）指出心理空间之间"连接"和"整合"的主要关系（vital relation）有：因果关系（cause-effect relation）、时间关系、空间关系（time, space relation）、身份连通关系（identity relation）、部分—整体关系（part-whole relation）和类推等。第3章分析表明，"花儿"语篇构式义为一种基本隐喻，它基于经验相关性和类推性得以生成。结合第5章和上文分析，"花儿"语篇构式中两个心理空间之间的"连接"和"整合"关系为类推，即"事物描述空间"和"情感构建空间"之间为一种类推映射（analogical mapping）关系，图中用加粗虚线箭头表示这种投射性映射（projective mapping）关系。

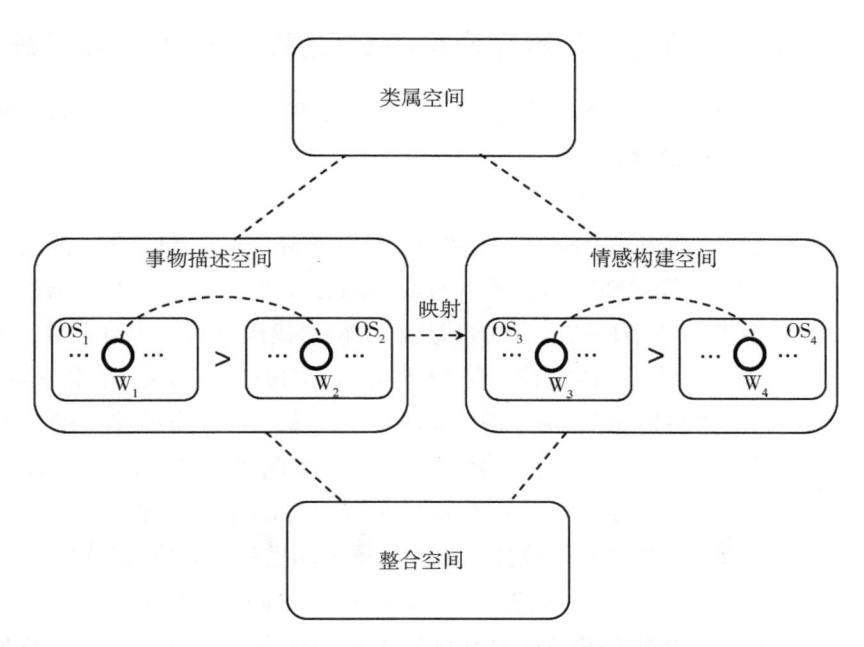

图7.4 "花儿"语篇构式语义前景化的概念整合网络

类推是"花儿"语篇构式中两个输入空间"事物描述空间"和"情感构建空间"之间建立映射关系的基础，因为类推是"对人的记忆存储类似的或类推事件的激活。类推映射是从熟悉的域概念向不熟悉的域概念、从具体概念到抽象概念的映射"（王正元，2010：20）。经类推关系建立的概念连接决定了所激活概念框架的排列一致性（Hampe，2017：9）。"花儿"语篇构式上下两半段即为两个类推事件，上半段的"景物描述"相对具体和熟悉，下半段的"情感叙述"则相对抽象和不熟悉。上半段的组织框架通过类推被映射到了下半段，即类推"将始源域的部分结构映射到了目标域的部分结构"（Fauconnier，1997：102）。它们之间之所以能够发生映射是由于"它们都是一个共同的更加抽象图式（abstract schema）的示例（instance）"（Fauconnier，1997：103）。因此，类属空间为两输入空间"事物描述空间"和"情感建构空间"共享的抽象图式性结构。在类属空间的"后台"制约下，"事物描述空间"和"情感建构空间"选择性投射到整合空间，通过组合、完善和细化等认知过程而产生层创结构，并在层创结构中完成"花儿"语篇构式的语义前景化构建过程。

7.4.3 "花儿"语篇构式语义前景化的动态在线构建过程

依据"花儿"语篇构式的语义前景化概念整合网络（见图7.4），本小节开展示例性分析。

（1）输入空间之间的映射

"花儿"语篇构式中两个输入空间"事物描述空间"和"情感建构空间"之间为一种投射性映射关系（Fauconnier，1997：9）。"事物描述空间"为"花儿"语篇构式语义的始源域，"情感建构空间"为目标域，后者参照前者得以理解和构建。依照 Gentner（1983）、Gentner 和 Smith（2013）的结构映射论（structure mapping theory），"事物描述空间"和"情感建构空间"之间的映射过程应包含两个表征结构的排列（aligning）以及从一个域到另一个域的推理（inference），换言之，排列必须是两个表征结构具有一致性，映射成员之间也具有对应连接性（parallel connectivity），即类推连接（Gentner & Smith，2013；Gentner & Hoyos，2017）。类推"常被认为是将知识从一个情景转移到另一个情景的一种方式"（Gentner & Hoyos，2017：3），是一种"泛域认知过程（domain-general process）"（Bybee，2010：58）。因此，从这个角度来讲，类推映射是一种结构性映射，它促成了隐喻的始源域和目标域概念之间的比较和范畴化连接（Fauconnier & Turner，2002：329-330；Coulson，2000）。鉴于此，在类推映射基础上，"花儿"语篇构式中"事物描述空间"的部分结构被投射到了"情感建构空间",这一投射是将组织框架从"事物描述空间"转移到"情感建构空间"的过程。相应地,语篇视点也从上半段转移到了下半段。如例(108)和例(109):

(108) 花鹊儿落在窗子上,
　　　早里嘛晚里是见哩;
　　　花儿常在庄子上,
　　　出来者进去是见哩。
　　　(《中国歌谣集成·宁夏卷》,第97页)

(109) 换种子要换个早熟的,
　　　早熟的能接上济哩;
　　　维朋友不要维老实的,
　　　老实的受人的气哩。
　　　(《六盘山花儿两千首》,第5页)

例(108)和例(109)中,"事物描述空间"和"情感建构空间"的表征结构都具有一致性。例(108)中两个输入空间都由一个表结果关系的组织框架(organizing frame)构建,即"花鹊儿落在窗子上,早晚能见到"和"花儿常在庄子上,出来进去都能见到"。例(109)中两个输入空间都由一个表因果关系的组织框架构建,即"要换早熟的种子,因为它能接上济"和"不要维老实人朋友,因为他(她)会受人的气"。Gentner(1983)、Gentner和Smith(2013)的结构映射论发现,表征结构一致性(structure consistency)制约着心理空间之间的映射关系。"花儿"语篇构式中两个输入空间"事物描述空间"和"情感建构空间"之间的映射关系也是如此。例(108)和例(109)两个输入空间中实体具有对应连接性(parallel connectivity),这是由于"表征结构的一致性蕴含着一一对应关系(one-to-one correspondence),即一个表征结构的实体与另外一个表征结构的实体相匹配(match)"(Gentner & Smith,2013:670)。例(108)中"花鹊儿"与"花儿"、"在窗子上"与"在庄子上"、"早—晚"与"出来—进去"以及"见"与"见"相对应;例(109)中,"换种子"与"维朋友"、"要换"与"不要维"、"早熟的"与"老实的"以及"接济"与"受气"相对应。由此可见，类推映射使"花儿"语篇构式中两个输入空间"事物描述空间"和"情感建构空间"之间建立起了概念映射和连接关系。在由"事物描述空间"到"情感建构空间"的映射过程中，二者结构一致性和映射实体的对应连接性充分体现了它们表征结构之间的排列过程（alignment process）（Gentner & Smith, 2013；Gentner & Hoyos, 2017）。但这一映射过程是一种投射性映射（Fauconnier, 1997：9），即类推映射将"事物描述空间"的部分结构投射到了"情感建构空间"，发生了框架知识的转移。相应地，语篇视点也从上半段转移到了下半段。具体而言，在例（108）和例（109）中，"事物描述空间"中分别表示结果关系和因果关系的组织框架被相应地投射到了"情感建构空间"，即"事物描述空间"和"情感建构空间"共享了同一个组织框架，只是它们的组织成员不同。这一映射过程也充分体现了类比推理（analogical inference）的基本特征："类比推理是选择性的，不能将基础空间所知的一切带到别的空间"（Gentner & Smith, 2013：670）。

（2）类属空间图式性结构的抽取

根据概念整合理论，概念整合网络中的类属空间是两个输入空间所共享的图式性知识结构，它具有一定的抽象性（Fauconnier & Turner, 2002）。抽象结构知识（abstract structured knowledge）是人类高阶认知（higher order cognition）的一个主要特征。因此，类属空间是一种后台认知（backstage cognition），它属于人类的高阶认知活动（Fauconnier, 1994）。

类属空间作为人类的后台认知，位于其中的知识组织结构具有一定的抽象性和图式性。在"花儿"语篇构式中，两个输入空间"事物描述空间"和"情感建构空间"由类推映射得以连接。类推的"结构排列过程（structural alignment process）依赖于发现共同的关系性结构（common relational structure）。这意味着'事物描述空间'和'情感建构空间'中的对应实体没有必要相似，重要的是它们在关系匹配系统（matching systems of relations）中具有相似的角色（roles）"（Gentner & Smith, 2013：670）。由此可见，类推"提供了一种聚焦关系共性的方法，不依赖于嵌入其中的对应实体。"（Gentner & Smith, 2013：670）。从范畴化的角度来讲，类推也需要范畴化（Bybee, 2010：8）。位于类属空间中的抽象性图式结构组成了"一个关系性范畴（relational category），其中的所有成员都拥有一个共同的关系性结构"（Gentner & Hoyos，2017：2），而共同结构的浮现只能通过排列两个类比体（analog）（Gentner & Hoyos，2017：3）。因此，类推性比较（analogical comparison）通过排列一致性来揭示共同的概念结构（Gentner & Hoyos，2017：4），即对共同关系性结构的抽取。

有鉴于此，"花儿"语篇构式中类属空间应为两个输入空间"事物描述空间"和"情感建构空间"所共享的图式性结构，即共同的关系性结构。两个输入空间的知识组织为这一图式性组织框架的两个示例且受到其制约（Fauconnier，1997：103；Fauconnier & Turner，2002）。这一点与认知语法的图式思想不谋而合，认知语法也主张一个新创构式会受到图式的允准。所谓图式就是能使讲话者去识别（recognize）一个模式，并通过类推来判断一个新创构式的适恰性（well-formedness）（Langacker，1987，2008；Evans & Green，2006：593）。因此，图式结构"就是一个带有由各个单独域（individual domain）中成分充当角色（role）的框架"（Kuzmičková，2018：36）。具体到"花儿"语篇构式而言，类属空间的图式性结构为一种关系性组织框架，它带有一些角色。两个输入空间中的成分或实体（object）为这些角色进行不同的赋值（value）。如例（110）和例（111）：

（110）青石头水磨右转呢，
麦子顺磨眼里进呢；
尕妹子戒指明闪呢，
二阿哥拿不到手里。
（《中国歌谣集成·宁夏卷》，第167页）

（111）十八个骡子盘庆阳，
盘不到庆阳的路上；
十八的二阿哥盘姑娘，
盘不到姑娘的心上。
（《中国歌谣集成·宁夏卷》，第168页）

例（110）上下两半段共享一个关系性图式结构"一个实体X与另一

个实体 Y 相关联"。上半段"事物描述空间"描述"麦子与水磨"的关系框架：麦子顺着磨眼进入右转的水磨；下半段"情感建构空间"采用隐喻性语言表达将"尕妹子"喻说成"戒指"，描述的是"尕妹子和二阿哥"的情感关系框架：二阿哥拿不到明闪的"戒指"。例（111）上下两半段也共享一个关系性图式结构"X 盘 Y，盘不到 Y 的 Z 上"。与例（110）相比，例（111）的共同关系性结构相对具体一些。上半段"事物描述空间"描述"赶骡子上庆阳"的情景：十八个骡子赶不到去庆阳的路上；下半段"情感建构空间"描述"二阿哥追姑娘"的情感状况：十八岁的二阿哥得不到姑娘的欢心。例（110）和例（111）上下两半段所共享的关系性图式结构为一种关系框架，它分别带有一些角色，上下两半段分别对其进行了不同的赋值。例（110）中两个实体 X 和 Y 的框架角色分别由"水磨石"与"麦子"和"尕妹子"与"二阿哥"进行赋值，两个实体角色之间的关系分别由"进"和"拿"进行赋值。例（111）中上下两半段中两实体 X 和 Y 之间的关系角色一致，都由"盘"进行赋值，两实体 X 和 Y 分别由"骡子"与"庆阳"和"二阿哥"与"姑娘"进行赋值，实体 Y 的组成部分 Z 分别由"路"和"心"进行赋值。根据以上分析可知，例（110）和例（111）"事物描述空间"和"情感建构空间"中的对应实体彼此并不相似，但它们在关系性图式结构中具有相似的角色，两空间中的对应实体也具有排列的一致性，它们揭示了共同的概念结构，形成了一种类推映射。

综上分析，类属空间为"事物描述空间"和"情感建构空间"两输入空间所共享的关系性组织框架，它源自对这两个输入空间组织框架的抽取。"事物描述空间"和"情感建构空间"之所以能够发生映射，就在于它们共享了同一关系性框架，但两个心理空间之间的映射关系并不是杂乱无章的，它们具有排列的一致性，共同的抽象性图式结构制约着它们之间的映射关系。

（3）输入空间的概念整合

上一小节分析表明，"花儿"语篇构式的类属空间制约着两个输入空间："事物描述空间"和"情感建构空间"之间的跨空间映射，即类推映射，实现了它们之间的概念连接，为概念整合奠定了基础。类推整合依靠"角色—值"压制（role-value compression）（Fauconnier & Turner, 2002：98；Evans & Green, 2006：423）。也就是说，"花儿"语篇构式中"事物描述空间"和"情感建构空间"获得了共同的框架结构,它们通过类推这一关键关系实现了概念连接和整合(Fauconnier & Turner, 2002: 99)。因"角色—值"这一关键关系的压制跨越了由类推所连接的两个输入空间,所以,类推是一种外空间(outer-space)关键关系(Fauconnier & Turner, 2002: 100)。

在类属空间这一高阶后台认知的基础上,两个输入空间"事物描述空间"和"情感建构空间"选择性地投射到了整合空间,经过组合、完善和细化等心理认知活动相互作用而产生层创结构(Fauconnier & Turner, 2002)。在整合空间,"事物描述空间"和"情感建构空间"相融合(fuse),来自这两个输入空间的结构通过组合、完善和细化的过程,建立起了整合空间中新的层创性结构,即不同于两个输入空间的一个新的概念结构(Fauconnier & Turner, 1998, 2002)。组合、完善和细化这三个操作过程具体如下。

(1) 组合过程:整合空间由两个输入空间中不同的实体组合而成,它们提供了两个输入空间原本不存在的关系(Fauconnier & Turner, 1998)。在整合空间中,"事物描述空间"和"情感建构空间"相融合,它们之中的对应实体被带进整合空间组合起来。

(2) 完善过程:整合补充了广泛的背景概念结构和知识,将长时记忆中的信息与来自输入空间的结构匹配(Fauconnier & Turner, 2002)。"花儿"歌手根据自身对原生态性环境的体验和认知,将事物之间的具体关系引入到抽象的情感关系之中。

(3) 细化过程:经历了组合和完善认知过程,细化过程通过想象的心理模拟进一步发展整合,这一过程本身能够产生新的原理和逻辑(Fauconnier & Turner, 1998, 2002),比如两个跨世界的人"我"和"庄子"可以实现对话。"事物描述空间"和"情感建构空间"相融合后,通过想象的心理模拟过程,恋人的情感关系就可以与事物关系相整合,形成事物关系和情感关系的等同性,即在整合过程中,事物关系和情感关系之间的类推关系基于身份(identity)的等同性被压制成一个新的概念关系,被压制的对应实体可描述为类推体(analogues),它们在整合中共享了同一身份(参见Fauconnier & Turner, 2002; Evans & Green, 2006)。如例(112)和例(113):

(112) 韭菜根儿根连根,

分根是要费个劲哩；
我连花儿心连心，
分心是要人的命哩。
(《中国歌谣集成·宁夏卷》，第126页)

(113) 皇爷庙里抽根签，
不知道是瞎签么好签？
维了个阿哥是黑大汉，
不知道是硬汉么软汉。
(《六盘山花儿两千首》，第9页)

例（112）中，上下两半段共享同一个图式性关系框架"X与Y相连，分开X与Y要Z"。X的角色分别由"韭菜根"和"我的心"赋值，Y的角色分别由"韭菜根"和"花儿的心"赋值，Z的角色分别由"费劲"和"要命"赋值。在整合空间，类推体"韭菜根"与"我的心"、"韭菜根"与"花儿的心"以及"费劲"与"要命"共享了同一身份。基于此，上半段"事物描述空间"和下半段"情感建构空间"之间的类推关系基于身份的同一性被压制，最终形成了一个新的概念关系：分开我和花儿的心"是"分开韭菜的根。经过组合、完善和细化等认知加工过程最终整合形成了一个基本概念隐喻义"破坏爱情关系是解开植物的根系"。同样，例（113）上下两半段也共享同一个图式性关系框架"做X，不知道是Y还是Z"。X的角色分别由"抽签"和"维阿哥"进行赋值，Y的角色分别由"瞎签"和"软汉"进行赋值，Z的角色分别由"好签"和"硬汉"进行赋值。类推体"抽签"与"维阿哥"、"瞎签"与"软汉"以及"好签"和"硬汉"共享同一身份。上下两半段之间的类推关系基于"角色—值"在整合空间被压制形成一个新的概念关系：维阿哥是抽签。经过组合、完善和细化等认知加工过程，最终在整合空间整合形成了一个基本概念隐喻义"选择爱人是抽签"。

7.5 概念整合机制对"花儿"语篇构式的英译启示

本章论述表明，"花儿"语篇构式的隐喻义构建是一个概念整合过程，换言之，概念整合是其语义构建过程中重要的认知机制。这一认知机制也给"花儿"语篇构式英译带来一些启示。这主要因为"语义是人们对世界经验和认知事物的概括和总结，是与人们对事物的认知规律相一致的。而翻译的最终目标是始源域和目标域的最佳对等。语言只是人们表达对客观世界认识的工具，这种对等不应该先从语言自身上寻找，而应该从其背后的认知规律中去寻找"（文旭、肖开容，2019：33）。

本章分析已表明，"花儿"语篇构式的隐喻义构建过程中关涉两个基本心理空间，即前半段的"事物描述空间"和后半段的"情感描述空间"。在英译过程中，译者也需构建两个心理空间，即源语空间和译入语空间，译者的主要任务是将源语空间中事物的认知关联性转移到译入语空间。因此，从这个角度来讲，语言表达式背后人类对事物的体验和认知是翻译的核心之所在，而不仅仅是语言的表层转化。所以，考察翻译认知过程是做好翻译实践的关键。概念整合理论对揭示"花儿"语篇构式的翻译认知过程可提供启示，这主要体现在：概念整合理论有助于寻找"花儿"译入语文本与源语文本所共享认知框架的语言表达式。

注重翻译认知过程就意味着在翻译过程中需寻找源语空间和译入语空间中所共有的结构，而这个结构在概念整合网络中处于类属空间。源语空间和译入语空间在类属空间的作用下，部分投射到了整合空间，经过组合、完善和扩展生成一种新的层创性结构。在概念整合视角下，翻译的过程就是源语文本空间中的符号激活译者大脑中的认知框架，并据此寻找合适的语言表达式表达译入语空间的认知框架。据此，"花儿"语篇构式语义构建的概念整合机制可揭示源语文本的认知框架，而这一认知框架在"花儿"译入语空间中激活和选择什么样的语言表达式来实现就成了译者的核心工作。因此，概念整合机制有助于译者寻找译入语文本和"花儿"源语文本所共享认知框架的语言表达式。如我们对例（112）这首"花儿"的英译实践。

> （112）韭菜根儿根连根，
> 分根是要费个劲哩；
> 我连花儿心连心，
> 分心是要人的命哩。
> （《中国歌谣集成·宁夏卷》，第 126 页）

> Roots of leek link together.
> It's hard to separate them.
> We are heart to heart.
> It's perishing to separate us.

上文分析发现，这首"花儿"上下两半段共享同一个图式性关系框架"X 与 Y 相连，分开 X 与 Y 要 Z"。源语文本中 X 的角色分别由"韭菜根"和"我的心"赋值，Y 的角色分别由"韭菜根"和"花儿的心"赋值，Z 的角色分别由"费劲"和"要命"赋值。在整合空间，类推体"韭菜根"与"我的心"、"韭菜根"与"花儿的心"以及"费劲"与"要命"共享了同一身份，它们基于身份的同一性被压制形成一个基本概念隐喻义"破坏爱情关系是解开植物的根系"。在对源语文本这一认知过程进行揭示的基础上，我们便可寻找到源语文本与译入语文本所共享的认知框架："X 与 Y 相连，分开 X 与 Y 要 Z"。为实现译文与原文认知框架的一致性，接着的任务便是在译入语中寻找恰当的表达式供读者激活这一认知框架。在译入语文本中，我们选择将"事物描述空间"中 X 和 Y 的角色由"roots of leek"赋值，"情感描述空间"中 X 和 Y 的角色统一处理为用"we"赋值"我和花儿"，Z 的角色分别由"It's hard to……"和"It's perishing to……"赋值。在整合空间，基于这些类推体的共享身份形成了与源语文本相一致的基本概念隐喻义。

综上分析，概念整合理论可有效揭示人类语言表达背后所隐藏的认知过程，可为"花儿"语篇构式英译提供一个强有力的理论指导工具，有助于寻找"花儿"源语文本和译入语文本所共享认知框架的语言表达式，实现"花儿"源语文本与译入语文本的最大化功能对等。

7.6 本章小结

本章首先厘清了心理空间、域和当前话语空间三个概念之间的理论关系以及当前话语空间和概念整合理论之间的理论关系，为第 5 章和本章的分析建立起了理论衔接关系。其次，在 5 章分析的基础上，以 Fauconnier（1994，1997，等）的心理空间理论为基础，结合实例分析了"花儿"语篇构式中心理空间之间的映射和连接关系。接着，基于"花儿"语篇构式中心理空间关系，以概念整合理论（Fauconnier & Turner，2002）为理论指导，提炼出了"花儿"语篇构式语义前景化的概念整合网络，并据此进行了示例性分析。通过本章分析，明确了"花儿"语篇构式中语篇视点、参照点和心理空间的连接和整合过程，即"花儿"语篇构式隐喻义的始源域和目标域经整合形成了一个新的杂合域，位于最前景化位置。最后，本章在概念整合理论的指导下，分析了概念整合机制对"花儿"语篇构式英译的启示性。

  本章分析表明：在宏观语篇层面的阐释上，较 CDS 模型的语篇空间融合思想，CBT 的心理空间整合思想更具可操作性。本章分析也验证了"花儿"语篇构式语义构建的认知阐释模型（见图 4.12）思想的可行性。另外，本章分析也展现了概念整合理论对"花儿"语篇构式英译实践的理论指导作用。

第 8 章 "花儿"语篇构式的英译观和英译策略分析[①]

基于前面章节对"花儿"语篇构式认知体验性及英译启示的分析的基础上，本章的核心目标为：分析"花儿"语篇构式英译观的选择、英译需遵循的指导性原则及其基本英译策略。本章主要内容包括五大部分：(1) 认知模式、路径和机制对英译"花儿"语篇构式的综合性理论指导作用。基于第 5、第 6 和 7 章分析，归纳和总结"花儿"语篇构式语义构建的认知模式、路径和机制对英译"花儿"语篇构式的理论指导，为后文英译观的选择、翻译原则和翻译策略分析奠定基础。(2) "花儿"语篇构式英译的翻译观。基于翻译的构式观及其理论优势，进一步分析本书选取翻译构式观作为"花儿"语篇构式英译的缘由。(3) 认知视角下"花儿"英译的基本单位。基于构式语法，分析"花儿"这一话语体系运作的核心，即程式，并结合前面章节研究，确定英译"花儿"语篇构式的基本单位。(4) "花儿"语篇构式英译的指导性原则。结合翻译构式观，分析提出"花儿"语篇构式英译需遵循的三个指导性原则，即意义中心原则，整体性原则和互动性原则。(5) "花儿"语篇构式英译的基本策略。基于三个指导性原则，提出两个"花儿"语篇构式英译的基本策略，即构式对等法和构式变异法。

8.1 认知模式、路径和机制对英译"花儿"语篇构式的理论指导

本书第 5、第 6 和 7 章分别详细分析了"花儿"语篇构式语义构建的

[①] 本章为马俊杰和马鸿于 2022 年发表在《外语研究》上"基于语篇构式观的'花儿'英译原则与策略探析"一文的扩写版。

认知模式、路径和机制以及对英译"花儿"语篇构式的理论启示性。本小节概括总结认知模式、路径和机制对英译"花儿"语篇构式的综合性理论指导，为讨论"花儿"语篇构式英译单位、英译原则和英译策略奠定基础。概而论之，"花儿"语篇构式语义构建的认知分析对英译"花儿"的综合性理论指导主要体现在以下三个方面。

第一，基于"花儿"语篇构式的体验性经验探析，可最大化实现原文和译文的功能性对等。翻译活动归根到底是意义为中心，因为功能或者意义对等是翻译的核心。然而，要实现这一目标，唯有译者和原作者的体验性经验相一致，才能得以很好地实现。原生态性经验是"花儿"语篇构式语义构建的基础（参见第3章分析），认知模式、认知路径和认知机制为建立在原生态经验基础之上的认知加工。因此，译者具备原生态经验是英译"花儿"语篇构式的前提和核心。

第二，基于"花儿"语篇构式语义构建的认知过程分析，可有效选择原文所对应的译入语表达式。通过"花儿"语篇构式原文语义构建过程分析，可揭示其语义结构如何实现为语言表征，为寻找译文表达式提供了线索。第5、第6和7章分别详细分析了"花儿"语篇构式语义构建的认知模式、认知路径和认知机制及其对英译"花儿"语篇构式的理论启发。概括起来，主要集中体现为语义结构和语言形式之间的关系，即"花儿"语篇构式如何表征其概念结构。通过"花儿"语篇构式语义构建的认知过程分析，可为英译"花儿"语篇构式在选择译文表达方面具有重要的实践指导性。

第三，基于程式性语法结构的象征性分析，可充分考量"花儿"语篇构式原文形式特征和语义结构的整体性。语言形式和语义结构分别构成构式的两极。对于"花儿"语篇构式而言，语篇类型和语篇样式构成了其两极（参见第3章分析）。形式极为语篇类型，即通过韵律群和句法的平行式等程式性语法结构组织语篇的一种记叙文体；语义极为语篇样式，即歌谣主题框架的相关信息。据此，英译"花儿"语篇构式必须充分考量这两极，不能偏袒于任何一极，即必须着眼于语篇构式整体。

基于此，认知视角下"花儿"语篇构式的英译应该采取什么样的翻译观呢？我们认为，答案显然是翻译构式观（魏在江，2020）。这一论断主要基于认知视角下英译"花儿"语篇构式的理论启发，即构式的体验性、构式的认知构建性和构式的整体性。构式的体验性明确了其意义来源,给译者英译"花儿"语篇构式的基本素养提出了要求,即译者必须和作者拥有一致的体验性经验,才能确保译文和原文的最大化对等性。构式的认知构建性表明,构式的语义构建关涉一系列的认知机制,译者掌握"花儿"语篇构式语义构建过程有助于译文表达式的选择;构式的整体性强调"花儿"语篇构式的英译必须从整体上考虑语义和形式之间的关联性。由此可见,这些理论启发都是围绕构式而言的。因此,英译"花儿"语篇构式理应当以采取翻译的构式观。

8.2 英译"花儿"语篇构式的翻译观

本部分先在简要概述翻译观历史演化的基础上,明确翻译构式观的提出背景,最后论述本书选择翻译构式观作为"花儿"英译观的缘由。

8.2.1 翻译观的历史演化及翻译构式观提出

翻译学研究表明,一般来讲,翻译研究可分为三个阶段两大"转向"(Snell-Hornby,2006;Szymańska,2011),即由词汇—句法转向语用和篇章语言学的转向和文化转向。翻译研究范式由词汇—句法转向语用和篇章语言学旨在探索语篇、语域、文本类型以及与使用相关因素等在译文文本形成过程的重要性(Szymańska,2011:216)。这一转向的重点在于基于语言学研究方法对比原文和译文的语言结构和语言形式。20 世纪 90 年代,Bassnett 和 Lefevere 在《翻译、历史与文化》(*Translation, History and Culture*)一书中提出了"翻译的文化转向",将翻译研究的着眼点转向了语言的历史文化视角,即由语言内部转向了外部,开始从历史、文化和社会等诸多层面来考察制约翻译的外部因素。一个基本观念是抛弃原文和译文的比较,转向语言之外,将翻译视为文化的转化(cultural transfer)(Lefevere & Bassnett,1990;Snell-Hornby,1990)。这表明,"翻译首先是文化的转化,而非语言转语码(linguistic transcoding),因为语言无法脱离文化而存在"(Szymańska,2011:216)。

需要指出的是,翻译的文化转向重点关注和强调文化、历史、社会规约等因素对翻译的影响,但对文化因素重视不应以牺牲语言因素的研究为代价,因此,翻译研究有必要再次转向(Szymańska,2011;杨子、王雪明,2014)。基于翻译研究转向的现状,Szymańska(2011)指出,翻译研究的再次转向必须选择一个可调和两次转向的框架，即它可为从语言系统角度描述个体性表达提供工具，也需对文本及其文本的使用（语用）有所贡献。换言之，这一框架需跨越语言内部和外部知识间的鸿沟，寻求二者的平衡。基于这一考虑，Szymańska 认为，以认知为取向的语言研究方法"既不割裂词汇与句法的关系，也不明确区分语内与语外知识，能够体现语言系统、语言使用与文化间的连续性，有机整合前两次转向"（杨子、王雪明，2014：91）。鉴于此，Szymańska 主张在认知语言学框架下对翻译过程进行描写和解释性研究。

事实上，翻译研究的认知转向已有较为悠久的历史，以 Holmes（1972）《翻译研究的名与实》一书为雏形。20 世纪 60—80 年代，认知翻译研究逐渐兴起；20 世纪 90 年代，认知翻译的理论构建被提上日程，多个翻译过程的理论模式在这一时期被提出，如关联理论模式（Gutt，1991）和社会—认知模式（Kiraly，1995）。从 20 世纪 90 年代后半期开始，认知翻译研究进入快速发展期，跨学科研究日渐深入，研究呈现规模化趋势（文旭、肖开容，2019）。

近年来，认知翻译学（cognitive translatology）正在发展成为一个新的研究范式（Muñoz Martín，2010；王寅，2012；文旭、肖开容，2019），它主要包括三大研究领域：语言认知视角的翻译研究、翻译认知过程研究和社会认知视角的翻译研究（文旭、肖开容，2019：3）。Szymańska（2011）属于语言认知视角的翻译研究范畴。此类研究的一个取向为"以认知语言学的理论为基础，探索翻译转换中的语言认知机制，其基本假设是，语言结构反映人的一般认知机制，而翻译作为一种涉及理解与表达的双语活动，必然涉及人理解语言时的认知、使用语言表达的认知以及一种语言转换到另一种语言的认知操作"（文旭、肖开容，2019：3）。基于这一基本假设，文旭和肖开容（2019）出版了《认知翻译学》一书，以认知语言学中的范畴化、概念隐喻、转喻、象似性、主观性、框架、认知识解和概念整合等理论为基础，探索了语言的认知基础和翻译中的认知转换。令人遗憾的是，该书并未注意到以 Szymańska（2011）代表的以构式语法为理论探索翻译的研究。学界已有部分学者尝试以认知语言学中的构式语法理论为基础来分析翻译问题，如 Rojo 和 Valenzuela（2013）分析了构式在翻译问题中的角色。国内学者魏在江（2020）在前人研究的基础上尝试性地提出了翻译的构式观。

8.2.2　选取构式观作为"花儿"英译观的缘由

认知语言学中的构式语法和认知语法等理论认为,构式是语言的基本"建筑材料"。构式是形式和语义的匹配体,从语素到篇章都可以看作是一个构式(Goldberg,2006,2019)。构式是对构例(construts)的抽象化概括,具有不同程度的图式性。构式是语言系统的组成成分,而语言系统中,图式、例示和言语使用事件三个层级处于交互状态(Barlow & Kemmer,2000;Kemmer,2008)。构式的图式性最高,它允准(license)具体的语言表达,即构式允准构例,构例是对构式的例示化(instantiation)。构式的意义来源于人类身体与其所处环境之间的体验互动,这也是人类概念结构形成的基础,即人类经验的图示化表征,也就是框架(Lakoff,1987;Fillmore,1985)。因此,通过构式可激活人类的概念结构。构式语法的这些理论优势对翻译研究带来了新的启发,较翻译研究的语言学转向和文化转向,它能有机整合前两次转向(Szymańska,2011;Rojo & Valenzuela,2013;杨子、王雪明,2014)。

通过综合考量基于构式语法理论的翻译观,即翻译的构式观(魏在江,2020)的理论优势以及"花儿"语篇构式的基本语义特征,本书选取构式作为"花儿"语篇构式英译的基本翻译观。具体而言,主要基于翻译的构式观以下三点理论优势。

第一,翻译的构式观可阐释文本结构层面的翻译,捕获影响翻译过程的文化因素(Szymańska,2011),即它可弥补翻译研究前两次转向之不足,既能考虑到翻译中的语言结构和语言形式,也能注意到语言结构外部文化因素等对翻译过程的影响。这是因为构式可激活框架知识,而框架知识根植于语言使用和文化经验。另外,构式的形义是匹配的,不可分离。"语言使用者的知识表征为构式网络,可以打破语言描写的传统模块界限,包括语音、形态、句法、语义、语用和话语特征的模块"(魏在江,2020:120)。因此,翻译的构式观可兼顾对结构、语义、功能和文化等多维因素的考虑,比单一维度的考量更有利于指导翻译实践(魏在江,2020:121)。

第二,翻译的构式观可最大化实现翻译的功能对等(Szymańska,2011;Rojo & Valenzuela,2013)。构式语法认为,构式的意义不能从其组成部分得以预测(Goldberg,2006),这对翻译研究的启发在于:原语文本和目标文本之间的全局性功能对等不需要顺从局部功能的对等。

第三，翻译的构式观"不但确保翻译单位在语言层级上的灵活性，同时兼顾了翻译过程中对语言多层面的综合考虑"（魏在江，2020：121）。构式语法认为，构式是人脑中储存的语言组构单位，从语素到语篇都可以看作为构式（Goldberg，2006），而且构式的抽象程度不同。基于此，"翻译的构式观可避免翻译单位大小的无谓之争"（魏在江，2020：121）。

8.3 英译"花儿"语篇构式的基本单位

学界已有研究表明，作为口头传统的一种，"花儿"遵循口头传统的一些基本特征，即"花儿"符合口头程式的基本运作规律。口头程式理论表明，程式是口头诗歌运作的核心。因此，程式也是"花儿"运作的核心，它牵动着"花儿"的主题和典型场景。程式、故事模式和主题为形式与思想内容的关系（尹虎彬，2002），即程式和典型场景都是形式，前者是一些传统的程式化句法，包括韵律群、重复语词、句法的平行式等；后者与程式密切相关，是一个比程式更大的程式化叙事模式。主题是叙事的思想内容，是一种框架，具有语篇组织功能。从认知视角来看，程式是一个构式，其形式极为传统的程式化句法（包括韵律群、重复语词和句法的平行式等）和故事模式（典型场景），后者由前者组成；语义极为主题思想框架和语篇功能特征。本书前面章节分析已经分析证明了这一点。因此，若要实现对"花儿"的英译，掌握"花儿"这一话语体系运作的核心是关键，即语篇构式。

认知语言学认为，在语言系统网络中，图式、例示和言语使用事件三个层级处于交互状态（Barlow & Kemmer，2000；Kemmer，2008）。对于"花儿"而言，它是一种语篇构式（Östman，2005），是其语篇类型和语篇样式的象征性匹配。"花儿"语篇构式的形成基于"花儿"言语使用事件的抽象化概括（generalization），这些言语使用事件具有临时性，是对一些"花儿"例示的图式化而形成的一种临时构式图式。依据"花儿"语篇构式的表征方式（见图 3.3），"花儿"的主题框架由一些程式化句法表征，双向实心箭头表示上半段（S_1 到 S_{n+1}）和下半段（S_{n+2} 到 S_{n+2+m}）内小句之间的语义关系，双向空心箭头表示上半段和下半段之间的语义关系。"花儿"主题框架的程式化实现图式经"花儿"创作者长期使用而得以固化,并最终形成"花儿"传唱地区的一种特有构式,即"花儿"语篇构式。认知语法认为,一个新场景中的语言使用可能是图式的允准(完全和部分允准),有可能对图式进行修改(Langacker, 2008)。因此,一首新创作和演唱的"花儿"例示是"花儿"语篇构式允准的结果。认知语言学将这一允准过程称为范畴化(categorization)。"花儿"语篇构式的形成与允准过程具体如图 8.1 所示。

```
                "花儿"言语使用事件                [ S₁ ↔ S_{n+1} ] ⟷ [ S_{n+2} ↔ S_{n+2+m} ]
                         ↑   ↓                              例 示
                         │   │                    图式化  ╱        ╲  例示化
                        抽  范                          临时构式图式
                        象  畴                               │ 图化
                        化  化                          临时构式化
                         │   │                               │ 图式化
                "花儿"语篇构式  ────────────  "花儿"传唱地区构式
```

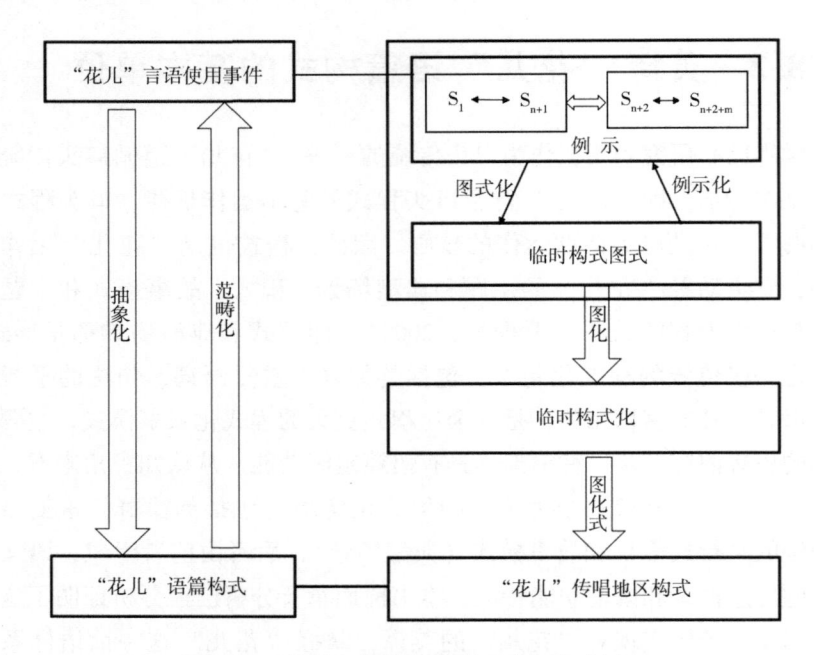

图 8.1 "花儿"语篇构式的形成与允准过程

图 8.1 显示,"花儿"语篇构式的形成与允准过程体现了"花儿"这一话语体系基本的运作机制,即体现了图式化、例示化、固化、抽象化和范畴化等人类通用认知能力,其中核心认知机制为抽象化和范畴化。在这些认知机制的作用下,"花儿"语篇构式的运作机制体现为图式、例示和言语使用事件三个层级的动态交互作用。

综上分析,从认知视角来看,语篇构式是"花儿"这一话语体系运作机制的核心。据此,"花儿"英译的基本单位自然是语篇构式。因为这样才能确保译文最大化体现"花儿"运作的基本机制。姜学龙(2018,2019)已经初步认识到了这一重要性,他指出:"无论是在唱词还是曲调上都具有高度的前景化、程式化特点。这些程式化特质具体而言，就是'花儿'中习以为常的思维方式与叙事方式"（姜学龙，2019：46）。据此，他进一步指出"这种高程式化的语言特点与艺术审美，是少数民族口头文学区别于其他文学形式的异质特征，需要我们在译介中采用异化翻译策略最大限度地保留"（姜学龙，2019：47）。从认知视角出发，本书认为，"花儿"译介的基本单位是语篇构式，这也符合一个基本事实：语言的构式观与翻译的需要高度一致，即他们都是以意义为中心（Szymańska，2011；魏在江，2020）。以下部分先介绍"花儿"语篇构式英译的翻译观及其指导原则，为后文探索"花儿"语篇构式的英译策略奠定基础。

8.4 "花儿"语篇构式英译的指导性原则

较其他翻译观而言，翻译的构式观视角下"花儿"语篇构式的英译需遵循一些基本的指导性原则。基于 Szymańska（2011）提出的"马赛克重构"式翻译过程的三阶段构式模式"原文认知图式解读—译文表征图式构建—译文生成"，魏在江（2020）提出了翻译的构式观，以及实现翻译对等的四大指导性原则：整体语义原则、凸显原则、互动原则、多义性与继承原则。一定程度上来讲，这些原则对"花儿"语篇构式的英译具有指导性。需要明确的是，魏在江（2020）的大部分例子以句子为单位，并未关注语篇的翻译问题。因此，基于这四大原则，结合"花儿"语篇构式的特征，本书提出"花儿"语篇构式英译的三大指导性原则，即意义中心原则、整体性原则和互动性原则，以下结合"花儿"翻译实践进行分析说明。

8.4.1 意义中心原则

虽然翻译过程中需要考量的因素有很多，但不可否认的是，翻译是一种意义传递和交际过程，这也是翻译的根本目的之所在。Jackendoff（1994：185）指出"如果保留原语所传递的思想，一种语言中几乎我们能说的所有东西都可以翻译为另外一种语言"。Chafe（2018：93）也认为，意义或者思维为翻译的核心。虽然不同语言背后人类的思维或者其语义结构不可能完全一致，但它仍然是译者努力的核心。因为尽管不同语言的句法结构差异性很大，但不会严重影响翻译的成功，而语义的差异性造成的结果却完全不同。认知语言学重点研究人类语言语义的认知构建问题，意义是认知语言学研究的核心。作为认知语言学中一个派别，构式语法理论指导下的翻译也必须以意义为中心。这也是认知语言学对翻译研究的贡献之所在（魏在江，2020）。基于此，"花儿"语篇构式英译所遵循的第一个指导性原则必然是意义中心原则。

(114) 鸡娃儿叫了三遍了，
月牙儿偏了西了；
阿哥子下了炕沿了，
清眼泪把心都淹了。
（《六盘山花儿两千首》，第136页）

Roosters have crowed for several times,
And the moon is going down.
My beloved rises from the Kang,
And tears have submerged my heart.

例（114）这首"花儿"描绘了浓浓的中国西北农村生活景象：天亮鸡打鸣三遍，月亮落西，阿哥起床下炕沿。这些具有地方文化色彩的表达难以在英语世界找到完全对等的表达。因此，英译诸如此类"花儿"时，准确传递原文的意义是英译的第一要务。我们在翻译实践中将"三遍""偏西"和"下炕沿"等表达作了虚化和转化，分别英译为"several times""going down"和"rise from *Kang*"，以最大化传递原文的意义，又尽可能贴紧英文的表达习惯。在尽最大化传递原文意义的同时，我们也尽可能保留"花儿"的程式性表达，如这首"花儿"中上半段和下半段共享一个图式性表达结构分别描述天亮前的自然景象和恋人离别时的留恋事象。这是英译"花儿"时需坚持的第二原则，即整体性原则，我们将在下一小节作出详细分析。

(115) 山丹花长下一条根，
马莲花长的是乱根；

我想尕姊妹一条心,
尕姊妹想我是乱心。
(《六盘山花儿两千首》,第106页)

Liliumpumilum takes root for one,
While many roots Malian flower grown;
Single mindI have for my beloved,
While your imagination run wild.

(116) 花儿唱了千遍了,
唱得我嘴都干了;
为你者跑了三趟了,
跑得我腿都酸了。
(《六盘山花儿两千首》,第58页)

Singing *Hua'er* for many times,
I sing till my lips dry;
For many times I go to meet you,
I walk till my legs sore.

同样,例(115)和例(116)中也描述了一些具有地方色彩的场景,它是"花儿"创作者对这些场景的体验。如例(115)中的"山丹花、马莲花生根景象"和"乱心",例(116)中的"唱花儿"和"跑趟"。我们尽最大化传递了原文意义,如将"乱心"英译为"run wild",将"跑趟"英译为"go to meet you"。同时,我们也尽可能地保留"花儿"的程式性表达。如在对例(115)进行英译时,我们使用"while"翻译出了上下两半段所共享的对比关系,同时,通过句式的变化,实现了整首"花儿"缘由的押韵模式;例(116)也尽量实现了原文的一贯到底的押韵模式。

通过以上分析,不难发现,在英译"花儿"时,传递其原文意义不能"信马由缰",还必须尽可能遵循"花儿"这一特殊话语体系的运作模式,即程式。因此,对于"花儿"英译而言,还必须着眼于"花儿"语篇构式意义和形式的整体性，我们将其分别称作整体性原则。

8.4.2 整体性原则

"花儿"语篇构式是形式与意义的匹配体，且二者不可分离。那么，在意义为中心原则的基础上，必须综合考量形式和语义的匹配体。前文已指出，以语篇构式为"花儿"英译的基本单位可兼顾对结构、语义、功能、文化等多维度因素的考量。另外，影响语义的因素不仅有词汇、语法构式（Goldberg，1995：1），还有语篇构式。即语篇样式整体框架的用途（Östman，2005：126；许宁云，2010：87；袁野，2011：39；李天贤，2012：159—161）。因此，"花儿"语篇构式整体义的理念是"花儿"英译过程中必须考虑的重要原则，即整体性原则。例（117）—（119）的英译实践就很好地体现了这一原则。

(117) 牡丹树栽在墙头上，
根浅着咋开花哩？
尕花儿维在远路上，
路远着咋能耍哩？
（《六盘山花儿两千首》，第89页）

On the wall peonies plant,
How to bloom with shallow root?
On the long way the girl date,
How to meet with long route?

(118) 白市布放在大腿上，
飞针么走线着哩；
布衫儿缝成你穿上，
人走了心念着哩。
（《六盘山花儿两千首》，第135页）

On my laps the calico put,
Quickly I am sewing;

To make you a shirt,
Be with you when we are apart.

(119) 毛主席好像红太阳，
照亮了黑暗的地方，
反动派好像草上霜，
经不住早晨的阳光。
(《六盘山花儿两千首》，第 194 页)

The red sun in the sky Chairman Mao is,
Lightening all the places in the dark night.
The frost on the weeds the reactionary is,
Disappearing under the morning sunlight.

例（117）的英译通过句式的倒置，如将"peonies plant on the wall"转化为"on the wall peonies plant"，将"the girl date on the long way"转化为"on the long way the girl date"，这不仅保留了原文第一三句、第二四句的押韵模式，也很好地实现了原文的程式特征。与例（117）的译文相比，虽然例（118）和例（119）未能完全展现原文的程式特征，但译文尽量保留了原文的部分程式性特征，并相应地作出了调整，以实现英语的表达习惯。如例（118）实现了原文第一三句的押韵模式，例（119）未能与原文第一二、第三四句的押韵模式保持一致，但实现了译文第一三句、第二四句的押韵模式；另外，例（119）通过将"经不住"转译为动名词"disappearing"，保持了与"照亮"一词翻译的一致性，从而在整体上确保了这首"花儿"译文的程式性风格。

8.4.3 互动性原则

以上通过整体性原则分析发现，英译"花儿"时还需注意句法和整个语篇构式之间互动性，即互动性原则。如例（119）的译文就充分体现了互动性原则。以往构式语法研究核心关注点在动词和句子的互动关系，即构式搭配问题。那么，对于语篇构式而言，其研究的核心点理应在语篇和句法之间的互动关系。Östman 反对句法只做句法的事情，篇章只做篇章的事情。他认为，语篇和句法之间不是对立的，而是对话的、互动的关系（Östman, 2005: 127）。对于"花儿"语篇构式而言，程式、故事模式（典型场景）与主题为形式与思想内容的关系（尹虎彬，2002）。程式是一些传统的程式化句法，包括韵律群、重复语词、句法的平行式等；典型场景与程式密切相关，是一个比程式更大的程式化叙事模式，后者由前者组成。基于此，在"花儿"英译过程中，必须考虑语篇构式与句法之间的互动关系，即互动性原则。例（120）—（122）的译文就坚持了这一指导性原则。

(120) 这个路儿我走过，
有一个水打的磨哩；
这个庄子我来过，
有一个惹人的货哩。
（《六盘山花儿两千首》，第25页）

This road I've walked,
There is a water mill,
This village I've visited,
There is an attractive girl.

(121) 骑马要骑营盘的马，
万马里头个跑马；
搁花儿要搁个人梢子，
万花里头的个牡丹。
（《六盘山花儿两千首》，第2页）

For riding, army horses should be chosen,
A good horse among thousands it is,
My maiden, the best girl will be chosen,
A noble peony in blossoms she is.

(122) 驴娃子吆到羊群里，

羊群里称了王了；
丞妹妹进到皇官里，
宫女们吓着藏了。
(《六盘山花儿两千首》，第 18 页)

A little donkey was driven to a flock of sheep,
It towers others like a king;
My maiden was taken to the imperial palace,
She outshines others like a queen.

例（120）原文中的程式性句法影响着整个"花儿"语篇构式意义的产生，前文章节已经论述过这一问题。正是因为这一程式性句法的作用，上下两半段的内容才有了联系。为了确保整个"花儿"语篇构式整体性语义的传递，译文最大化考虑了原文这一程式性句法结构，这不仅体现在上下两半段的句式结构上，而且还体现在押韵模式上，从整体上实现了原文和译文的功能对等。与例（120）一样，例（121）采取分割和倒置等手段最大化实现上下两半段句式结构和押韵模式的一致性。第一三句采取分割手段将"骑马"和"搁花儿"话题化，后续句子对这一话题进行阐释说明；第二四句采取倒置手段确保了句式结构和押韵模式的一致性。相比例（120）和例（121），例（122）的译文在押韵模式上未能做到与原文相一致，但也最大化地保留了上下两半段所共享的程式性句法结构。这在第二四句的翻译处理上显得尤为明显，译文将原文中的"羊群称王"和"宫女吓藏"分别处理为"It towers others like a king"和"She outshines others like a queen"。以上分析表明，通过考虑句法与语篇构式之间的互动性更有利于最大化实现"花儿"原文和译文的功能对等性。

8.5 "花儿"语篇构式英译的基本策略

上一小节重点分析了"花儿"语篇构式英译需坚持的三个基本原则，即意义中心原则、整体性原则和互动性原则。在三个原则的指导下，本部分提出"花儿"语篇构式英译的两个基本策略，即构式对等法和构式变异法。

8.5.1 构式对等法

构式对等法,即尽力在译入语言资源中可找到与原文相一致的语言表达式,即两种语言系统的构式对等(constructional equivalence)现象(Rojo & Valenzuela, 2013),实现原文和译文功能的最大化对等。这不仅体现在程式性句法结构上,也体现在韵律模式上。

(123) 白公鸡长了个红冠子,
墙头上叫鸣着哩;
尕妹子别下个金簪子,
大门上照人着哩。
(《六盘山花儿两千首》,第20页)

A white cock with a red crown,
On the wall it is crowing,
Young maiden with a gold hairpin,
At the gate a lad she is searching.

(124) 诸葛亮摆了个八卦阵,
不知道是阴阵吗阳阵?
二阿哥充军去当兵,
不知道是步兵吗马兵?
(《六盘山花儿两千首》,第135页)

Zhu Geliang has set the *Eight-Diagram*,
Whether a *Yin* or a *Yang* diagram?
My boyfriend is forced to join the army,
Whether a horseman or an infantry?

(125) 筛子大的个尕云彩,
遮不住火红的太阳;
指头壮的个尕鱼鳅,

掀不起翻江的大浪。

(《六盘山花儿两千首》，第 195 页)

A sieve-sized piece of cloud,
The flaming sun it can never cover up;
A finger-thick tiddler,
The waves it can never kick up.

例（123）—（125）的译文在坚持传递整体性意义的前提下，充分考虑了程式性句法和整个"花儿"语篇构式之间的互动性，尽力在英语资源中寻找与原文相对应的表达式，实现了功能的最大化对等。例（123）的译文分别将"长了个红冠子"和"别了个金簪子"处理为"with a red crown"和"with a gold hairpin"，将第二四句处理为现在分词引导的分句。如此处理确保了上下两半段共享程式性句法结构的一致性，也保留了原文的押韵模式。例（124）的原文表达可在译文资源中找到相对应的表达。在保留原文押韵模式时，我们将最后一句中"步兵"和"马兵"的先后顺序在译文中作出了调换，但这不影响整首"花儿"所传递的意义。例（124）的原文表达也可在译文资源中找到相对应的表达。为了确保原文的押韵模式，我们将第二四句的译文采取了倒置化处理，即将"it can never cover up the flaming sun"处理为"the flaming sun it can never be cover up"；将"it can never kick up the waves"转化为"the waves it can never kick up"。

8.5.2 构式变异法

顾名思义，构式变异法指在译入语难以找到完全与原文相一致的表达式。依照原语和译入语在表达式的差异性程度，构式变异法可具体体现为两种情况：（1）二者基本相一致，需要作出微调；（2）二者难以实现对等。

第一种情况体现为：在译入语言资源中可找到与原文基本相一致的语言表达式，但需要作出一些微调。要么是为了确保译文中程式性句法结构的一致性，要么是为了尽最大化保留原文的押韵模式。相比构式对等法而言，此类方法以传递"花儿"语篇构式整体意义为中心，因两种语言系统中构式基本对等但有一定的差异性，需要对原文的程式性句法或者韵律模式作出微调，以最大化传递原文的信息。请看例（126）和例（127）：

(126) 好歌手出在莲花山，
歌声儿震天下哩；
俊花儿出在宁夏川，
模样儿赛娘娘哩。
（《六盘山花儿两千首》，第17页）

Good singers come from Lianhua Mountain,
Their sing sounds stunning.
Pretty girls come from Ningxia plain,
Their appearance outshines empress.

(127) 尕妹是高山一枝花，
谁是个灵芝草儿？
阿哥是画眉叫喳喳，
谁是个百灵鸟儿？
（《六盘山花儿两千首》，第8页）

You are a peony flower in the high mountain,
Who is the ganoderma in matching?
Your brother is a thrush chirping,
Who is the lark in singing?

例（126）的译文都尽最大化保留了原文的程式化句法结构，但难以完全保留原文的押韵模式，只能保留原文第一三句押韵模式。这是因为原文第二四句的押韵通过添加虚词"哩"实现，英文中难以找到与之相对应的表达。例（127）的原文和译文可实现程式性句法结构的一致性，但整首"花儿"的押韵模式将不复存在。根据整首"花儿"所传递的意义，我们将第二句翻译为"Who is the ganoderma in matching?"，将第四句翻译为"Who is the lark in singing?"，通过短语"in matching"和"in singing"

的添加，从而实现了译文与原文押韵模式的一致性。

第二种情况体现为：原文在译入语言资源中难以找到对等的表达，两种语言系统出现了构式不对等（constructional mismatch）现象（Rojo & Valenzuela, 2013）。为准确传递原文意义，译者必须对原文构式作出较大的调整和改变，有些甚至失去原文的程式性句法结构，有些只能部分地保留原文的程式性句法结构或韵律模式。请看例（128）—（130）：

(128) 青稞大麦没巢的，
一心要巢个米哩；
出了大门没照的，
一心要照个你哩。
（《六盘山花儿两千首》，第12页）

No more highland barley for sell,
It's rice I really want to sell;
No one out of the gate to look,
It's my maiden you, I want to meet.

(129) 北斗七星天边上转，
明月亮能圆几天？
一青一黄整一年，
年轻人能年轻几天？
（《六盘山花儿两千首》，第2页）

Big Dippers don't always stay in one place,
and full moon lasts only a few days;
How time flies by!
Forever the youth never last.

(130) 大红轿子绿靠枕，
轿夫抬呢么不抬？
我有心和你配对子，

你心里来呢么不来？

（《六盘山花儿两千首》，第 10 页）

The scarlet sedan with green cushion,
Will the carriers to carry it home?
I want to be paired with you without hesitation,
Will you think the same?

例（128）—（130）的译文都在不同程度上失去原文的程式性句法结构，其中例（128）的变异性最大，连原文的韵律模式也未能得以保留，尽管例（129）未能保留原文的程式性句法结构，但通过变异译文为新的程式性句法结构，实现了译文与原文韵律模式的一致性。例（130）原文的程式性句法结构尤其体现在第二四句，译文为传递整个"花儿"语篇构式的语义，对原文这一程式性句法结构进行了变异，另外，译文通过在第三句添加短语"without hesitation"实现了与第一句押韵。

综上分析，构式变异法体现了"两种语言不具有同一构式的形式也就是形式不匹配时，翻译者需要重新分布信息，通过准确的对等翻译策略，才能将源语中的信息准确地翻译出来"（魏在江，2020：120），即通过构式变异法来应对两种语言的构式不对等问题。

8.6 翻译构式观下英译"花儿"语篇构式的理论优势

在翻译构式观的指引下，上文重点分析了"花儿"语篇构式英译的原则和策略。概而言之，翻译构式观下英译"花儿"语篇构式的理论优势具体体现在以下三个方面。

第一，从多重维度考量"花儿"语篇构式英译问题，更有利于指导翻译实践。构式的形义是匹配的，不可分离。翻译的构式观兼顾了对"花儿"语篇构式的结构、语义、功能和文化等多维因素的考虑，比单一维度的考量更有利于指导翻译实践。翻译的构式观可阐释文本结构层面的翻译，捕获影响翻译过程的文化因素（Szymańska，2011），既考虑到了翻译中的语言结构和语言形式，也能注意到语言结构外部文化因素等对翻译过程的影响。这是因为构式可激活框架知识，而框架知识根植于语言使用和文化经验。

第二，着眼于构式整体，可最大化实现了"花儿"语篇构式原文和译文的功能对等性。翻译的构式观对英译"花儿"语篇构式的启发在于："花儿"语篇构式的原语文本和目标文本之间的全局性功能对等在整个英译过程中起着作用，无须顺从局部功能的对等，从而为实现"花儿"语篇构式原文和译文的最大化功能对等奠定了基础，能更加灵活地指导"花儿"语篇构式英译实践。

第三，确保了"花儿"语篇构式翻译单位在语言层级上的灵活性，兼顾了翻译过程中对语言多层面的综合考虑。翻译构式观避免了翻译单位大小的无谓之争（魏在江，2020：121）。以语篇构式为英译"花儿"的基本单位，为实现原文和译文的全局性功能对等奠定了基础，避免了一些局部性争议问题。又鉴于语篇构式的抽象层级性特征，在英译"花儿"语篇构式过程中可兼顾对各个层面的综合考虑，不只是单纯考虑语言表达层面，也考虑语言单位在抽象层面的组织规律。

需要强调的是，认知翻译学主要包括三大研究领域：语言认知视角的翻译研究、翻译认知过程研究和社会认知视角的翻译研究（文旭、肖开容，2019：3）。本书探讨属于语言认知视角的翻译研究，即基于认知语言学的体验哲学观和语义构建观，探讨"花儿"语篇构式英译理论和实践。而学界熟悉的关联理论指导下的翻译研究属于翻译认知过程研究，该理论视角下的翻译研究注重探讨翻译过程。由此可见，它与语言认知视角的翻译研究同属于认知翻译学范畴，但二者对翻译研究的关注点有所不同。一个侧重翻译过程探讨；另一个重视语言的认知机制，即人类理解和使用语言所关涉的认知操作对翻译实践的指导性，关涉两种语言转化中的认知操作机制。

尤为值得关注的是，语言认知视角的翻译研究也关注翻译过程，它既考虑翻译中的语言结构和语言形式，也关注语言结构外部认知、文化因素等对翻译过程的影响。在认知语言学视角下，构式作为语言的基本单位，构式具有体验性、认知构建性和整体性。构式的三个特性给英译活动的综合衡量奠定了基础，即构式的体验性明确了"花儿"语篇构式的语义来源，译者英译"花儿"语篇构式时，必须和作者拥有相一致或相近的体验性经验，才能确保译文和原文的对等性。构式的认知构建性表明，"花儿"语篇构式的语义构建关涉了概念聚焦突显（见第 5 章）、认知参照（见第 6 章）和概念整合（见第 7 章）等一系列的认知操作机制。若译者掌握了"花儿"语篇构式语义构建过程及其所关涉的认知机制，有助于译文表达式的选择和调整；构式的整体性强调"花儿"语篇构式的英译必须从整体上考虑语义结构和语义形式之间的关联性。因此，从这个角度来讲，较关联理论视角下的翻译过程研究而言，语言认知视角下基于翻译构式观的翻译研究更具理论阐释力和实践性指导。

8.7　本章小结

本章首先在归纳和总结"花儿"语篇构式语义构建的认知模式、认知路径和认知机制对英译"花儿"语篇构式的综合理论性作用的基础上，阐释了选择英译"花儿"语篇构式的翻译观，即翻译的构式观，并分析了选取翻译构式观作为"花儿"语篇构式英译观的理论优势和缘由。其次，在翻译构式观的导引下，分析和界定了"花儿"英译的基本单位：语篇构式。再次，基于构式的基本理论思想，本章提出了"花儿"语篇构式英译需遵循的三个指导性原则，即意义中心原则、整体性原则和互动性原则，以及两个基本英译策略，即构式对等法和构式变异法。最后，通过与关联理论视角下的翻译研究相比较，本章阐释了翻译构式观对英译"花儿"语篇构式的理论阐释力和实践性指导。本章分析首次从认知视角出发对"花儿"英译问题进行研究，为"花儿"译介和传播研究提供了一个全新的理论视角。

第 9 章 结论

近百年"花儿"学术史表明,学界从人类学、音乐学、民俗学、社会学、传播学、翻译学和语言学等理论视角出发对"花儿"进行了大量研究,取得了丰硕的研究成果。语言学视角下"花儿"语篇研究以静态分析为主,存在"重形式、轻语义"的特点,尤其缺乏语义的动态分析,认知语言学范式下的"花儿"语篇的语义动态构建研究更是鲜见。有鉴于此,本书在认知语言学研究范式下,从认知语法视角出发,在对"花儿"语篇构式的程式性语法结构与其意义关系分析基础上,分析了"花儿"语篇构式的语义结构及其认知构建的独特性。据此,本书尝试构建了"花儿"语篇构式语义构建的认知阐释模型(见图 4.12)。在该模型的运作下,考察了韵律群和信息结构等对"花儿"语篇构式语义构建过程的动态调配性,据此,本书进一步探析了"花儿"语篇构式语义动态构建过程中所关涉的认知识解机制及其他们之间的理论互动关系,揭示了注意力(attention)这一人类通用认知能力在"花儿"语篇构式语义构建中的作用。最后,在对"花儿"语篇构式体验性认知分析的基础上,基于构式语法的翻译研究,即翻译的构式观,尝试探究了"花儿"语篇构式英译的指导性原则和基本英译策略。本章主要概述本书的主要研究结论、创新之处、研究不足及未来研究展望。

9.1 研究结论

本研究的主要研究结论可概括为以下五点。

(1)"花儿"语篇可分析和界定为一种语篇构式,形式极为其语篇类型,语义极为其语篇样式。"花儿"语篇构式的形义匹配及其表征方式分析表明:"花儿"语篇采用传统程式性语法结构表达了特定的情感主题思想内容,具有很高的程式性和规约性,是一种典型的语篇构式。"花儿"

语篇是形式和语义的配对体，形式极为其语篇类型，即先描写景物后叙述情感的叙事结构，它由一些程式性语法形式组成，主要包括语词重复、句法的平行式和韵律群等；语义极为主题框架，即整个故事的信息结构。主题的程式化实现是"花儿"语篇构式形式和语义的匹配过程。"花儿"语篇构式是一种抽象的图式性概念结构，它建立在对众多具有共享形式、功能和语境维度"花儿"语篇示例的抽象化概括基础上，是"花儿"歌手经频繁使用而固化的一种心理结构，在大脑中留下一种使用印记或模式，这种使用印记或模式在"花儿"歌手每一次表演中创作时都会被再次提取和激活，并加以创造性使用。传统"花儿"研究割裂了"花儿"语篇语法结构和其语义之间的关系，具有"重形式，轻语义"的特点。在一定程度上来讲，以往研究是一种结构主义的研究进路，注重对"花儿"语篇语法结构形式分析，并未注意到"花儿"语篇构式与"花儿"歌手概念结构之间的联系。本研究重视分析"花儿"语篇构式语法结构和其语义之间的象征性匹配关系，较以往研究向前推进了一步。

（2）"花儿"语篇构式义的认知来源为"花儿"歌手身体、大脑与其所处原生态环境之间互动所获得的原生态经验，"花儿"语篇构式的语义结构具有隐喻性。本书分析发现，"花儿"语篇构式的语义特征呈现出片段性和类推性，其整体性语义结构具有隐喻性，它的生成和构建受到"花儿"歌手身体、大脑与其所处原生态环境之间互动所获得的原生态经验基础上形成的概念隐喻的允准和制约。"花儿"歌手身体、大脑和环境之间体验互动的多维性：施为互动体验性、交互主观体验性和主观体验性，三者构成一个互动体验连续统：施为互动体验的互动性最强、交互主观体验次之，主观体验最弱。在此基础上产生了三种不同的隐喻义：施为互动隐喻义、交互主观隐喻义和主观隐喻义。以往研究聚焦于分析"花儿"语篇构式中语言隐喻的使用，并未探究其隐喻性语义结构的认知来源。本书分析了"花儿"语篇构式隐喻义生成与构建的多维向度性及其认知来源，较以往研究向前走了一步。

（3）"花儿"语篇构式中隐喻的概念组织具有高层性，为一种意象图式层隐喻，具有图式性和类推性。基于"花儿"语篇构式隐喻概念组织的层级性特征分析，本书发现，"花儿"语篇构式隐喻义基于情景或事件的相似性特征所构建，这种相似性源于隐喻始源域和目标域所共享的类属性图式结构，它具有复现性和类推性，最接近人类的体验性经验。

Kövecses（2017，2020）将这种类推结构性隐喻称为意象图式层隐喻，鉴于其具有复现性和类推性，它在语境的启动（prime）下可以被再次激活使用。"花儿"语篇构式隐喻义建立在始源域和目标域共享抽象图式性结构的基础上，它基于类推这一人类基本认知能力。"花儿"语篇构式隐喻义认知构建的独特性就体现在原生态经验的独特性，这也是"花儿"语篇构式语义结构背后概念隐喻生成的认知动因。

（4）"花儿"语篇构式语义的动态构建过程关涉聚焦突显、认知参照点和概念整合三个认知操作机制，充分体现了注意力这一人类通用认知能力在"花儿"语篇构式语义构建过程中的作用。本书分析发现，语词重复、韵律群和句法的平行式等程式性语法结构不是静止的实体，而是"花儿"语篇构式语义前景化的主要语言手段，它们在不同认知加工时间维度上导引和聚焦"花儿"歌手和听众注意力的动态前景化过程，对"花儿"语篇构式的语义构建过程具有动态调配性。概括来讲，在韵律群和句法平行式等调配下，"花儿"语篇构式四小句依次构建四个注意力视窗，在认知参照点的引导下，四小句语义内容经序列式心理扫描依次得到聚焦突显，激活了"花儿"语篇构式隐喻义的始源域和目标域，两个域经整合形成浮现性语义。

认知语言学的基本理论假设为：语言与人类其他认知能力不是独立的（Langacker，1987；Croft & Cruse，2004；Evans，2019）。"语言识解操作是一般认知过程的示例"（Croft & Cruse，2004：46）。本书分析发现，"花儿"语篇构式语义构建过程涉及隐喻、聚焦突显、心理扫描（认知参照点）和概念整合等认知操作机制。依照 Croft 和 Cruse（2004）对识解操作和人类通用认知能力的范畴化，隐喻（概念整合）属于比较认知能力范畴。实际上，隐喻本身也属于聚焦维度，其识解过程呈"前景—背景"式排列（Langacker，2008：58）。聚焦突显和心理扫描属于注意力认知能力范畴。由此可见，"花儿"语篇构式的语义动态构建过程充分体现了人类注意力这个通用认知能力的作用。

（5）认知视角下"花儿"语篇构式的英译需坚持意义中心原则、整体性原则和互动性原则，基本的翻译策略主要有：构式对等法和构式变异法。意义构建是认知语言学研究的核心，它把意义看作是人类的概念化（Langacker，1987）。因此，认知视角下"花儿"语篇构式的英译必然是意义为中心。另外，认知语言学认为，语言形式和语义形成一个匹配体，即构式（Goldberg，2006）。鉴于此，"花儿"语篇构式的英译必须着眼于其形式和意义的整体性，同时，还必须重视语篇构式和句法之间的互动性，因为"花儿"的程式性句法结构对其语篇构式义的形成具有重要作用。在意义中心原则、整体性原则和互动性原则的指引下，通过对比分析原语和译入语资源，"花儿"译者可采取构式对等法和构式变异法进行"花儿"英译实践，以最大化实现原文与译文的功能对等。

9.2 创新之处

本研究的创新之处主要体现在以下七个方面。

（1）基于认知视角，本研究将"花儿"语篇新界定为一种语篇构式。本研究的主要创新之一就在于：从认知语言学视角出发，基于 Östman（2005）对语篇构式的基本界定：语篇构式是语篇类型和语篇样式的匹配体，本书将"花儿"语篇构式界定为："花儿"语篇构式是其语篇类型和语篇样式的匹配体。形式极为其语篇类型，即通过句法的平行式、韵律群和故事（叙事）模式等信息前景化方式组织语篇的一种记叙文。语义极为语篇样式，即歌谣主题框架的相关信息。"花儿"语篇构式是"花儿"歌手经频繁使用而提炼的一种抽象图式性结构。

（2）基于认知语法视角研究口头语篇构式，为口头语篇构式研究提供了新的理论视角。随着认知语言学的兴起，认知视角下的语篇研究得到了学者们重视。近些年，以构式语法以为理论基础的语篇构式研究得到了学界关注（如 Östman，2005；Fired & Östman，2005；Antonopoulou & Nikiforidou，2011；Nikiforidou et al.，2014；许宁云，2010；袁野，2011，2012a，2012b，2013，2017；李天贤，2012；徐永，2019 等），此类研究能对语篇的宏观构架作出较好的阐释，但尚不能阐释语篇构式形成的认知机制。认知语法语篇观可阐释语篇构式形成的认知机制，尚未得到学界的充分重视。基于认知语法理论视角，本书尝试研究了"花儿"语篇构式的语义构建问题，在一定程度上来讲，这为口头语篇构式研究提供了一个全新的理论视角。

（3）提出了隐喻义生成与构建的认知模型，明晰了隐喻义生成和构建的多维向度性。概念隐喻理论（Lakoff & Johnson，1980）是认知语言学一个核心理论，该理论自提出以来，得到了学者们的赞赏和广泛应用

（如 Haser，2005；Murphy，1996 等），为探究隐喻这一人类基本思维机制的普遍性作出了重要学术贡献；但也有不少学者对其持不满和批评态度，尝试修正和拓展概念隐喻理论（如 Steen，2011；Kövecses，2017，2018，2020 等）。综合来看，无论是赞赏派、批评派，还是拓展派，他们都是从某个特定的理论维度来看待隐喻意义的生成和建构问题，未能把隐喻义生成和建构的多维向度理论本质及向度之间相互的内在关联性考虑进来。本书基于概念隐喻的哲学基础：具身体验（Lakoff & Johnson，1999），即人类身体、大脑和环境之间的体验互动的多维性：施为互动性、交互主观性和主观性，提出了隐喻义生成和构建的认知模型，并结合"花儿"语篇构式实例，探究了隐喻义的多维向度性：施为互动体验性、交互主观体验性和主观体验性，明确了隐喻义的认知来源：人类身体、大脑和环境之间的体验互动及其隐喻义的多维向度性：施为互动隐喻义、交互主观隐喻义和主观隐喻义。

（4）初步实现了程式的构式理论新描写，并揭示了其动态属性。程式是口头程式理论的核心。近两年，学界开始尝试性地探索口头传统的认知研究，目前，尚无实质性的研究成果产出，大都停留在讨论程式与构式的理论关系、认知语法和构式语法与程式之间一些共性之处以及如何将它们运用于分析口头传统（如 Antović & Cánovas，2016；Cánovas & Antović，2016；Boas，2016；等），并未真正触及程式性语法结构与其语义之间的关联性。本书在分析和探究程式与构式理论关系的基础上，从认知角度出发对程式进行了理论描写（参见第 3 章 3.2.1 小节），并在认知语法理论的指引下，较好地分析了韵律群和句法的平行式等程式性语法结构对"花儿"语篇构式语义构建过程的动态调配作用，揭示了其动态属性（参见第 5 章 5.2.4 小节）。本研究可为其他口头传统（如壮族嘹歌）的认知构建研究提供一定的参考和借鉴价值。

（5）实践和验证了认知语法语篇观在语篇层面的可行性和可操作性。认知语法语篇观（Langacker，2001b，2008，2012b，2016a，2017c）自提出以来，一直停留在对一些话语现象的研究，比如句式之间的回指现象和省略现象，尚未真正在语篇层面得以实践。王寅（2003）和贺学勤（2009）早就指出了认知语法语篇观存在语篇单位论实践不够彻底、语篇整体与单句线性发展关系不够清晰等不足之处。因此，认知语法语篇观急需在语篇层面得以实践并验证其可行性和可操作性。本研究基于认知语法语篇观对"花儿"语篇构式语义构建问题进行了探究，较好地分析了"花儿"语篇构式中句式与句式之间、语篇整体与单句线性发展之间的互动关系。本书分析发现，认知语法语篇观在语篇层面具有一定的可行性和可操作性，但在分析语篇空间动态推进过程中，认知语法自下而上的融合思想在语篇空间之间概念整合关系阐释上显得有些操作困难，尤其是难以分析层创性语义的来源，而概念整合理论却具有很强的操作性。当然，概念整合理论与认知语法的融合思想具有一致性（具体可见 Langacker，2017c 等文献讨论），只是在具体操作层面上，概念整合理论在语篇层面更具可操作性。基于此，本书尝试将概念整合理论引入 CDS 模型，构建了新的认知阐释模型。

（6）提出了"花儿"语篇构式语义构建的认知阐释模型。本书从动态概念化视角出发提出了"花儿"语篇构式语义构建的认知阐释模型。鉴于认知语言学理论分析工具繁多，本研究关涉到的理论分析工具有认知识解、概念隐喻、CDS、认知参照点和概念整合等，如何将这些理论分析工具整合形成一个系统而综合性的理论阐释模型是本研究最大的挑战。通过系统研究"花儿"语篇构式形义匹配性、语义特征和语义结构等理论与实践问题，本书在深入分析 CDS、隐喻和识解以及 CDS、认知参照点和概念整合理论之间理论关系的基础上，尝试构建了新的认知阐释模型（见图 4.12），并通过对"花儿"语篇构式的实证分析，验证了其可行性和可操作性。

（7）提出了"花儿"语篇构式英译的指导性原则和基本翻译策略，为"花儿"的译介研究提供一种新的视角和路径。目前，国内外"花儿"的译介研究未能深入探究"花儿"译介的基本原则和基本策略。只有一小部分研究初步触及了"花儿"译介的本质问题，如姜学龙（2018，2019）以口头程式理论为视角探索"花儿"的译介策略。令人遗憾的是，这些研究尚停留在表面，未能真正触及"花儿"译介的本质问题。从认知视角出发，基于"花儿"语篇构式语义构建的体验性认知，以翻译的构式观为指导，本书提出了"花儿"语篇构式英译的指导性原则：意义中心原则、整体性原则和互动性原则，以及其英译的基本翻译策略：构式对等法和构式变异法，这两个策略有利于"花儿"原文和译文的最大化功能对等，为"花儿"的译介研究提供一种新的视角和路径。

9.3 研究不足及未来研究展望

本研究存在的不足及其未来研究进一步努力之处主要体现在以下五个方面。

（1）当前话语空间和概念整合理论的融合思想尚需进一步分析和论证。认知语法基于使用事件将语篇同其他语言结构进行统一分析，使用事件的连续推进构成语篇。在 CDS 推移过程中，语篇空间内概念内容之间的交叠性是语篇空间得以连接和整合的基础。目前，认知语法这一语篇研究思想并未真正在语篇研究层面得以实践，只用于分析句子中一些话语现象，如回指和省略等（Langacker，2012b，2016a，等）。本书在探讨 CDS 和 CBT 理论关系的基础上，将 CDS 的语篇空间融合思想与 Fauconnier 和 Turner（2002）的概念整合思想结合起来，构建了全新的理论模型，在一定程度上证实了 CBT 较 CDS 在语篇层面运作的可操性（详见第 7 章分析）。但对于 CDS 和 CBT 之间的理论关系还需进一步作出深入而系统的探究。

（2）基于认知语法的语篇构式研究思想尚需进一步分析和讨论。目前，语篇构式研究有两种研究路径，即以 Östman（2005）为代表的语篇构式研究和以 Fischer（2010）等为代表的互动构式语法。本研究在分析讨论以往这些语篇构式研究路径不足的基础上，尝试将 Östman（2005）为代表的语篇构式研究和认知语法的结构、加工和语篇统一性分析路径结合起来研究了"花儿"语篇构式。较其他语篇构式，尽管本研究对象"花儿"语篇构式具有一定的特殊性，但在一定程度上来讲，本研究所采取的研究路径可为其他语篇构式研究提供一定的参考和借鉴价值。不可以否认的是，本书只触及了语篇构式研究的一部分理论和实践问题，难以实现对其全面而系统化研究。因此，未来研究将会继续探索不同语篇构式的认知构建问题，进一步分析和验证本研究所尝试的基于认知语法的语篇构式分析思想的可行性、可操作性和理论阐释优势。

（3）程式的构式理论描写尚需进一步完善。本研究在分析程式和构式理论关系的基础上，结合已有研究文献（如 Boas，2016），将程式界定为一种语法构式。但对程式的规约性和创造性等方面尚缺乏描写和分析，未来研究需结合构式研究思想，如 Goldberg（2019）从覆盖面和记忆印记等出发对构式的新界定,进一步考察和分析程式的规约性和创造性。

(4) 多重因素影响下的"花儿"英译原则和策略还需作出进一步的分析和研究。约 70 年的翻译研究表明,翻译的语言学转向和文化转向都或多或少牺牲了对一些翻译过程中一些影响因素的考量。新近出现的认知翻译学,即翻译研究的认知转向,尤其是翻译的构式观,可综合衡量翻译过程中诸如文化等各种影响因素,具有一定的理论优势。有鉴于此,本研究从认知视角出发,在分析"花儿"英译基本单位的基础上,提出了"花儿"英译的指导性原则和基本英译策略。但不可遗忘的是,"花儿"的地域性很强,"花儿"英译会牵扯到方言词、地方民俗意象等多重因素的影响,本研究未能分析"花儿"英译中的一些细节问题,如个别方言词的英译。未来研究在综合衡量各种影响因素的基础上,还需就"花儿"英译的原则和策略作出进一步的分析和研究。

(5) 亟待建构"认知口头诗学"的理论体系。目前,"认知口头诗学"研究主要借助认知语言学的一些理论分析工具,尚未形成自己独特的理论体系。鉴于此,本书从认知视角出发,探究了"花儿"这一口头传统的语义构建及英译问题,可为"认知口头诗学"理论体系的构建提供一种思路。未来研究急需在考察口头诗学和认知科学关系的基础上,广泛地开展口头传统实证研究,致力于为"认知口头诗学"构建独特的理论框架,为探索人类认知作出新的理论贡献。

参考文献

曹强，2014，《从语言学角度看"花儿"的起源时代》，《青海社会科学》2014年第3期。

——，2015，《传播学视阈下的"花儿"歌词用字问题》，《青海社会科学》2015年第1期。

曹强、荆兵沙，2016，《"花儿"语言民俗研究》，中国社会科学出版社。

朝戈金，2000，《口传史诗诗学—冉皮勒〈江格尔〉程式句法研究》，广西人民出版社。

—— 2018，《口头诗学》，《民间文化论坛》2018年第6期。

程琪龙，2011，《概念语义研究的新视角》，上海外语教育出版社。

杜丽萍，2018，《文化视域中的西北民歌"花儿"对外译介研究》，《西安音乐学院学报》2018年第4期。

段静，2011，《近现代中、西口头文学研究综述》，《世界民族》2011年第5期。

冯岩，2012，《创新：西北"花儿"传承的根本》，《中国民族报》2012年4月12日第8版。

弗里，2000，《口头诗学：帕里-洛德理论》，朝戈金译，社会科学文献出版社。

［匈］格雷戈里·纳吉，2008，《荷马诸问题》，巴莫曲布嫫译，广西师范大学出版社。

贺学勤，2009，《认知语法语篇分析观思考》，《山东外语教学》2009年第3期。

黄洁，2011，《论理解汉英隐转喻名名复合词的参照活动模式》，《外语与外语教学》2011年第2期。

姜学龙，2018，《西北民歌"花儿"英译的模式、策略与方法——基于民俗学理论》,《郑州航空管理学院学报》2018 年第 6 期。

——,2019,《表演与程式：民间口头文学"花儿"英译的民俗学视野》,《翻译界》2019 年第 1 期。

荆兵沙,2016,《近百年"花儿"学术研究述评》,《渭南师范学院学报》2016 年第 15 期。

——,2017,《西北"花儿"的整理与英译问题刍议》,《渭南师范学院学报》2017 年第 19 期。

——,2018,《"花儿"的隐喻认知阐释》,《渭南师范学院学报》2018 年第 23 期。

卡西尔,2004,《人论》,甘阳译,上海译文出版社。

——,2017,《语言与神话》,丁晓等译,生活·读书·新知三联书店。

亢霖,2017,《永不凋谢的"花儿"——悼柯杨老师》,http：//news.lzu.edu.cu/c/201705/43852.html,2017 年 5 月 17 日。

柯杨,2002,《莲花山花儿程式论》,《广西民族大学学报（哲学社会科学版）》2002 年第 6 期。

李丛禾,2009,《认知参照点模型与英汉语后指构式》,《外语教学》2009 年第 5 期。

李天贤,2012,《认知框架视角下的语篇连贯研究》,博士学位论文,浙江大学,2012 年。

李雄飞,2003,《河州"花儿"与陕北"信天游"文化内涵的比较研究》,民族出版社。

廖美珍,2014,《我们赖以建构和组织语篇的隐喻—隐喻语篇一致性和跳跃性》,《外语学刊》2014 年第 1 期。

刘存伟、刘辰诞,2019,《认知语法基线/阐释理论框架下的语言结构及其功能研究》,《西安外国语大学学报》2019 年第 3 期。

刘凯,1987,《对六十年代"花儿"论争的审视与反思——〈青海对花儿来龙去脉的探讨〉读后》,《青海民族大学学报》（哲学社会科学版）1987 年第 2 期。

刘秋芝,2010,《口头表演与文化阐释——西北回族口头传统的"确认"与研究》,博士学位论文,西北民族大学,2010 年。

陆俭明、吴海波,2018,《构式语法理论研究中需要澄清的一些问题》,《外语研究》2018 年第 2 期。

洛德,2004,《故事的歌手》,尹虎彬译,中华书局。

罗斯玛丽·列维·朱姆沃尔特,尹虎彬,2000,《口头传承研究方法纵谈》,《民族文学研究》2000 年第 1 期。

罗纳德·W. 兰艾克,2016,《认知语法导论(上、下卷)》,黄蓓译,商务印书馆。

罗耀南,2001,《花儿词话》,青海人民出版社。

马俊杰,2014a,《宁夏六盘山"花儿"中认知隐喻研究》,《现代语文(学术综合版)》2014 年第 4 期。

——,2014b,《宁夏六盘山"花儿"中隐喻的认知理据及文化意义》,《民族艺林》2014 年第 2 期。

——,2014c,《六盘山回族"花儿"意象建构及认知机制研究》,《宁夏师范学院学报》2014 年第 5 期。

——,2018a,认知口头诗学:认知诗学研究的新领域,《中国社会科学报(文学版)》3-12:004 版。

——,2018b,崭露头角的认知口头诗学,《社会科学报(学术探讨版)》10-18:005 版。

——,2019,现代人如何回归诗意生活,《社会科学报(学术探讨版)》3-14:005 版。

马俊杰、王馥芳,2017,《"歌"为体、"诗"为用:试议"花儿"的诗性特征》,《西北民族大学学报》(哲学社会科学版)2017 年第 6 期。

——,2018,《"花儿"隐喻义生成和建构的多维性——兼论隐喻义生成和建构的多维向度及其理论根源》,《外语学刊》2018 年第 5 期。

马萍,2018,《意象图式视阈下六盘山"花儿"英译探究》,《宁夏师范学院学报》2018 年第 9 期。

马玉蕾,2003,《隐喻理解的类比基础》,《山东外语教学》2003 年第 4 期。

那贞婷、曹义杰,2007,《"花儿"牡丹程式探析》,《西北民族大学学报》(哲学社会科学版)2007 年第 2 期。

牛保义,2018,《认知语言学研究的现状与发展趋势》,《现代外语》2018 年第 6 期。

戚晓萍,2013,《洮岷花儿研究:生存空间视角下的田村花儿调查》,

民族出版社。

秦洪庆、王馥芳，2019，《词汇新构式创生概念化和再概念化路径研究》，《外语教学理论与实践》2019年第1期。

石毓智，2007，《构造语法理论关于Construction定义问题研究》，《重庆大学学报》（社会科学版）2007年第1期。

束定芳，2013，《认知语言学研究方法》，上海外语教育出版社。

——，2013，《认知语言学研究方法、研究现状、目标与内容》，《西华大学学报》（哲学社会科学版）2013年第32期。

宋健楠，2016，《隐喻的态度评价价值考略》，《西安外国语大学学报》2016年第3期。

苏茜，2017，《中国口头诗学理论与现实意义评述》，《西北民族大学学报》（哲学社会科学版）2017年第3期。

王馥芳，2014，《认知语言学反思性批评》，外语教学与研究出版社。

王馥芳，2015，《"意义词典"的认知编排及其编纂实践范例》，《辞书研究》2015年第5期。

——，2017，《主观化理论：关于理论根源、地位和挑战的思考》，《外国语文》2017年第5期。

——，2018，《共享经济挑战文化建构"强区分"模式》，《社会科学报》（文化批评版），第6版。

——，2019，《特朗普政治话语构建模式的认知诗学分析》，《外语研究》2019年第1期。

王军林，2015，《西北"花儿"的程式句法与方言》，《兰州文理学院学报》（社会科学版）2015年第2期。

——，2016，《莲花山"花儿"的口头程式特征解析》，《兰州文理学院学报》（社会科学版）2016年第4期。

——，2019a，《花儿诗学："花儿"的口头程式对于受众的接受意义》，《兰州文理学院学报》（社会科学版）2019年第4期。

——，2019b，《西北"花儿"口头程式的功能》，《中南民族大学学报》（哲学社会科学版）2019年第4期。

王立永，2019，《认知语法视角下的论元交替机制研究：以汉语两类保留宾语句为例》，《语言研究集刊》2019年第1期。

王沛，1992，《河州花儿研究》，兰州大学出版社。

——，2013，《"花儿"类型及传承漫谈》，《民族日报》2013年10月29日第4版。

王正元，2009，《概念整合理论及其应用研究》，高等教育出版社。

王晓云，2014，《比较诗学视域下的"花儿"起兴考察》，《北京化工大学学报》（社会科学版）2014年第6期。

王寅，2003，《认知语言学与语篇分析——Langacker的语篇分析观》，《外语教学与研究》2003年第2期。

——，2005，《认知参照点原则与语篇连贯——认知语言学与语篇分析》，《中国外语》2005年第2期。

——，2011，《修补的认知参照点原则与语篇建构机制》，《外语与外语教学》2011年第2期。

——，2012，《认知翻译研究》，《中国翻译》2012年第4期。

王寅、曾国才，2016a，《WH-问答构式的对话句法学分析（之一）》，《外语与外语教学》2016年第1期。

——，2016b，《WH-问答构式的语义分析（之二）》，《外语教学》2016年第3期。

——，2016c，《WH-问答构式的认知语用分析（之三）》，《中国外语》2016年第3期。

汪鸿明、丁作枢，2002，《莲花山与莲花山花儿》，甘肃人民出版社。

维柯，2008，《新科学》，朱光潜译，人民文学出版社。

魏泉鸣，1986，《青海对"花儿"的来龙去脉的探讨》，《青海民族大学学报（哲社版）》1986年第3期。

——，1991，《花儿新论》，敦煌文艺出版社。

韦仁忠，2010，《河湟"花儿"中的口头程式语探析》，《河西学院学报》2010年第4期。

魏在江，2007，《隐喻的主观性与主观化》，《解放军外国语学院学报》2007年第2期。

——，2008，《认知参照点与语用预设》，《外语学刊》2008年第3期。

——，2020，《翻译的构式观—基于构式语法的翻译原则新探》，《中国翻译》2020年第6期。

文旭，2001，《认知语言学：诠释与思考》，《外国语》2001年第

2 期。

文旭、司卫国，2018，《认知语言学：反思与展望》，《中国社会科学评价》2018 年第 3 期。

文旭、肖开容，2019，《认知翻译学》，北京大学出版社。

武宇林，2008，《中国花儿通论》，宁夏人民出版社。

——，2017，《中国花儿传承人口述实录》，宁夏人民出版社。

吴越，2019，《认知社会语言学视域下"命运共同体"的英译探讨》，《广东外语外贸大学学报》2019 年第 2 期。

吴雨轩、乔燨，2020，《西北"花儿"对外译介：现实困境与发展路径》，《合肥工业大学学报》（社会科学版）2020 年第 2 期。

郗慧民，1989，《西北花儿学》，兰州大学出版社。

鲜益，2004，《彝族口传史诗的语言学诗学研究——以〈勒俄特衣〉（巴胡母木本）为中心》，博士学位论文，四川大学，2004 年。

邢嘉锋、李健雪，2015，《隐喻图绘与语篇空间识解》，《外语教学理论与实践》2015 年第 1 期。

熊沐清，2015，《文学批评的认知转向——认知文学研究系列之一》，《外国语文》2015 年第 6 期。

雪犁、柯杨，1987，《西北花儿精选》，青海人民出版社。

许宁云，2010，《语篇构式与回指确认》，《海南大学学报》（人文社会科学版）2010 年第 6 期。

徐兴亚，1989，《六盘山花儿两千首》，宁夏人民出版社。

徐永，2019，《认知修辞视阈下的叙事语篇理解》，《外语教学》2019 年第 4 期。

闫国芳，2005，《"花儿"研究概述及学术思考》，《昌吉学院学报》2005 年第 4 期。

——，2007，《乡土社会视域下的花儿研究》，博士学位论文，西北民族大学，2007 年。

杨晓丽，2019，《非物质文化遗产"花儿"英译和传播探析》，《北方民族大学学报》2019 年第 6 期。

杨晓丽、Caroline Elizabeth Kano，2016，《花儿——丝绸之路上的民间歌谣》，商务印书馆。

杨子、王雪明，2014，《〈马赛克重构—翻译研究的构式语法途径〉

述介》，《上海翻译》2014 年第 3 期。

尹虎彬，2002，《古代经典与口头传统》，中国社会科学出版社。

于国栋、吴亚欣，2018，努力建设汉语会话分析研究的科学体系，《外国语》2018 年第 4 期。

袁野，2011，《论语篇构式语法及语篇构式压制》，《外国语》2011 年第 5 期。

——，2012a，《从语篇构式压制看网络新文体——以"凡客体"为例》，《当代修辞学》2012 年第 1 期。

——，2012b，《"网络新文体"的语篇构式语法阐释》，《外语教学》2012 年第 5 期。

——，2013，《基于 Östman 构式语篇思想的语篇偏离现象研究》，《外语与外语教学》2013 年第 1 期。

——，2017，《基于构式语法的书面及对话语篇分析框架——以网络语体为例》，《外语学刊》2017 年第 2 期。

曾国才，2015，《认知语言学前沿动态：对话句法学初探》，《现代外语》2015 年第 6 期。

——，2017a，《英语 WH-对话构式的焦点信息定位模型研究》，《外国语文》2017 年第 1 期。

——，2017b，《后现代哲学视野下的对话构式语法研究》，《当代外语研究》2017 年第 4 期。

——，2019，《话语认知分析：从对话句法走向对话构式》，《外语学刊》2019 年第 6 期。

张君仁，2004，《花儿王朱仲禄—人类学情境中的民间歌手》，敦煌文艺出版社。

张韧，2006，《构式与语法系统的认知心理属性》，《中国外语》2006 年第 1 期。

——，2007，《认知语法视野下的构式研究》，《外语研究》2007 年第 3 期。

——，2012，《参照点处理对概念内容的限制："有"字句的证据》，《外国语》2012 年第 3 期。

——，2018，《词义—使用印记与图式浮现》，《现代外语》2018 年第 3 期。

张晓谨、刘海涛，2017，《中国民歌"花儿"的计量特征》，《宁夏大学学报》（人文社会科学版）2017年第5期。

张亚雄，1986，《花儿集》，中国文联出版公司。

张艳萍，2010，《从思维模式与认知范型看〈诗经〉比兴的本质》，《武汉大学学报》（人文科学版）2010年第6期。

张媛、王文斌，2019，《认知语言学与互动语言学的可互动性探讨——宏观和微观层面》，《外语教学与研究》2019年第4期。

张翼，2018，《语序在认知语法"提取和激活"模型中的作用：以副词修饰为例》，《外语教学与研究》2018年第5期。

赵永峰，2013，《认知社会语言学视域下的认知参照点和概念整合理论研究》，《外语与外语教学》2013年第1期。

——，2014，《基于认知参照点和自主依存的概念融合模式研究——以现代汉语动词谓语句动前名词构式为例》，《外国语文》2014年第1期。

赵宗福，1989，《花儿通论》，青海人民出版社。

郑土有，2004，《吴语叙事山歌演唱传统研究》，博士学位论文，华东师范大学，2004年。

中国民间文学集成全国编辑委员会、中国民间文学集成宁夏编辑委员会，1996，《中国歌谣集成·宁夏卷》，中国ISBN中心出版。

周爱明，2003，《〈格萨尔〉口头诗学》，博士学位论文，中国社会科学院研究生院，2003年。

Antonopoulou, Eleni and KikiNikiforidou, 2011, "Construction Grammar and Conventional Discourse: A Construction-based Approach to Discoursal Incongruity", *Journal of Pragmatics*, Vol. 43, No. 10.

Antović, Mihailo and Cristóbal P. Cánovas eds., 2016, *Oral Poetics and Cognitive Science*, Berlin/Boston: Walter de Gruyter.

Austin, J. L. ed., 1961, *Philosophical Papers*, Oxford: Oxford University Press.

Bakker, Egbert J. ed., 2018/1997, *Poetry in Speech: Orality and Homeric Discourse*, Ithaca: Cornell University Press.

Baranyiné Kóczy, Judit, 2016, "Reference Point Constructions in the Meaning Construal of Hungarian Folksongs". *Cognitive Linguistic Studies*, Vol. 3, No. 1.

—, 2018, *Nature, Metaphor and Culture: Cultural Conceptualization in Hungarian folksongs*, Springer: Springer Nature.

Barlow, M. and Kemmer S. eds., 2000, *Usage-based models of language*, Stanford: CSLI.

Barsalou Lawrence W., 1999, "Perceptual Symbol Systems", *Behavioral and Brain Sciences*, Vol. 22, No. 4.

—, 2005, "Situated Conceptualization", in H. Cohen and C. Lefebvre eds., *Handbook of categorization in cognitive science*, Amsterdam: Elsevier.

—, 2016, "Frames and Constructions for the Study of Oral Poetics", in A. Mihailo and C. Cristóbal P. eds., *Oral Poetics and Cognitive Science*, Berlin: Mouton de Gruyter.

Bonifazi, Anna, 2016, "Particles as Cues to Structuring in Serbocroatian and Early Greek Epic", in A. Mihailo and C. Cristóbal P. eds., *Oral Poetics and Cognitive Science*, Berlin: Mouton de Gruyter.

Bonifazi, Anna, and David Elmer eds., 2016, *Visuality in Bosniac and Homeric Epic*, Washington, DC: Center for Hellenic Studies.

Bowdle, Brian F. and Dedre Gentner, 2005, "The Career of Metaphor", *Psychological Review*, Vol. 112, No. 1.

Brône, Geert and Elisabeth Zima, 2014, "Towards a Dialogic Construction Grammar: Ad hoc Routines and Resonance Activation", *Cognitive Linguistics*, Vol. 25, No. 3.

Brown, H. P., 2006, "Addressing Agamemnon: A Pilot Study of Politeness and Pragmatics in the *Iliad*", *Transaction of the American Philological Association*, Vol. 136.

Browse, Sam, 2018, "From Functional to Cognitive Grammar in Stylistic Analysis of Golding's The Inheritors", *Journal of Literary Semantics*, Vol. 47, No. 2.

Bybee, Joan L. ed., 2010, *Language, Usage and Cognition*, Cambridge: Cambridge University Press.

Cánovas, Cristóbal P. and Antović, Mihailo, 2016a, "Introduction: Oral Poetics and Cognitive Science", in A. Mihailo and C. Cristóbal P. eds., *Oral Poetics and Cognitive Science*, Berlin/Boston: Walter de Gruyter.

—, 2016b, "Construction Grammar and the Oral-Formulaic Poetry", in A. Mihailo and C. Cristóbal P. eds., *Oral Poetics and Cognitive Science*, Berlin/Boston: Walter de Gruyter.

—, 2016c. "Formulaic Creativity: Oral Poetics and Cognitive Grammar", *Language and Communication*, Vol. 47.

Cienki, Alan, 2007, "Frames, Idealized Cognitive Models, and Domians Domains", in Geeraerts D. and Cuyckens H. eds., *Oxford Handbook of Cognitive Linguistics*, New York: Oxford University Press.

Chafe, Wallace L. ed., 1994, *Discourse, Consciousness, and Time: The Flow and Displacement of Conscious Experience in Speech and Writing*, Chicago: University of Chicago Press.

—, 2018, *Thought-Based Linguistics: How Languages Turn Thoughts into Sounds*, Cambridge: Cambridge University Press.

Coulson, Seana ed., 2000, *Semantic Leaps: Frames Shifting and Conceptual Blending in Meaning Constructions*, New York: Cambridge University Press.

Croft, William, 2001, *Radical Construction Grammar: Syntactic Theory in Typological Perspective*, New York: Oxford University Press.

Croft, William and D. Alan Cruse eds., 2004, *Cognitive Linguistics*, Cambridge: Cambridge University Press.

Dabrowska, Ewa, 2016, "Cognitive Linguistics' seven deadly sins", *Cognitive Linguistics*, Vol. 27, No. 4.

Dancygier, Barbara, 2005, "Blending and Narrative Viewpoint: Jonathan Raban's Travels through Mental Spaces", *Language and Literature*, Vol. 14, No. 2.

—, 2010, "Multiple Viewpoints, Multiple Paces", in B, Dancygier and E, Sweetser eds., *Viewpoint in Language: A Multimodal Perspective*, Cambridge: Cambridge University Press.

Dancygier, Barbara. and Eve Sweetser eds., 2014, *Figurative Language*, New York: Cambridge University Press.

Divjak, Dagmar., Natalia Levshina and Jane. Klavan, 2016, "Cognitive Linguistics: Looking Back, Looking Forward". *Cognitive Linguistics*, Vol. 27,

No. 4.

Du-Bois, John W., 2014, "Towards a Dialogic Syntax", *Cognitive Linguistics*, Vol. 25, No. 3.

Duffy, W. and Short, W. M., 2016, "Metaphor as ideology: The Greek" folk model" of the epic tradition", in M. Antovic and C. Pagán Cánovas eds., *Oral Poetics and Cognitive Science*, Berlin/Boston: De Gruyter.

Evans, Vyvyans ed., 2019, *Cognitive Linguistics: A Complete Guide*, Edinburgh: Edinburgh University Press.

Evans, Vyvyans and Melanie C. Green eds., 2006, *Cognitive Linguistics: An Introduction*, Edinburgh: Edinburgh University Press.

Fauconnier, Gilles ed., 1985/1994, *Mental Spaces*, Cambridge: Cambridge University Press.

—, 1997, *Mappings in Thought and Language*, Cambridge: Cambridge University Press.

—, 1998, "Mental Spaces, Language Modalities, and Conceptual Integration", in M. Tomasello ed., *The New Psychology of Language: Cognitive and Functional Approaches to Language Structure*, Mahwah, NJ: Erlbaum.

—, 2007, "Mental spaces", in Geeraerts, D. & Cuyckens, H., eds., *The Oxford Handbook of Cognitive Linguistics*, Oxford: Oxford University Press.

Fauconnier, Gilles and Eve Sweetser, eds., 1996, *Spaces, Worlds, and Grammar*, Chicago: University of Chicago Press.

Fauconnier, Gilles and Mark Turner, 1998, "Principles of Conceptual Integration", in K. Jean-Pierre ed., *Discourse and Cognition*, Stanford: Center for the Study of Language and Information (CSLI).

—, 2002, *The Way We Think: Conceptual Blending and the Mind's Hidden Complexities*, New York: Basic Books.

Fillmore, Charles, 1982, "Towards a Descriptive Framework for Spatial Deixis", in Robert J. and Wolfgang K. eds., *Speech, Place and Action*. Chichester: John Wiley.

—, 1985, "Frames and the Semantics of Understanding", *Quaderni di semantica*, Vol. 6, No. 2.

Fischer, Kerstin, 2010, "Beyond the Sentence: Constructions, Frames and Spoken Interaction", *Constructions & Frames*, Vol. 2, No. 2.

——, 2015, Conversation, Construction Grammar, and Cognition. *Language and Cognition*, Vol. 7, No. 4.

Freeman, Margaret H., 2009, "Blending and Beyond: From and Feeling in Poetic Iconicity", inI. Jaén-Portillo and J. Simon, eds., *The Cognition of Literature*. New Haven: Yale University Press.

Fried, Mirjam and Östman Jan-Ola, 2005, "Construction Grammar and Spoken Language: The Case of Pragmatic Particles", *Journal of Pragmatics*, Vol. 37, No. 11.

Gavins, Joanna and Geard Steen eds., 2003, *Cognitive Poetics in Practice*, New York: Routledge.

Geeraerts, Dirk ed., 2006, *Cognitive Linguistics: Basic Readings*, Berlin/New York: Mouton de Gruyter.

——, 2016, "The Sociosemiotic Commitment", *Cognitive Linguistics*, Vol. 27, No. 4.

Gentner, Dedre, 1983, "Structure-Mapping: A Theoretical Framework for Analogy", *Cognitive Science*, Vol. 7, No. 2.

Gentner, Dedre and Linsey A. Smith, 2013, "Analogical Learning and Reasoning", in D. Reisberg ed., *The Oxford Handbook of Cognitive Psychology*, New York: Oxford University Press.

Gentner, Dedre and Christian Hoyos, 2017, "Analogy and Abstraction", *Topics in Cognitive Science*, Vol. 9, No. 3.

Gibbs, Raymond W. Jr., 2006a, "Introspection and Cognitive Linguistics: Should We Trust Our Own Institutions?", *Annual Review of Cognitive Linguistics*, Vol. 4, No. 1.

——, 2006b, "Cognitive Linguistics and Metaphor Research: Past Successes, Skeptical Questions, Future Challenges", *Delta*, Vol. 22.

Gibbs, Raymond W. Jr. and Teenie Matlock, 1999, "Psycholinguistics and Mental Representations", *Cognitive Linguistics*, Vol. 10, No. 3.

Gintsburg, Sarali, 2019, "Lost in Dictation. A Cognitive Approach to Oral Poetry: Frames, Scripts and 'Unnecessary' Words in the Jebli Ayyu",

Language & Communication, Vol. 64.

Giovanelli, Marcello, 2017, "'Nothing is Reliable & Nobody is Trustworthy': Blackouts, Uncertainties and Event Construal inThe Girl on the Train." *Language and Literature*, Vol. 26.

—, 2018, "Construing the Child Reader: A Cognitive Stylistic Analysis of the Opening to Neil Gaiman's the Graveyard Book", *Children's Lite rature in Education*, Vol. 49, No. 2.

—, 2019, "Construing and Reconstruing the Horrors of the Trench: Siegfried Sassoon, Creativity and Context", *Journal of Literary Semantics*, Vol. 48, No. 1.

Giovanelli, Marcello and Chloe Harrison eds., 2018, *Cognitive Grammar in Stylistics*, London: Bloomsbury.

Givón, Talmy ed., 1984, *Mind, Code and Context: Essays in Pragmatics*, Hillsdale, NJ: Erlbaum.

—, 1991, "Isomorphism in the Grammatical Code: Cognitive and Biological Considerations", *Studies in Language*, Vol. 15, No. 1.

Goldberg, Adele E. ed., 1995, *Constructions: A Construction Grammar Approach to Argument Structure*, Chicago/London: The University of Chicago Press.

—, 2006, *Constructions at Work: The Nature of Generalization in Language*, Oxford: Oxford University Press.

—, 2019, *Explain me this: Creativity, Competition and the Partial Productivity of Constructions*, Princeton: Princeton University Press.

Grady, Joseph E., 1997a, *Foundations of meaning: Primary metaphors and primary scenes*, Berkeley, CA: University of California dissertation.

—, 1997b, "THEORIES ARE BUILDINGS Revisited", *Cognitive Linguistics*, Vol. 8, No. 4.

—, 1999, "A Typology of Motivation for Conceptual Metaphor: Correlation vs Resemblance", in G. Steen and R. W. Gibbs eds., *Metaphor in Cognitive Linguistics. Philadelphia*, PA: John Benjamins.

—, 2002, "Theories Are Buildings Revisited", in P. Hanks and R. Giora eds., *Metaphor and Figurative Language (Vol. I)*, London: Routledge.

Grady, Joseph E., Todd Oakley and Seana Coulson, 1999, "Blending and Metaphor", in R. W. Gibbs and G. Steen eds., *Metaphor in Cognitive Linguistics*, Amsterdam: John Benjamins.

Gutt, E. A. ed., 1991, *Translation and Relevance: Cognition and Context*, Oxford: Blackwell.

Haiman, John, 1980, "The Iconicity of Grammar: Isomorphism and Motivation." *Language*, Vol. 56, No. 3.

—, 1985, *Iconicity in Syntax*, Amsterdam and Philadelphia: John Benjamins Publishing Company.

Hampe, Beate ed., 2017, *Metaphor: Embodied Cognition and Discourse*, Cambridge: Cambridge University Press.

Hampe, Beate and Joseph E ed., Grady, 2005, *From Perception to Meaning: Image Schemas in Cognitive Linguistics*, Berlin: Mouton de Gruyter.

Halliday, M. A. K., 1971, "Linguistics Function and Literary Style", in S. Chatman ed., *Literary Style: A Symposium*, London: Oxford University Press.

Harder, Peter ed., 2010, *Meaning in Mind and Society*, Berlin: Mouton de Gruyter.

Harris, Joseph, 1979, "The senna: From Description to Literary Theory", *Michigan Germanic Studies*, Vol. 5.

Harrison, Chloe ed., 2017, *Cognitive Grammar in Contemporary Fiction*, Amsterdam: John Benjamins.

Harrison, Chloe, Louise Nuttall, Peter Stockwell and Wenjuan Yuan eds., 2014, *Cognitive Grammar in Literature*, Amsterdam: John Benjamins.

Haser, Verena ed., 2005, *Metaphor, Metonymy, and Experientialist Philosophy: Challenging Cognitive Semantics*, Berlin: Mouton de Gruyter.

Haspelmath, Martin, 2008, "Frequency vs Iconicity in Explaining Grammatical Asymmetries", *Cognitive Linguistics*, Vol. 19, No. 1.

Heath, Shirley B., 1982, "Protean Shapes in Literacy Events: Ever-shifting Oral and Literate Traditions." In D. Tannen ed., *Spoken and Written Language: Exploring Orality and Literacy*. New York: Ablex.

Hilpert, Martin ed., 2014, *Construction Grammar and Its Application to English*, Edinburgh: Edinburgh University Press.

——, 2019, *Construction Grammar and Its Application to English* (2nd edition), Edinburgh: Edinburgh University Press.

Hiraga, Masako K, ed., 2005, *Metaphor and Iconicity: A Cognitive Approach to Analyzing Texts*, New York: Palgrave Macmillan.

Hoffmann, Thomas and Alexander Bergs, 2018, "A Construction Grammar Approach to Genre". *Cogni Textes*, Vol. 18, No. 18.

Holmes, J., 1972, "The Name and Nature of Translation Studies". In J. Holmes ed., *Translation! Paper on Literary Translation and Translation Studies*, Amsterdam: Rodopi.

Hummel, Martin, 2018, Baseline Elaboration and Echo-Sounding at the Adjective Adverb Interface. *Cognitive Linguistics*, Vol. 29, No. 3.

Imo, Wolfgang, 2015, "Interactional Construction Grammar", *Linguistics Vanguard*, Vol. 1, No. 1.

Jackendoff, Ray ed., 1994, *Patterns in the Mind: Language and Human Nature*, New York: Basic Books.

Jacobson, R., 1966, Grammatical Parallelism and its Russian Facet, *Language*, Vol. 42, No. 2.

Janda, Laura A. ed., 2013, *Cognitive Linguistics: The Quantitative Turn*, Berlin: Mouton de Gruyter.

Johnson, Mark and George Lakoff, 2002, "Why Cognitive Linguistics Requires Embodied Realism", *Cognitive Linguistics*, Vol. 13, No. 3.

Kemmer, S. ed., 2008, *Language, Culture and Cognition: Lecture at the Summer Institute of Cognitive Linguistics*, Shanghai International Studies University, September.

Kiraly, D. ed., 1995, *Pathways to Translation: Pedagogy and Process*, Kent: The Kent State Univerisity Press.

Kövecses, Zoltán, 2017, "Levels of Metaphor", *Cognitive Linguistics*, Vol. 28, No. 2.

——, 2018, *Ten Lectures on Figurative Meaning-Making: The Role of Body and Context*, Leiden: Brill.

—, 2020, *Extended Conceptual Metaphor Theory*, Cambridge: Cambridge University Press.

Kreij, M. D., 2016, "The priming act in Hiomeric epic", in M. Antovic and C. Pagán Cánovas eds., *Oral Poetics and Cognitive Science*, Berlin/Boston: De Gruyter.

Kuiper, Koenraad, 2000, "On the Linguistic Properties of Formulaic Speech", *Oral Translation*, Vol. 15.

Kuzmikova, Jana, 2018, "Metaphor in Theory and Research", *World Literature Studies*, Vol. 10, No. 3.

Lakoff, George ed., 1987, *Women, Fire, and Dangerous Things: What Categories Reveal about the Mind*, Chicago: University of Chicago Press.

—, 1990, "The Invariance Hypothesis: Is Abstract Reason based on Image-schemas?", *Cognitive Linguistics*, Vol. 1, No. 1.

Lakoff, George and Mark Johnson eds., 1980, *Metaphors We Live By*, Chicago: Chicago University Press.

—, 1999, *Philosophy in the Flesh: The Embodied Mind and Its Challenge to Western Thought*, New York: Basic Books.

Lakoff, George and Mark Turner eds., 1989, *More than Cool Reason: A Field Guide to Poetic Metaphor*, Chicago: Chicago University Press.

Langacker, Ronald W. ed., 1987, *Foundations of Cognitive Grammar: Theoretical Prerequisites (Vol. I)*, Stanford: Stanford University Press.

—, 1991a, *Concept, Image, and Symbol: The Cognitive Basis of Grammar*, Berlin: Mouton de Gruyter.

—, 1991b, *Foundations of Cognitive Grammar: Descriptive Application (Vol. II)*, Stanford: Stanford University Press.

—, 1993a, "Reference-Point Constructions", *Cognitive Linguistics*, Vol. 4, No. 1.

—, 1993b, "Universals of Construal", *Proceedings of the Annual Meeting of the Berkeley Linguistics Society*, Vol. 19, No. 1.

—, 1999, *Grammar and Conceptualization*, Berlin/New York: Mouton de Gruyter.

—, 2001a, "Discourse in Cognitive Grammar, *Cognitive Linguistics*",

Vol. 12, No. 2.

—, 2001b, "Dynamicity in Grammar", *Axiomathes*, Vol. 12, No. 1.

—, 2003, "Conceptual Overlap in Reference Point Constructions", in Masatomo U., Masayuki I. and Yoshiki N. eds., *Current Issues in English Linguistics*, Tokyo: Kaitakusha.

—, 2008, *Cognitive Grammar: A Basic Introduction*, Oxford: Oxford University Press.

—, 2009, *Investigations in Cognitive Grammar*, Berlin: Mouton de Gruyter.

—, 2012a, "Elliptic Coordination", *Cognitive Linguistics*, Vol. 23, No. 3.

—, 2012b, "Interactive Cognition: Toward a Unified Account of Structure, Processing, and Discourse", *International Journal of Cognitive Linguistics*, Vol. 3, No. 2.

—, 2012c "Access, Activation, and Overlap: Focusing on the Differential", *Journal of Foreign Languages*, Vol. 35, No. 1.

—, 2013, *Essentials of Cognitive Grammar*, Oxford: Oxford University Press.

—, 2015a, "Construal", in E, Dąbrowska and D, Divjak eds., *Handbook of Cognitive Linguistics*, Berlin and Boston: Mouton de Gruyter.

—, 2015b, "Descriptive and Discursive Organization in Cognitive Grammar", in Jocelyne D., Eline, Z., Kris H., Dirk S. and Hubert C. eds., *Change of Paradigms-New Paradoxes: Recontextualizing Language and Linguistics*, Berlin and Boston: Mouton de Gruyter.

—, 2016a, "Toward an Integrated View of Structure, Processing, and Discourse", in Grzegorz D. ed., *Studies in Lexicogrammar: Theory and Applications*, Amsterdam and Philadelphia: John Benjamins.

—, 2016b, "Baseline and Elaboration", *Cognitive Linguistics*, Vol. 27, No. 3.

—, 2016c, "Working Toward a Synthesis", *Cognitive Linguistics*, Vol. 27, No. 4.

—, 2017a, "Cognitive Grammar", in Barbara, D. ed., *The Cambridge*

Handbook of Cognitive Linguistics, Cambridge: Cambridge University Press.

——, 2017b, "Entrenchment in Cognitive Grammar", in Hans-Jörg S. ed., *Entrenchment and the Psychology of Language Learning: How We Reorganize and Adapt Linguistic Knowledge*, Berlin: Mouton de Gruyter.

——, 2017c, *Ten Lectures on the Elaboration of Cognitive Grammar*, Leiden: Brill.

——, 2017d, *Ten Lectures on the Basics of Cognitive Grammar*, Leiden: Brill.

——, 2019, "Morphology in Cognitive Grammar", in Jenny A. and Francesca M. eds., *The Oxford Handbook of Morphological Theory*, Oxford and New York: Oxford University Press.

——, 2020, "Trees, Assemblies, Chains, and Windows", *Constructions and frams*, Vol. 12, No. 1.

Langalotz, Andreas, 2015, "Local meaning-negotiation, activity types, and the current-discourse-space model", *Language and Cognition*, Vol. 7, No. 4.

Leech, G. N., 1966, "Linguistics and the Figure of Rhetoric", in R. G. Fowler ed., *Essays on Style and Language*, London: Routledge & Kegan Paul.

Lefevere, A. and S. Bassnett, 1990, "Proust's Grandmother and the Thousand and One Nights. The 'Cultural Turn' in Translation Studies", in S. Bassnett and A. Lefevere eds., *Translation, History and Culture*, London: Pinter Publishers.

MacWhinney, B, 1977, "Starting Points", *Language*, Vol. 53, No. 1.

Martin, Richard ed., 1989, *The Language of Heroes: Speech and Performance in the Iliad*, Now York: Cornell University Press.

Mierzwińska-Hajnos, Agnieszka, 2016, "Conceptual blending revisited: A Case of Paraphrased Literary Text in Contemporary Advertising", *Lublin Studies in Modern Languages and Literature*, Vol. 40, No. 1.

Minchin, E., 2016, "Repetition in Homeric epic: Cognitive and linguistic perspectives", in M. Antovic and C. Pagán Cánovas eds., *Oral Poetics and Cognitive Science*, Berlin/Boston: De Gruyter.

Mukarovsky, J., 1964, "Standard Language and Poetic Language", in P. L. Garvin ed., *A Prague School Reader on Aesthetics*, *Literary Structure and Style*, Washington: Georgetown University Press.

Muñoz Martín, R., 2010, "On Paradigms and Cognitive Translatology", in G. Shreve and E. Angelone eds., *Translation and Cognition*. Amsterdam: John Benjamins.

Murphy, Gregory L., 1996, "On Metaphoric Representations", *Cognition*, Vol. 60, No. 2.

Musolff, Andreas and Jörg Zinken eds., 2009, *Metaphor and Dicourse*, London: Palgrave Macmillan.

Nikiforidou, Kiki, 2012, "The Constructional Underpinnings of Viewpoint Blends: The Past + Now in Language and Literature", in B. Dancygier and E. Sweetser eds., *Viewpoint in Language: A multimodal perspective*. Cambridge: Cambridge University Press.

Nikiforidou, Kiki and Sophia Marmaridou eds., 2014, "What's in a Dialogic Construction? A Constructional Approach to Polysemy and the Grammar of Challenge", *Cognitive Linguistics*, Vol. 25, No. 4.

Nolan, Barbara, and Morton W. Bloomfield, 1980, "'Beotword', 'Gilpcwidas', and the 'Gilphlaeden' Scop of Beowulf", *Journal of English and Germanic Philology*, Vol. 79.

Nuttall, Louise, 2015, "Attributing Minds to Vampires in Richard Matheson's", *Language and Literature*, Vol. 24, No. 1.

—, 2018, *Mind Style and Cognitive Grammar: Language and Worldview in Speculative Fiction*, London: Bloomsbury.

—, 2019, "Transitivity, Agency, Mind Style: What's the Lowest Common Denominator?", *Language and Literature*, Vol. 28, No. 2.

Oakley, Todd and Seana Coulson, 2008, "Connecting the Dots: Mental Spaces and Metaphoric Language in Discourse", in T. Oakley and A. Hougaard eds., *Mental Spaces in Discourse and Interaction*, Amsterdam: John Benjamins.

Östman, Jan-Ola, 2005, "Construction Discourse", in J. Östman and M. Fried eds., *Construction Grammars: Cognitive Grounding and Theoretical*

Extensions, Amsterdam/Philadelphia: John Benjamins.

Palmer, Gary, 2006, "When does Cognitive Linguistics Become Culture?", in J. Luchjenbroers ed., *Cognitive Linguistics Investigation Across Languages, Fields and Philosophical Boundaries*, Amsterdam/Philadelphia: John Benjamins.

Peng, Xinjia, 2018, "The Emergence of a Discourse Construction in the Internet: Technological Affordance and Socio-Cultural Factors in Language Innovation", *Chinese Language and Discourse*, Vol. 9, No. 2.

Person, Raymond F., Jr ed., 2016a, *From Conversation to Oral Tradition: A Simplest Systematics for Oral Traditions*, New York: Routledge.

—, 2016b, "From Grammar in Everyday Conversation to Special Grammar in Oral Tradition: A Case Study of Ring Composition", in A. Mihailo and C. Cristóbal P. eds., *Oral Poetics and Cognitive Science*, Berlin/Boston: Walter de Gruyter.

Pincombe, Mike, 2014, "Most and Now: Tense and Aspect in Bálint Balassi's 'Áldott szép pünkösdnek' ", in Chloe H., Louise N., Peter S. and Yuan W. eds., *Cognitive Grammar in Literature*, Amsterdam: John Benjamins.

Pleyer, Michael, 2017, "Protolanguage and Mechanisms of Meaning Construal in Interaction", *Language Sciences*, Vol. 63.

Rojo, Ana and Javier Valenzuela, 2013, "Constructing Meaning in Translation: The Role of Constructions in Translation Qroblems", in Ana Rojo and Iraide Ibarretxe-Antuñano eds., *Cognitive Linguistics and Translation—Advances in Some Theoretical Models and Applications*, Berlin/Boston: De Gruyter Mouton.

Rubin, David C. ed., 1995, *Memory in Oral Traditions: The Cognitive Psychology of Epic, Ballads, and Counting-out Rhymes*, New York: Oxford University Press.

Ruiz De Mendoza, Francisco, 2017, "Metaphor and Other Cognitive Operation in Interaction: From Basicity to Complexity", in Hampe B. ed., *Metaphor: Embodied Cognition and Discourse*, Cambridge: Cambridge University Press.

—, 2021, *Ten Lectures on Cognitive modeling*, Leiden: Brill.

Sanders, José and van Krieken Kobie, 2019, "Traveling through Narrative Time: How Tense and Temporal Deixis Guide the Representation of Time and Viewpoint in News Narratives", *Cognitive Linguistics*, Vol. 30, No. 2.

Sinha, Chris ed., 2017, *Ten Lectures on Language, Culture and Mind*, Leiden: Brill.

Snell-Hornby, M., 1990, "Linguistic Transcoding or Cultural Transfer? A Critique of Translation Theory in Germany", in S. Bassnett and A. Lefevere, eds., *Translation, history and culture*, London: Pinter Publishers.

—, 2006, *The Turns of Translation Studies*, Amsterdam/Philadelphia: John Benjamins.

Steen, Gerard J., 2009, "Three Kinds of Metaphor in Discourse: A Linguistic Taxonomy", in A. Musolff and J. Zinken eds., *Metaphor and Discourse*, Palgrave Macmillan.

—, 2011, "The Contemporary Theory of Metaphor-Now New and Improved!", *Review of Cognitive Linguistics*, Vol. 9, No. 1.

—, 2013, "Deliberate Metaphor Affords Conscious Metaphorical Cognition"., *Journal of Cognitive Semantic*, Vol. 5, No. 2.

Steen, F. F., and Turner, M., 2012, "Multimodal Construction Grammar", in B. Michael, B. Dancygier, and J. Hinnell, eds., *Language and the Creative Mind*. Stanford, CA: CSLI Publications.

Stockwell, Peter ed., 2002, *Cognitive Poetics: An Introduction*, London: Routledge.

—, 2009, *Texture: A cognitive aesthetics of reading*, Edinburgh: Edinburgh University Press.

—, 2014, "War, Worlds and Cognitive Grammar", in Chloe H., Louise N., Peter S., and Yuan W eds., *Cognitive Grammar in Literature*, Amsterdam: John Benjamins.

Sue, Tuohy, 2018, "Collecting Flowers, Defining a Genre: Zhang Yaxiong and the Anthology of Hua'er Folksongs", *Journal of Folklore Research*, Vol. 55, No. 1.

Sweetser Eve E., 1999. "Compositionality and blending: semantic composition in a cognitively realistic framework", in Gisela Redeker and Theo Janssen eds., *Cognitive Linguistics: Foundations, Scope and Methodology*, Berlin: Mouton de Gruyter.

Szymańska, Izabela, 2011, "Construction Grammar as a Framework for Describing Translation: A Prolegomenon", in Mirosław Pawlak and Jakub Bielak eds., *New Perspectives in Language, Discourse and Translation Studies*, Amsterdam: Springer.

Talmy, Leonard, 2000a, *Toward a Cognitive Semantics (Vol. I): Concept Structuring Systems*, Cambridge, MA: MIT Press.

—, 2000b, *Toward a Cognitive Semantics (Vol. II): Typology and Process in Concept Structuring*, Cambridge, MA: MIT Press.

—, 2018, *The Targeting System of Language*. Cambridge, MA: The MIT Press.

Taylor, John R., 1994, "'Subjective' and 'Objective' Readings of Possessor Nominals", *Cognitive Linguistics*, Vol. 5, No. 3.

—, 2002, *Cognitive Grammar*, Oxford: Oxford University Press.

—, 2012, *The Mental Corpus*, New York: Oxford University Press.

Turner, Mark ed., 1991, *Reading Minds: The Study of English in the Age of Cognitive Science*, Princeton, NJ: Princeton University Press.

Van Krieken, Kobie, and Sanders José, 2019, "Smoothly Moving through Mental Spaces: Linguistic Patterns of Viewpoint Transfer in News Narratives", *Cognitive Linguistics*, Vol. 30, No. 3.

Van Krieken, Kobie, Sanders José and Hans Hoeken, 2016, "Blended Viewpoints, Mediated Witnesses: A Cognitive Linguistic Approach to News Narratives", in Barbara D. Lu W. and Arie V. eds., *Viewpoint and the Fabric of Meaning: Form and Use of Viewpoint Tools across Languages and Modalities*, Berlin: Mouton de Gruyter.

Van Peer, Willie ed., 1986, *Stylistics and Psychology: Investigation of Foregrounding*, London: Croom Helm Ltd.

Verhagen, Arie ed., 2005, *Constructions of Intersubjectivity: Discourse, Syntax, and Cognition*, Oxford: Oxford University Press.

—, 2019, "Shifting Tenses, Viewpoints, and the Nature of Narrative Communication", *Cognitive Linguistics*, Vol. 30, No. 2.

Watts, R. J. and Franz Andres Morrissey eds., 2019, Language, the Singer and the song, New York: Cambridge University Press.

Yang, yang and Graham Welch, 2016, "Pedagogical Challenges in Folk Music Teaching in Higher Education: A Case Study of Hua'er Music in China", *British Journal of Music Education*, Vol. 33, No. 1.

Yoon, Ji young and Stefan Gries eds., 2016, *Corpus-Based Approaches to Construction Grammar*, Amsterdam: John Benjamins.

Zeman, S., 2016, "Orality, visualization, and the Historical Mind: The 'visual present' in (semi-) oral epic poems and its implications for a Theory of Cognitive Oral Poetics", in M. Antovic and C. Pagán Cánovas eds., *Oral Poetics and Cognitive Science*, Berlin/Boston: De Gruyter.

Zeng, Guocai, 2016, "A Cognitive Approach to the Event Structures of Wh-dialogic Constructions", *Southern African Linguistics and Applied Language Studies*, Vol. 34, No. 4.

—, 2018, "The Dialogic Turn in Cognitive Linguistic Studies: From Minimalism, Maximalism to Dialogicalism", *Cogent Education*, Vol. 5, No. 1.

Zima, Elisabeth, 2013, "Cognitive Grammar and Dialogic Syntax: Exploring Potential Synergies", *Review of Cognitive Linguistics*, Vol. 11, No. 1.

Zima, Elisabeth. and Geert Brône, 2015, "Cognitive Linguistics and Interactional Discourse: Time to Enter into Dialogue", *Language and Cognition*, Vol. 7, No. 4.

Zhang, Ren, 2006, "Symbolic Flexibility and Argument Structure Variation", *Linguistics*, Vol. 44, No. 4.

附录一 缩略语表

A	Anchor
BE	Baseline and Elaboration
COP	Cognitive Oral Poetics
CP	Cognitive Poetics
CDS	Current Discourse Space
CBT	Conceptual Blending Theory
CMT	Conceptual Metaphor Theory
CRP	Cognitive Reference Point
CG	Cognitive Grammar
CxG	Construction Grammar
dp	discourse pattern
DCxG	Dialogic Construction Grammar
DT	Descriptive Target
G	Ground
ICxG	Interactive Construction Grammar
ICM	Idealized Cognitive Model
IS	Immediate Scope
MS	Maximal Scope
OS	Objective Scene
F	Focus
R	Reference
VP	Vantage Point
W	Window
S	Speaker
H	Hearer

附录二　文中所引"花儿"方言词汇释义索引

词或字	读音	释　　义
尕	ga	尕乃小之意，此字为西北地区独有。
来	lai	语助词
囊	nang	软弱
缓	huan	休息、停下来
挦	dan	轻轻地敲打
耀	yao	吸引、光彩照人
臊	sao	害羞
维	wei	交往、结交
麻	ma	不明亮，比如：天麻了
豁	huo	放开、拉开
一处儿	yi chu er	一起、一块儿
哩	li	语助词
缠	chan	纠缠
者	zhe	语助词
骚葱	sao cong	一种带有刺激味道的葱，西北农村多见。
碎	sui	小，如碎东西。
阿訇	a hong	对伊斯兰教宗教职业者的通称。
惯	guan	溺爱、娇生惯养，常说惯毛病。
连	lian	与、和的意思
孽障	nie zhang	可怜和窝囊之意
日鬼	ri gui	糊弄、忽悠、不牢靠、轻浮等意思
咕噜雁	gu lu yan	大雁中的一种，常在白天活动。
搁	ge	交往之意
人梢子	ren shao zi	指最优秀、最出众的人

续表

词或字	读音	释义
解板	gai ban	用锯子将木头加工成木板的活动
货郎	huo lang	挑着货物上门买卖的人
盖天下	gai tian xia	第一、无人可比
箍窑子	gu yao zi	居住在黄土高原地势较平坦的川、坝、塬、台、平川的群众利用地面空间,用砖石、土坯和黄草泥垒窑洞,被称为箍窑。
鹞子	yao zi	指一种凶猛的鸟,样子像鹰,比鹰小,捕食小鸟,通常称"鹞子"。
胡麻	hu ma	也称巨胜、方茎、油麻、脂麻,是一种油料作物。
马莲	ma lian	马莲又叫马兰花、马莲花、马兰。马莲的花、种子、根均可入药。
涧鸡	jian ji	一种生存在沟渠或者山间的野鸡。
兜兜	dou dou	衣服的口袋
夹夹	jia jia	指马甲
碾盘	nian pan	承碾磙子的底盘
墒	shang	意思是耕地时开出的垄沟,也指土壤适合种子发芽和作物生长的湿度。
套响	tao shang	指用牲畜犁地
盘	pan	上路、和某人建立关系等意思。
打	da	从、路过、经过的意思
栓	shuan	粮食囤
栓卡	shuan	囤与囤之间的缝隙
掌印	Zhang yin	掌管印章,比喻主事或掌权。